U0874807

本书为国家社会科学基金重点项目（编号：19AGJ011）的阶段性成果之一。

Research on the Impact of
Monetary Policy Uncertainty on the
RMB EXCHANGE RATE

货币政策不确定性对人民币汇率的影响研究

刘 强 陶士贵 ◎著

中国财经出版传媒集团
经济科学出版社
Economic Science Press
·北京·

前言

PREFACE

当今世界正经历百年未有之大变局，面临的不稳定性、不确定性显著增加。2008年金融危机之后，不确定性对宏观经济和金融市场的影响逐渐引起学者、监管部门和政策制定者的关注。为应对次贷危机、欧债危机、英国脱欧、中美经贸摩擦、新冠疫情全球大暴发等“黑天鹅”事件的冲击，各国政府纷纷出台各种经济政策，在缓解经济困境的同时，也带来了新的不确定性。在众多不确定性中，经济政策不确定性是最主要的表现形式。为应对内外部经济环境的变化，适应宏观经济高质量发展的内在要求，我国的宏观经济政策也不断调整，特别是货币政策导向的变化和货币政策调控的频繁变动导致了较高的货币政策不确定性。货币政策不确定性是经济政策不确定性的重要组成部分，多变的货币政策及其不确定性对宏观经济和金融市场产生了不可预料的影响。作为连接国内市场和国际市场的人民币汇率，既是内循环的结果，反过来又影响内外资源的配置，人民币外汇市场的稳定发展对于推进国内国际双循环相互促进发展的新格局具有重要作用。那么，货币政策不确定性是否会对人民币汇率产生影响？如果存在影响，其中的影响机制是什么？具体的影响特征如何？又该如何应对货币政策不确定性对人民币汇率的冲击？本书主要对上述问题展开研究。

在梳理了本书的理论基础后，首先，本书探讨了货币政策不确定性与人民币汇率的典型事实特征。(1) 基于胡拉多（Jurado，2015）的研究方法构建中国货币政策不确定性（MPU）指数。测度结果显示，在样本期内，中国货币政策不确定性指数的峰值与其间货币政策的频繁调控、“黑天鹅”事件的冲击等息息相关。(2) 基于 MS－AR 模型分析中国货币政策不确定性的状态演变特征。结果显示，中国货币政策不确定性难以从高波动状态转移到低波动状态，但从低波动状态转移到高波动状态则相对比较容易，中国货币政策不确定性具有高波动持续性的特点。(3) 基于 DCC－GARCH 模型和非线性格兰杰因果检验探讨了中国货币政策不确定性与人民币汇率的联动性。DCC－GARCH 模型结果显示，中国货币政策不确定性与人民币实际有效汇率之间的波动相关性具有明显的时变特征，特别是在次贷危机、股灾、中美贸易摩擦以及新冠疫情暴发等货币政策不确定性峰值阶段，中国货币政策不确定性与人民币汇率的波动相关系数显著上升。分位数格兰杰因果检验表明，中国货币政策不确定性与人民币汇率之间存在非线性的格兰杰因果关系。在整个分布［0.05；0.95］上，中国货币政策不确定性与人民币/美元汇率之间存在显著的双向格兰杰因果关系，在大多数分位数上，中国货币政策不确定性是人民币汇率的格兰杰原因。时变格兰杰因果检验表明，在样本期内的某些时点，中国货币政策不确定性与人民币汇率之间存在显著的时变格兰因果关系。

其次，对货币政策不确定性影响人民币汇率的传导机制进行了理论分析和实证检验。理论分析发现，汇率预期渠道、资本流动渠道和不确定性经济效应渠道是货币政策不确定性影响人民币汇率的主要传导渠道；纳入货币政策不确定性、资本流动和宏观经济变量的泰勒规则汇率模型有助于从动态的角度阐释人民币汇率的动态变化。笔者基于传统的 VAR 模型脉冲响应函数对传导机制的理论分析进行了实证检验，结果显示，货币政策不确定性的上升会导致人民币汇率贬值预期增加，短期资本流出上升，产出下降，引发人民币贬值。这表明汇率预期渠道、资本流动渠道和不确定性经济效应渠道在货币政策不确定性影响人民币汇率过程中发挥了重要作用。

再次，从汇率收益率和波动率两个方面研究了货币政策不确定性对人民币汇率的影响。(1) 货币政策不确定性对人民币汇率收益率的影响具有显著的时变特征。当货币政策不确定性水平较低时，宏观基本面因素是汇率变动的主要驱动因素。随着货币政策不确定性的上升，不确定性的冲击开始显现。基于人民币对主要国际货币汇率的样本分析发现，货币政策不确定性是人民币汇率收益率变动的重要影响因素，是人民币汇率的格兰杰原因。货币政策不确定性的上升会导致人民币贬值，中国货币政策不确定性对人民币汇率的影响显著大于外国（地区）货币政策不确定性。(2) 货币政策不确定性上升会导致人民币汇率波动增加，中国货币政策不确定性对人民币汇率波动的影响大于美国货币政策不确定性的影响。从不同传导渠道看，货币政策不确定性上升会引发贬值预期，导致短期资本流出增加、短期产出和利率水平下降，进而导致汇率波动上升。从动态时变角度看，不同传导渠道下货币政策不确定性对人民币汇率的影响机制具有显著的动态时变特征。随着人民币汇率市场化改革的深化，人民币汇率对不同传导渠道下各变量冲击的响应更敏感，市场功能的提升有助于吸收政策不确定性的冲击。因此，持续推进人民币汇率市场化形成机制改革，实现人民币汇率市场化的目标是决策者需要关注的重要问题。(3) 波动溢出指数分析则量化了货币政策不确定性对人民币汇率波动的溢出效应。平均波动溢出指数分析表明，汇率预期渠道的溢出最显著，资本流动渠道次之，利率渠道再次之。定向动态波动溢出分析表明，不同传导渠道下货币政策不确定性对人民币汇率波动的溢出效应具有显著的动态时变特征。关联网络分析则进一步验证了不同渠道下波动溢出效应的时变特征。在货币政策不确定性水平较高的时点，货币政策不确定性主要通过汇率预期渠道对人民币汇率波动产生冲击；在“8·11”汇改后人民币贬值阶段，货币政策不确定性主要通过资本流动渠道对人民币汇率波动产生冲击；在中美经贸摩擦升级时点，货币政策不确定性主要通过汇率预期渠道和资本流动渠道对人民币汇率波动产生冲击；在宏观经济出现断崖式下跌时，宏观经济的变化直接加剧人民币汇率贬值的波动。

然后，探讨了货币政策不确定性对人民币汇率风险防范的影响。(1) 从人民币汇率波动拟合和预测看，纳入不确定性指标和宏观基本面指标的GARCH－MIDAS模型能够改善人民币汇率波动率的拟合效果，提高人民币汇率波动率的预测精度。不确定性的上升会导致人民币汇率波动率增加，中国货币政策不确定性的影响最大，中国经济政策不确定性的影响次之，美国货币政策不确定性的影响最小。宏观基本面指标的改善会导致人民币汇率波动率降低，反映实体经济状况的指标影响最大，宏观经济景气指数影响次之。与基准模型RV相比，不确定性指标和基本面变量的纳入提高了人民币汇率波动的预测精度。(2) 从人民币汇率风险预警看，人民币外汇市场压力指数能够较好地拟合人民币汇率风险，基于阈值分析识别出的人民币汇率高风险区域与现实较为吻合。通过单变量回归分析和时差相关分析发现，中国货币政策不确定性和汇率预期可以作为预警人民币汇率风险的先行指标。以中国货币政策不确定性和汇率预期为解释变量的MS－TVTP模型测度的人民币汇率高风险区域与实际情况基本一致。在低风险→高风险的转换时点前，往往存在中国货币政策不确定性大幅上升，汇率预期大幅波动的现象。中国货币政策不确定性指数和汇率预期是人民币汇率风险的重要预警指标。

最后，在总结本书研究结论基础上，提出应该强化结构性货币政策，精准施策，以降低货币政策不确定性水平；加强与市场及时有效的信息沟通，强化预期管理，以降低货币政策不确定性的负向冲击；加强对政策不确定性的监测、跟踪和分析，不断提高政府应对不确定性冲击的水平和效率；通过深化汇率市场化改革，完善外汇市场建设，以市场化的手段对冲不确定性冲击。

CONTENTS 目录

第1章

绪　论

1.1　选题背景和研究意义

1.1.1　选题背景

当今世界正经历百年未有之大变局，面临的不稳定性、不确定性显著增加。2008年金融危机之后，全球经济政策不确定性开始上升。欧债危机、英国脱欧、中美经贸摩擦和新冠疫情的全球大暴发等“黑天鹅”事件的冲击进一步推高了国际环境的不确定性和不稳定性。各国政府为了应对冲击、恢复经济，不断调整宏观经济政策。为适应内外部经济环境的变化，我国的经济政策也经历着不断地调整以适应宏观经济高质量发展的内在需求。经济政策的不断调整进一步加剧了经济政策不确定性的波动，不确定性的增加会导致投资降低、消费减少和产出下降，对宏观经济和金融市场产生显著的负向冲击，不确定性冲击也是导致宏观经济和金融市场波动的主要来源（Bloom，2009；Basu & Bundick，2017）。经济政策不确定性已成为当今世界经济所面临的严峻难题，在布鲁姆（Bloom，2009）关于不确定性的开创性工作之后，经济政策不确定性对宏微观经济活动的影响逐渐引起学者、监管部门和政策制定者的关注。

国际货币基金组织（IMF，2012；2013）指出，货币、财政与监管政策的不确定性是导致美国和欧洲在次贷危机后经济急剧下滑、之后复苏缓慢的重要原因。布鲁姆（2014；2017）也指出，多变的货币政策引致的不确定性会对宏观经济产生不可预料的影响，同时降低了货币政策的有效性。在宏观经济调控中居于核心地位的货币政策产生的不确定性在各种经济政策不确定性中对宏观经济的影响尤为显著。在复杂的经济环境下，中国货币政策在“稳增长”的同时，还需兼顾“稳就业”“控通胀”“降风险”等多重任务目标。2010 年以来，货币政策经历了“偏紧”“稳健偏紧”“稳健中性”，及至宽松力度不断加大的频繁调整，中国人民银行综合运用多种货币政策工具，累计调整存贷款基准利率近 31 次。[①] 货币政策导向的不断变化和货币政策调控的频繁变动也导致了较高的货币政策不确定性。货币政策不确定性水平的上升，会导致经济主体不断调整预期，推迟消费、降低投资，既影响了货币政策的有效性，也对宏观经济和金融市场的稳健运行产生了巨大冲击。

外汇市场是全球交易量最高、规模最大的金融市场，根据国际清算银行三年一次的外汇调查报告的统计，2022 年全球日均外汇交易量高达 7.5 万亿美元，创下历史新高。中国外汇交易活动大幅增加，人民币成功晋升为全球第五大外汇交易货币。作为连接国内和国际市场的汇率，是维持一个经济体内外部经济平衡的核心变量。汇率变动也一直是学术界和决策层关注的焦点问题。有关汇率决定理论的文献汗牛充栋，但遗憾的是没有一种理论能够解释所有国家汇率的变动，甚至无法解释同一国家不同时期的汇率变动。弗里德曼称汇率变动是宏观经济变动的反映，然而 20 世纪 80 年代“汇率脱离之谜”的发现对汇率决定的宏观经济基础发出了严峻的挑战（Rogff & Obstefeld，2000）。汇率问题有时非常“全球化”，但有时又非常“本土化”；有时汇率非常“基本面”，但有时又非常“情绪面”。因此，在宏观经济基本面的基础上，将未观测到的因素——经济政策不确定性纳入汇率决定的宏观变量模型，或许有助于更好地解释汇率变动。

① 笔者根据官方资料整理，统计区间为 2010 年 1 月至 2021 年 12 月期间，包括调整贷款市场报价利率（LPR）。

人民币汇率，既是内循环的结果，也反过来影响内外资源的配置。人民币外汇市场的稳定发展对于推进国内国际双循环相互促进发展的新格局具有重要作用。随着人民币汇率市场化形成机制的不断完善和深化，特别是2015年“8·11”汇改以来，央行已逐渐退出常态化的外汇市场干预，人民币汇率弹性显著增强，汇率双向波动的频率和幅度更加明显，市场化程度显著提高，但影响人民币汇率波动的因素也更加扑朔迷离。人民币汇率对宏观经济政策及其不确定性冲击的响应更加敏感，政策不确定性指数的剧烈波动往往也伴随着人民币汇率的大幅波动。而在各类经济政策不确定性中，货币政策不确定性与汇率和资本账户政策不确定性对人民币汇率的影响更显著（刘强和陶士贵，2021a）。

在此背景下，本书将聚焦于货币政策不确定性对人民币汇率的影响，试图回答以下问题：（1）货币政策不确定性与人民币汇率的典型事实特征如何？二者之间存在怎样的联动关系？（2）货币政策不确定性对人民币汇率影响的传导机制是什么？（3）不同传导渠道下货币政策不确定性对人民币汇率波动的影响存在怎样的动态时变特征？如何量化这种影响？（4）面对货币政策不确定性对人民币汇率的冲击，如何采取措施有效应对？探讨和回答上述问题，有助于了解中国货币政策不确定性的演变特征，把握货币政策不确定性对人民币汇率的影响机制，量化和评估货币政策不确定性对人民币汇率的影响，以期在世界经济下行风险加剧，不稳定性、不确定性因素显著增多的背景下为应对政策不确定性对外汇市场冲击，维护国家的金融安全与稳定提供一定的借鉴。

1.1.2 研究意义

1. 理论意义

在布鲁姆（2009）的开创性工作之后，不确定性问题逐渐引起了学者们的关注，成为宏观经济领域研究的前沿和热点问题。经济政策不确定性不仅对宏观经济产生重要影响，也对金融市场特别是外汇市场产生了巨大冲击（Krol，2014；Balcilar et al.，2016；Kido，2018）。现有研究大都基于经济政策不确定性的视角，从实物期权效应、预防性储蓄效应和金融摩擦效应等渠道（Dixit & Pindyck，1994；Born & Pfeifer，2014；Gilchrist et al.，2014；Basu & Bundick，2017）分析不确定性对宏观经济和金融市场的影响。但经济政策不确定性的范畴过于宽泛，考虑到货币政策不确定性在经济政策不确定性中的重要地位，本书将从货币政策不确定性出发，从理论和实证两个角度探讨货币政策不确定性对人民币汇率的影响机制，分析货币政策不确定性对人民币汇率波动的动态影响特征，量化不同传导渠道下货币政策不确定性对人民币汇率波动的溢出效应，有助于我们认清政策不确定性的内在本质，以期能够丰富不确定性的相关理论。

国内外关于人民币汇率的研究不胜枚举，大都聚焦于人民币均衡汇率的度量和汇率预测。近年来，关于人民币汇率影响因素的研究相对缺乏。研究人民币汇率的影响因素是度量均衡汇率、预测汇率的前提。人民币汇率服务于宏观经济发展的需要，在很大程度上受宏观经济、政策因素影响。因此，将货币政策不确定性和宏观经济变量纳入人民币汇率决定模型，从动态时变的视角研究人民币汇率变动的影响因素，不仅可以深化对人民币汇率决定的宏观经济基础的认识，还可以通过搭建不确定性到汇率的桥梁，有助于丰富汇率决定的相关理论。

2. 实践意义

汇率的大幅波动具有极强的破坏性，不利于宏观经济的均衡发展。随着人民币汇率市场化机制改革的不断深化，人民币汇率双向波动趋势愈发显著。人民币汇率对宏观经济政策及其不确定性冲击的响应更加敏感，其中，货币政策不确定性对人民币汇率的影响更为显著。因此，厘清货币政策不确定性对人民币汇率的影响机制，量化其对人民币汇率波动的动态影响特征，构建基于货币政策不确定性的人民币汇率风险防范策略，有助于更好地防范人民币汇率风险，防止系统性金融风险的发生，维护国家的金融安全与稳定。对于政策制定和监管部门而言，厘清货币政策不确定性对人民币汇率的影响机制，有助于决策者更好地制定和实施相关政策，有助于监管者更好地采取措施以防范金融风险。对于外汇市场投资者而言，把握货币政策不确定性对人民币汇率的影响特征，有助于投资者更好地认清外汇市场风险，构建更优的外汇市场风险防范策略。

1.2 文献综述

本节将从货币政策不确定性的测度及其经济影响、汇率变动的影响因素、货币政策及其不确定性对人民币汇率的影响和人民币汇率风险防范四个方面对国内外相关文献展开综述。

1.2.1 货币政策不确定性的测度及其经济影响的文献综述

1. 货币政策不确定性的测度

现有关于货币政策不确定性测度的文献主要包括三类。一是利用与货币政策相关的经济变量的波动率表征货币政策不确定性。（1）利用利率的标准差、金融衍生品的隐含波动率或已实现波动率测度货币政策不确定性。金等（King et al.，1993）采用信贷增长率的标准差、辛哈（Sinha，2016）使用两年期美国国债期权价格的标准差作为货币政策不确定性的代理变量。孙健等（2017）、杨鸣京等（2019）、徐亚平和汪虹（2020）则以上海银行间同业拆借7天期利率的标准差作为中国货币政策不确定性的代理变量。张和冯诺（Chang & Feunou，2014）采用利率期货的已实现波动率和利率期货期权的隐含波动率分别衡量加拿大过去和未来的货币政策不确定性。库洛夫和斯坦（Kurov & Stan，2018）采用欧洲美元期货的已实现波动率测度前瞻性货币政策不确定性。卡明思卡和罗伯特—斯科拉（Kaminska & Roberts-Sklar，2018）利用国债期货期权的隐含波动率衡量市场参与者感知的货币政策不确定性。查德威克（Chadwick，2019）则直接采用美林证券期权波动率指数作为货币政策不确定性的代理指标。（2）利用计量模型估计的波动率作为货币政策不确定性的测度。乔达和萨利耶（Jorda & Salyer，2003）以货币增长率、加藤和久田（Kato & Hisata，2005）以欧洲美元的三月期利率、布格和法格伦（Boug & Fagereng，2010）以名义汇率、库莫（Kumo，2015）以通货膨胀率等经济变量采用GARCH模型估计的条件异方差作为货币政策不确定性的代理变量。与GARCH模型相比，随机波动（SV）模型认为，波动自身也会受到冲击，而不是历史数据的函数（Creal & Wu，2017）。所以，费尔南德斯—韦拉维尔德等（Fernandez-Villaverde et al.，2011）、穆塔兹和苏里克（Mumtaz & Surico，2018）、法索洛（Fasolo，2019）等采用 SV 模型基于利率数据测度货币政策不确定性。邓创和曹子雯（2020）、罗大庆和傅步奔（2020）则基于随机波动率模型构建了中国货币政策不确定性指数。

二是利用文本数据挖掘方法测度货币政策不确定性。贝克等（Baker et al.，2016）采用文本挖掘技术构造经济政策不确定性指数，其中与货币政策相关的不确定性指标可以用来表征货币政策不确定性。该方法是从新闻报刊中提取与货币政策和不确定性相关的术语，根据术语出现的频次，构造货币政策不确定性指数用以反映公众对于央行货币政策行动及其后果所感知的不确定性程度。沿用这一做法，加鲍尔和古普塔（Gabauer & Gupta，2018）测度了美国和日本的货币政策不确定性，安托纳卡基斯等（Antonakakis et al.，2019a）测度了希腊和欧洲其他地区的货币政策不确定性。哈斯特德等（Husted et al.，2019）则将搜索范围限于《华盛顿邮报》《华尔街日报》《纽约时报》，构建了美国货币政策不确定性指数。采用贝克等（Baker et al.，2016）的文本数据方法，朱军（2018）基于《人民日报》《光明日报》《经济日报》数据库构建了中国货币政策不确定性指数，黄和陆（Huang & Luk，2020）基于内地 10 份有代表性的报纸，测度了 2000 年至今中国货币政策不确定性的月度数据。该指数与采用 114 份报纸测度的结果相比，具有更小的媒体偏差效应，表现较为稳健。陈和蒂尔曼（Chen & Tillmann，2021）基于《南华早报》和《金融时报》两份英文报纸，构造了中国货币政策不确定性指数，较黄和陆（2020）构造的中国货币政策不确定性指数包含了更多的外部信息。

三是利用货币政策中不可预测部分度量货币政策不确定性。斯图尔兹（Stulz，1986）采用货币供应量增长率均值中不能被历史信息解释的部分作为货币政策不确定性的代理变量。法维罗和莫斯卡（Favero & Mosca，2001）以短期利率的预测误差、海福德等（Hayford et al.，2012）以及赫罗和默里（Herro & Murray，2013）采用预测利率与实际利率差异的标准差、阿尔布莱斯库和约内斯库（Albulescu & Ionescu，2018）综合短期利率和长期利率与其预测值之差的绝对值作为货币政策不确定性的代理变量。尤拉多等（Jurado et al.，2015）认为，由于不确定性广泛存在于宏观经济变量中，应该将多个与政策相关的经济变量的不可预测成分的共同部分作为政策不确定性的测度。梅内和罗赫（Meinen & Roehe，2017）根据尤拉多等（2015）的思路，构建了多个国家的政策不确定性指数，结果较为稳健，但该方法构造的指数可能会包含经济基本面不确定性的因素。王博等（2019）参考尤拉多等（2015）的方法，基于2006年至2017年的45个宏观经济变量，构造了月度的中国货币政策不确定性指数。

现有测度货币政策不确定性的文献在方法上存在较大差异，各种方法及其测度的指标各有适用的条件和范畴，各有优缺点。如基于GARCH模型预测的波动率作为货币政策不确定性的测度，该方法较为简单，容易实施，但预测结果难以区分货币政策水平冲击与不确定性冲击的差异。基于文本挖掘技术测度的货币政策不确定性虽然能够较为准确捕捉微观主体的真实感知，但其测度精度与媒介的选择范围、关键词的选取密切相关，具有较强的主观性，会导致测度的货币政策不确定性出现较大偏误。基于货币政策不可预测部分构造的货币政策不确定性，与不确定性的内涵较为吻合，但基于部分调查数据构造的指数受调查人员主观意愿的影响，难以区分真实客观的货币政策不确定性。基于尤拉多等（2015）方法构造的货币政策不确定性指数，通过整合大量的货币政策变量信息，剔除变量中的可预测部分，测度的结果更能体现货币政策不确定性的内涵。但如果采用了过多的宏观经济指标，则难以分离出宏观经济不确定性的影响。不同方法构造的货币政策不确定性指数由于存在较强的相关性，难以选择哪种方法构造的指数具备更加广泛的有效性（Bloom，2009）。因此在具体开展货币政策不确定性的研究时，应根据研究目的和不同国家的实际情况选择适合的测度方法。

2. 货币政策不确定性的经济影响

货币政策不确定性不仅对本国经济活动产生影响，还会通过影响公众预期、汇率调整、国际贸易和资本流动等渠道产生外溢效应，从而对外国的经济活动产生影响。

（1）货币政策不确定性对本国经济的影响。有些学者从宏观的角度出发，探讨了货币政策不确定性对经济活动的影响。伊斯特雷菲和穆阿比（Istrefi & Mouabbi, 2018）基于多个国家的研究表明，货币政策不确定性对经济存在巨大、持续的消极影响。巴尔希拉尔等（Balcilar et al. , 2017）、法索洛（Fasolo, 2019）认为，货币政策不确定性的上升会导致产出的下降。高波动的货币政策及其产生的不确定性是美国几次经济衰退的重要原因（Mumtaz & Zanetti, 2013; Dahlhaus & Sekhposyan, 2018），与税收、政府支出和货币政策相关的不确定性会抑制企业投资，阻碍了衰退后的经济复苏（Gulen & Ion, 2016）。赫罗和默里（Herro & Murray, 2013）、克利尔和吴（Creal & Wu, 2017）认为，货币政策不确定性的冲击会导致失业率和产出的波动增加，不利于经济的发展。费尔南德斯-韦拉维尔德等（Fernandez-Villaverde et al. , 2011）认为，货币政策不确定性的上升会导致资本收入风险增加，在预防性储蓄效性下，导致消费减少，本国货币政策不确定性的上升还会引发资本外逃，不利于开放的小型经济体的经济发展。阿尔布列斯库和约内斯库（Albulescu & Ionescu, 2018）基于16个欧盟国家的数据研究也表明，货币政策不确定性上升会导致本国资本流入的减少。安托纳卡基斯（Antonakakis, 2019a）的研究表明，货币政策不确定性的上升部分解释了金融危机后欧洲经济复苏缓慢的事实。

关于货币政策不确定性对中国宏观经济的影响，王博等（2019）研究发现，货币政策不确定性的增加会导致违约风险的上升和产出的下降，特别是当违约风险较高时，货币政策不确定性对产出的负向冲击更加明显。罗大庆和傅步奔（2020）研究发现，当货币政策不确定性增加时，产出、消费、投资和物价会下降，其中投资下降比例最大。李成等（2020）则从经济周期的视角研究发现，在经济上行阶段，货币政策不确定性对投资、消费、产出和价格水平具有正向促进作用，而在下行阶段，货币政策不确定性对投资、消费和产出具有负向冲击，对价格水平的正向影响强度减弱。货币政策不确定性的存在削弱了货币政策对宏观经济的逆周期调控效力。邓创和曹子雯（2020）则研究了不同类型的货币政策引致的不确定性对经济的影响，发现数量型货币政策不确定性在经济繁荣期对经济增长和通货膨胀的影响较强，在新常态阶段，影响较弱；价格型货币政策不确定性对宏观经济变量则具有短期正向，中长期抑制的影响特征。

还有些学者则从微观的角度探讨了货币政策不确定性对经济的影响机制。布鲁姆（2014）研究发现，不确定性的上升会导致生产率高的企业不愿意扩张，生产率低的企业也不愿意收缩，这不利于资源的优化配置，阻碍了生产率的提高。穆勒等（Mueller et al.，2017）发现，较高的货币政策不确定性意味着更大的风险，这将导致风险溢价上升，提高融资成本。帕斯特和维罗内西（Pastor & Veronesi，2012）、阮和潘（Nguyen & Phan，2017）则从实物期权的角度认为，在投资不可逆的情形下，高度的政策不确定性会导致企业推迟甚至放弃投资。费尔南德斯—韦拉维尔德（2011）、辛哈（2016）研究发现，货币政策不确定性水平的上升会增加预防性储蓄，导致消费下降，从而对经济产生抑制作用。徐亚平和汪虹（2020）研究发现，货币政策不确定性的增加会通过金融摩擦抑制企业投资，由于国有企业具有更高的谨慎性，受货币政策不确定性的影响更大，这阻碍了资金向实体经济的转化。胡里奥和约克（Julio & Yook，2012）研究发现，货币政策不确定性的上升会增加企业预判政策调控方向的难度，进而影响企业财务决策行为。钟凯等（2017）研究发现，货币政策不确定性的上升会降低企业的信贷供给，在降低企业杠杆率的同时，加剧了市场摩擦，降低了资本结构调整的速度。邝雄等（2019）的研究也表明，货币政策不确定性的增加对银行信贷有显著的抑制效应。何德旭等（2020）认为，较高的货币政策不确定性水平会影响银行信贷决策，进而阻碍企业资本结构的动态调整。但也有文献研究表明，货币政策不确定性可能对经济产生正向影响。鲍恩和法尔福（Born & Pfeifer，2014）发现，如果货币当局对宏观经济的变化反应足够迅速，则不确定性的负向冲击会被抑制，企业和居民会通过更加努力的工作来规避不确定性的不利影响，从而可能使得经济活动增加而不是收缩。布鲁姆（2014）认为，如果政策不确定性能够增加潜在的回报，部分企业可能更愿意增加研发投资，通过企业创新寻找未来占领市场的机会。而如果投资是可逆的，则货币政策不确定性的上升不会造成期权的损失，因此也不会给经济带来不利影响。关于货币政策不确定性对企业创新活动的影响，也有些学者持不同的看法。杨鸣京等（2019）研究发现，货币政策不确定性会加剧股权质押对上市公司创新活动的抑制。谢乔昕（2020）研究发现，货币政策不确定性对企业研发投资平滑行为具有显著的负向影响，对非国有企业和小规模企业的负向影响更明显。李力和黄新飞（2021）基于微观银行层面探讨了货币政策不确定性对我国商业银行风险承担的影响，发现货币政策不确定性的上升会抑制商业银行贷款活动，加大商业银行的风险承担水平，从而对实体经济带来紧缩效应。刘飞和杜建华（2022）以非金融上市公司为样本，研究发现，货币政策不确定性上升会促进实体企业金融化，且这种效应对非国有企业和市场化程度更低的样本更显著。

（2）货币政策不确定性对外国经济的影响。有些文献研究了货币政策不确定性在发达经济体之间的波动溢出效应。巴尔希拉尔等（2017）研究发现，当美国货币政策不确定性较高时，其对欧元区的跨国溢出效应会导致欧元区投资者不确定性的上升，投资者往往会采取观望的态度，从而导致欧元区价格和产出对自身紧缩货币政策的响应减弱，降低了欧元区货币政策的有效性。加鲍尔和古普塔（Gabauer & Gupta，2018）基于TVP－SV－VAR模型研究了美国和日本两国间政策不确定性的溢出效应，发现美国货币政策不确定性会导致日本贸易政策不确定性的上升，日本货币政策不确定性也会推动美国贸易政策不确定性的上升。安托纳卡基斯等（Antonakakis et al.，2019a）研究发现，希腊的货币政策不确定性会驱动欧洲经济政策的不确定性，在经济动荡时期，希腊货币政策不确定性的溢出强度持续显著上升，这显著刺激了欧洲经济政策的不确定性，延缓了欧洲经济的复苏。安托纳卡基斯等（2019b）以美国、欧元区、日本和英国影子银行短期利率计算的货币政策不确定性为出发点，基于TVP－VAR波动溢出指数研究发现，货币政策不确定性的净溢出方为欧元区和美国，日本和英国是货币政策不确定性溢出的净接收方。古普塔等（Gupta et al.，2020）以9个发达国家的利率不确定性表征货币政策不确定性，基于VAR时域和频域波动溢出指数研究发现，货币政策不确定性的溢出具有时变特征，金融危机期间，货币政策不确定性的溢出最大，两两间波动溢出的极值往往与突发事件有关。其中，美国、德国、法国和西班牙是货币政策不确定性的净溢出国家。

还有些学者研究了发达经济体货币政策不确定性对新兴经济体的溢出效应。发达经济体的政策不确定性对新兴经济体的溢出效应，会影响新兴经济体的贸易和资本流动，使得新兴经济体国内经济增长前景不明朗，降低了吸引外部投资的能力（Baker et al.，2016）。阿波斯托卢和贝恩（Apostolou & Beirne，2019）研究发现，美国和欧洲货币政策不确定性的溢出，会降低人们对新兴经济体的信心，消费和投资下降，导致实体经济下滑，引发资本外逃。特朗（Trung，2019a）采用PVAR模型研究发现，美国货币政策不确定性的冲击对新兴经济体的产出、投资、消费、FDI和出口等均有负面的影响。蒋涛（2020）则从微观市场主体融资的视角研究发现，美国经济政策不确定性（EPU）和货币政策不确定性的增加，通过美元和美国银行贷款路径，显著提高了新兴经济体企业银行贷款利率，进而对新兴经济体的实体经济产生了冲击。杨铭（2019）研究发现，美国货币政策不确定性通过抑制金融资产和房产的财富效应，对我国的消费产生负面冲击。郝大鹏等（2020）基于DSGE模型研究发现，美国货币政策不确定性对中国的产出、投资和资产价格具有显著的负向外溢效应，会进一步加剧中国宏观经济的波动。朱荃等（2022）基于TVP－SV－VAR模型研究发现，美国货币政策不确定性短期内会引起中国产出下降，通货紧缩，影响渠道是汇率、进出口和金融市场，在特朗普当政时期这种短期负向的冲击溢出效应最大。特朗（2019b）研究发现，发展中国家和新兴经济体更容易受美国货币政策不确定性的影响，与美国贸易份额较高的经济体受美国货币政策不确定性的影响更大，金融开放程度较高和制度质量较好的经济体受美国货币政策不确定性的影响较小。阿波斯托卢和贝恩（2019）认为，资本账户更加开放、与美国和欧元区金融联系紧密的国家受欧美货币政策不确定性溢出影响更严重。但资本账户不开放和汇率无法灵活调整并不能使发展中国家免遭美国货币政策不确定性的冲击（Ho et al.，2018）。发达经济体货币政策不确定性的溢出效应可能在不同的时期存在差异性（Gabauer & Gupta，2018），姜等（Jiang et al.，2019）考察中美货币、财政和贸易政策不确定性的动态关联特征发现，金融危机期间，美国货币政策不确定性是净溢出者，但在美国主权信用评级被下调后的三年间，中国货币政策不确定性变成了波动效应的净溢出方。

有些文献基于宏观视角研究了货币政策不确定性对产出、消费、投资、就业等经济变量的负向影响，有些文献基于微观角度分析了货币政策不确定性对银行信贷支持、企业经营决策的负面冲击，部分文献则探讨了货币政策不确定性对企业创新的正面影响。货币政策不确定性不仅对本国经济活动产生影响，还会通过溢出效应对外国经济活动带来冲击。考虑到不同经济体经济体制的不同、经济结构和经济发达程度的差异，即使是同一经济体，经济活动在发展的不同阶段也会存在差异，货币政策不确定性对经济活动的影响应该存在异质性和时变特征。

1.2.2 汇率变动的影响因素的文献综述

弗兰克尔（Frankel，1983）对布雷顿森林体系解体后的汇率决定理论进行了归纳和划分，他认为主要的汇率理论是资产模型分析法，包括货币分析法和资产组合分析法。货币分析法主要包括货币理论和购买力平价理论，从货币供给和需求的角度研究汇率的决定；资产组合分析法包括小国模型、偏好本地模型和偏好一致模型，侧重于从资产选择的角度分析汇率的决定。钱荣堃等（1994）在编著的《国际金融》中将布雷顿森林体系解体后的汇率决定理论划分为国际收支学说和资产市场学说，资产市场学说包括了货币论和汇率的资产组合分析法。较弗兰克尔（1983）的归纳增加了从国际收支角度研究汇率决定的国际收支分析法。上述传统的汇率决定模型对布雷顿森林体系以及浮动汇率早期的汇率波动具有良好的解释力。国际收支理论、购买力平价理论、利率平价理论和资产市场理论等传统的汇率决定理论认为，国际收支、通货膨胀、利率变化和本国宏观经济发展等是汇率变动的主要驱动因素。沈国兵（2018）编著的《国际金融》教材里这样论述：从基本面看，影响汇率变动的因素可以分为中长期因素和短期因素，中长期因素包括国际收支状况、通货膨胀率差异、经济增长差异、宏观经济政策导向；短期因素包括经济数据公布、市场预期、利率差异、政治因素、央行干预和国际短期投机性资本流动。但这些因素对汇率变动的影响并不稳定，特别是布雷顿森林体系解体后，汇率脱离经济基本面、汇率过度波动等成为传统的汇率理论无法解释之谜团。

关于人民币汇率的影响因素，学者们展开了广泛的探讨。易纲和范敏（1997）认为，影响人民币汇率的主要因素包括物价水平、通货膨胀差异、利差、经常账户余额、外资流入、官方储备以及货币政策等。贺昌政等（2004）在总结学者和专家意见的基础上，将影响人民币汇率变动的因素总结为17个变量，其中通货膨胀指标是影响当时人民币实际汇率变动的最主要因素。随着人民币汇率市场化改革的推进，这些因素对人民币汇率变动的影响并不稳定，人民币汇率同样面临着传统汇率理论无法解释的“汇率脱离之谜”。

米斯和罗格夫（Meese & Rogoff，1983）研究发现，基于宏观经济基本面的结构汇率模型预测能力甚至比不上随机游走模型，张和陈（Cheung & Chinn，2001）在增加样本长度的基础上进一步验证了米斯和罗格夫（1983）的结论。奥布斯特菲尔德和罗格夫（Obstfeld & Rogoff，1995）将垄断竞争和名义价格黏性纳入DSGE模型，建立了具有微观基础的宏观一致OR模型，在一定程度上提高了汇率理论的解释力。后续的学者们通过放宽OR模型的一些假设条件，试图找寻汇率脱离之谜的答案，如德弗里和恩格尔（Devereux & Engel，2007）、贝茨和基奥（Betts & Kehoe（2008）、王（Wang，2010）等。也有些学者将传统的汇率决定理论与泰勒规则模型相结合从动态的角度分析汇率变动问题。恩格尔和韦斯特（Engel & West，2005）以1978～2001年的美元汇率数据为样本，研究发现，泰勒规则汇率模型能够较好地拟合期间美元汇率的变化特征。莫洛特索瓦和帕贝尔（Molodtsova & Papell，2009）研究发现，无论是样本内拟合还是样本外预测，泰勒规则汇率模型均能较好地解释美元和欧元汇率的动态走势。江春等（2018a）基于2005年“7·21”汇改后的人民币汇率数据研究发现，只有泰勒规则模型预测能力高于随机游走模型，利率平价模型、购买力平价模型、弹性和黏性货币模型、巴拉萨—萨缪尔森模型和资产组合模型等对人民币汇率的预测能力并不比随机游走模型强。摩尔和罗奇（Moore & Roche，2010）、兰辛和马（Lansing & Ma，2017）指出，引入市场预期的泰勒规则汇率模型在一定程度上可以解释汇率脱离之谜。江春等（2018b）将股票价格、央行的外汇干预和汇率预期等变量纳入泰勒规则汇率模型，研究发现，模型中各变量对人民币汇率的影响具有一定的滞后性，且存在显著的短期影响与长期影响差异，该模型有助于解释中国短期货币政策的操作与执行。周建等（2018）基于BVAR模型研究发现，国际收支和汇率预期是导致2014年以来人民币趋势性贬值的直接原因，基本面因素主要通过国际收支和汇率预期的传导间接影响人民币汇率。随着经济金融全球化的发展，资本的国际流动对汇率的影响逐渐引起了学者们的关注。弗勒（Filer，2004）、卡瓦列罗和克里希那穆提（Caballero & Krishnamurthy，2006）研究发现，资本的大量流入会导致经济过热，引发本币升值，国际游资的快速进出是引起汇率剧烈波动的重要原因。司登奎等（2019）将国际资本流动植入开放的泰勒规则模型，考察了人民币汇率的动态决定机制，发现产出是决定人民币汇率变动的最重要因素，国际资本流动对人民币汇率的影响仅次于产出，利差扩大和通货膨胀上升对汇率的影响小于国际资本流动。在理性预期下，学者们大多基于能观测的宏观变量角度解释汇率波动，而忽略了无法观测因素的影响（Pozzi & Sadaba，2018），弗拉茨舍尔等（Fratzscher et al.，2015）研究发现，市场预期受经济基本面和不可观测因素的影响。因此将未观测到的因素——经济政策不确定性纳入汇率决定的宏观变量模型，或许有助于更好地解释汇率波动。刘强和陶士贵（2021b）基于21个经济体2003~2019年的样本研究发现，新兴经济体的汇率变动不仅受本国经济政策不确定性影响，更受全球经济政策不确定性影响，金融危机期间，经济政策不确定性是引发实际有效汇率变动的主要原因，此外，经济政策不确定性还通过调节效应改变宏观经济变量对实际有效汇率的影响。

汇率问题有的时候非常“全球化”，但有时又非常“本土化”，有时汇率非常“基本面”，但有时又非常“情绪面”。汇率高度复杂，没有任何一种理论能够成功解释汇率的现实波动。从汇率变动的现实出发，考虑更多的宏观经济变量，引入汇率预期，纳入不确定性因素，从动态时变的角度分析汇率的变化，或许有助于更好地解释汇率的变动。

1.2.3 货币政策及其不确定性对人民币汇率的影响的文献综述

1. 货币政策对人民币汇率的影响的文献综述

关于货币政策与汇率的关系，最早可以追溯到蒙代尔—弗莱明模型，该模型研究发现，在浮动汇率制度下，采取扩张性货币政策会因为本币供给增加而导致本币贬值。多恩布什（Dornbush，1976）提出的黏性价格货币模型指出，在固定汇率制度下，货币政策会失去独立调控的效果，造成短期汇率超调现象。克鲁格曼（Krugman，1979）和弗兰克尔（Frankel，1999）发展了蒙代尔—弗莱明模型，发现货币政策会显著影响汇率稳定，但汇率稳定、货币政策独立与资本自由流动三者之间存在“不可能三角”关系。艾兴鲍姆和埃文斯（Eichenbaum & Evans，1995）研究了美国货币政策变化对美元汇率的影响，发现扩张性的货币政策会导致美元名义汇率和实际汇率的快速和持续性贬值。肖尔和乌利格（Scholl & Uhlig，2008）基于符号 SVAR 模型识别非预期货币冲击和非预期产出冲击，实证研究发现，产出冲击对实际汇率波动的贡献远大于货币冲击。贝鲁门特和帕索古拉里（Berument & Pasaogullari，2010）构建货币政策、汇率波动和产出的三变量 SVAR 模型，研究发现，货币政策对汇率波动的影响主要体现在短期效应，产出冲击对汇率波动的影响则存在显著的长期效应。学者们的相关研究认为，货币政策冲击对汇率动态产生了真实的影响，但在多大程度上解释汇率波动却有不同的实证检验结果。

关于中国货币政策对人民币汇率的影响，王爱俭和林楠（2007）从利率的角度研究发现，利率上升会导致人民币名义汇率出现“先升值后贬值”的超调现象。赵文胜和张屹山（2012）从货币供应量的角度研究发现，货币供应量减少会导致人民币汇率升值。李文乐等（2011）基于开放条件下的 DSGE 研究发现，中国货币政策与人民币汇率之间存在显著的均值溢出和波动溢出效应。陈创练（2011）基于 BQ - SVAR 模型研究发现，经济周期波动与系统内生性调整是引发人民币汇率短期波动的主要原因，货币冲击则对人民币实际有效汇率波动产生长期影响。高铁梅等（2013）研究表明，央行货币政策和央行的外汇干预都会对汇率波动产生显著性的影响。王君斌和郭新强（2014）研究发现，央行增加货币供给会导致人民币实际有效汇率出现超调现象，人民币名义汇率出现“远期贴水偏差之谜”。金中夏和洪浩（2015）指出，在我国实施有管理的浮动汇率制度下，货币政策和央行对汇率的不当干预甚至可能会带来经济危机和金融危机的双重风险。盖静（2018）基于施加约束的 SVAR 模型研究发现，美国联邦基金利率和央行外汇干预对人民币汇率波动的解释力最强。随着计量模型的发展，有些学者则从动态时变的视角研究货币政策对人民币汇率的影响。司登奎等（2018）基于 TVP - SV - BVAR 模型研究发现，央行外汇干预在短期内有助于稳定汇率，长期则会加剧汇率波动。还有些学者探讨了不同类型的货币政策对人民币汇率的影响，吴安兵和金春雨（2019）基于 SVAR 模型和 LT - TVP - VAR 模型研究了货币政策对人民币实际有效汇率的影响，发现扩张性货币政策的正向冲击大于紧缩性货币政策的负向影响，货币政策对汇率波动的影响具有典型的时变特征。李成刚等（2019）基于 TVP - SV - VAR 模型研究发现，货币政策对人民币汇率的影响存在显著的时变特征，利率冲击对人民币汇率的影响弱于货币供应量冲击。吴兆春（2020）研究发现，央行宽松的数量型货币政策和宏观审慎政策在经济繁荣稳定时期会引起人民币贬值压力，在经济萧条期会引起人民币升值压力，而宽松的价格型货币政策对人民币升值（贬值）压力的影响则相反。周阳和李雪蓉（2020）则研究了央行前瞻性指引对人民币汇率的影响，发现前瞻性指引有助于引导汇率方向，平抑汇率波动。

还有些文献研究了其他国家货币政策对人民币汇率的影响。一是关于欧美量化宽松政策的实施对人民币汇率的影响。卜永祥（2008）研究发现，在资本回流美国的条件下，人民币升值并不受美国基础货币供应量增加的影响。而赵文胜和张屹山（2012）研究发现，美国宽松货币政策的实施，会导致人民币长期升值，美国货币政策冲击可以解释 34% 的人民币汇率波动，但中国紧缩性货币政策较美国宽松货币政策的解释力更强。李自磊和张云（2013）通过 SVAR 模型研究发现，美国量化宽松政策会推动人民币升值。而刘锐等（2013）则认为，美国量化宽松政策对人民币的升值和贬值效应同时存在。齐晓楠等（2013）的实证研究表明，美国量化宽松政策通过多种渠道影响人民币实际有效汇率的波动。田涛等（2015）指出，美国量化宽松政策进一步放大了次贷危机对中国的影响，导致人民币汇率变动的不确定性上升。白玥玥（2015）基于美国、欧元区、日本、英国量化宽松政策的证据研究发现，美国货币政策对人民币汇率的影响最显著，其他国家货币政策的影响低于美联储。欧阳志刚和张圣（2016）则进一步揭示了次贷危机后美国货币政策对人民币汇率的传导机制，发现美国货币政策主要通过利率、资产价格和货币扩张等渠道冲击人民币汇率，其中，美国基准利率和美元指数对人民币汇率波动的冲击更为显著。张娟等（2016）基于 VEC 模型研究发现，美国货币政策主要通过货币数量和收入渠道影响人民币汇率，利率和通货膨胀渠道的传导效应则并不显著。

二是量化宽松政策退出对人民币汇率的影响。窦菲菲和田素华（2016）研究发现，随着美国量化宽松政策的逐步退出，美国的市场利率水平上升，美元资产较人民币资产的预期收益上升，进而引起市场套利和资本流出，导致人民币汇率贬值压力增加。路妍和吴琼（2016）指出，美国加息会使人民币汇率面临贬值压力，而日本和欧元区继续量化宽松政策增加了人民币汇率变动的不确定性。孙欣欣和卢新生（2017）基于 VECM－GJR－MVGARCH（1，1）－BEKK 扩展模型研究发现，意料之外的美联储加息会导致即期、远期汇率贬值，降低即期汇率的波动率，美国货币政策冲击对在岸、离岸远期外汇市场的波动率和波动溢出效应有显著影响。杨阳和干杏娣（2018）基于 TVP－VAR 模型研究发现，美国量化宽松的货币政策会导致中国产出恶化，人民币升值和资产价格上升；而量化宽松政策的退出可能会引发资本外流和人民币汇率贬值。徐滢（2020）研究发现，美联储扩表对人民币汇率的升值影响大于缩表的贬值影响。

三是从结构性的视角探讨了美国量化宽松政策变化对人民币汇率的影响及其原因。谭小芬和邵涵（2020）研究发现，美国宽松的货币政策会导致资本大量流入新兴市场，导致新兴经济体的利率下降、汇率上升和资产价格上涨，引发经济过热。路妍和张寒漪（2020）指出，随着美国货币政策的不断变化和中国金融市场对外开放的深化，短期国际资本流动的变化对人民币汇率稳定带来严峻挑战。殷红等（2020）研究发现，在经济繁荣和平稳时期，美联储数量型量化宽松货币政策会引起人民币汇率的升值压力，而价格型量化宽松货币政策则会引起人民币汇率的贬值压力；在经济萧条时期，美联储数量型量化宽松货币政策和价格型量化宽松货币政策对人民币汇率的影响则恰好相反。石建勋和赵张霞（2020）运用 SVAR 模型研究发现，美国物价水平和美元指数调整对离岸人民币汇率波动的冲击最强，美国利率调整的影响次之，美国货币供应量调整的影响最小，“8·11”汇改后，上述三类货币政策调整对离岸人民币汇率的影响均有所上升。龙威（2021）基于 LV－TVP－VAR 模型实证研究发现，美联储货币政策模式转换通过不确定性和市场预期变化对我国金融市场产生溢出效应，对我国股票市场的影响强度最大，外汇市场次之，债券市场的影响强度最小。刘卫平和马永健（2020）认为，新冠疫情背景下的美联储零利率政策相比无限量量化宽松政策更能对中国股票市场、债券市场和外汇市场产生广泛而显著的影响。

货币政策不仅对本国货币汇率产生影响，还会对外国货币汇率产生外溢效应。人民币汇率不仅受本国货币政策的影响，也容易受到美国等发达经济体货币政策变动的影响。此外，不同类型的货币政策的实施会对人民币汇率产生不同的影响。现有文献更多从静态角度探讨货币政策对汇率的影响，较少考虑货币政策和外汇市场的结构性变化，随着各国货币政策的变化以及人民币汇率市场化改革的深化，从动态时变和异质性的视角研究货币政策及其不确定性对人民币汇率的影响或许更具说服力。

2. 经济政策不确定性对人民币汇率的影响的文献综述

贝克等（2016）根据新闻报刊词频构造了全球 20 多个国家和地区的经济政策不确定性指数，该方法较为全面，能够较好地反映一国经济政策不确定性水平，改变了过去只能研究特定事件发生时的影响这一间断性的缺陷，使得经济政策不确定性的研究具备了连续性，成为学者们研究经济政策不确定性的首选代理变量。基于该代理变量，有些文献研究了经济政策不确定性对汇率波动和汇率预测的影响。克罗尔（Krol，2014）为经济政策不确定性影响汇率波动提供了实证依据，对于一体化程度更高的工业经济体而言，在经济低迷时期，母国和美国经济政策不确定性都加大了汇率的波动性。对于一体化程度较低的新兴经济体而言，只有本国经济政策不确定性才会在经济低迷时期加剧汇率波动。在一般经济状态下，本国经济政策不确定性虽然也会增加汇率的波动性，但其影响程度一般小于美国经济政策不确定性。贝克曼和楚达吉（Beckmann & Czudaj，2017）的研究为政府决策与汇率之间的关系提供了一个新的视角，认为预期不仅受到公告的影响，还受未来经济政策立场的不确定性程度影响，与预期相比，经济政策不确定性对汇率预测误差的影响更大。巴尔希拉尔等（2016）的研究也表明经济政策不确定性对汇率收益率和波动率有较强的预测力。巴奇和扎卡里（Bartsch & Zachary，2019）基于日度经济政策不确定性指数和美元/英镑收益数据研究发现，经济政策不确定性对汇率波动的贡献比月度数据所能探测到的要快得多，使用回归技术将经济政策不确定性与非政策经济不确定性分离，发现非政策市场不确定性比经济政策不确定性更能增加汇率波动性。阿比德（Abid，2020）基于ARDL模型，证明了经济政策不确定性在解释短期和长期汇率方面的关键作用，其有助于提高宏观经济模型对短期和长期汇率的预测能力。

也有些学者从信息溢出的视角探讨了经济政策不确定性对汇率的溢出效应与联动性。木户（Kido，2016）运用DCC - GARCH模型分析了美国经济政策不确定性冲击对实际有效汇率的溢出效应，发现这种关系在经济衰退期有加强的趋势。木户（2018）基于因子增广向量自回归（FAVAR）模型研究了美国经济政策不确定性对全球金融市场的溢出效应，研究发现，尽管许多货币因美国经济政策不确定性的增加而贬值，但美元和日元却在升值，体现了它们的避险地位。人民币的名义汇率与美元密切相关，在面对不确定性冲击时，人民币也会升值。叶海伊等（Yahyaee et al.，2020）基于分位数上的分位数（QQ）方法研究发现，经济政策不确定性和汇率之间存在负平均和极端依赖关系，这种依赖结构在分位数上是不对称的。通过应用非参数分位数因果关系检验，发现了从本地和美国经济政策不确定性到实际有效汇率的弱平均因果关系（中间分位数）和强方差因果关系（几乎所有分位数）的证据。

考虑到货币政策不确定性是经济政策不确定性的主要表现形式（Gabauer & Gupta，2018），有些文献则从货币政策不确定性的角度研究其对汇率的影响。班尼诺等（Benigno et al.，2012）以七国集团为样本，研究发现，美国货币政策不确定性冲击的增加会促使美元走强，导致美元汇率在中期升值。穆勒等（2017）研究了货币政策不确定性在决定货币超额收益中的积极作用。库洛夫和斯坦（Kurov & Stan，2018）研究发现，当货币政策不确定性很高时，美国国债和汇率对宏观经济消息的反应会变得更加强烈。特朗（2019b）以32个经济体为样本的研究发现，美国货币政策不确定性冲击会导致其他经济体产出、通货膨胀和利率下降以及货币贬值。帕克等（Park et al.，2022）研究美国货币政策不确定性对亚洲10个经济体货币对美元汇率的影响，发现货币政策不确定性更倾向于增加汇率波动而不是影响汇率水平，美国货币政策不确定性的上升会显著增加韩国、马来西亚和新加坡等小型开放经济体的汇率波动。

关于经济政策不确定性对人民币汇率的影响。马国轩和于润（2013）从行为均衡汇率理论出发，研究发现，在诸多影响因素中，人民币受政策性因素干预明显。从经济政策不确定性的角度，有些学者聚焦于汇率形成机制改革对人民币汇率波动的影响研究。靳晓婷等（2008）发现，2005年"7·21"汇改后人民币汇率波动存在门限的非线性特征，当升值幅度大于一定的门限值时，升值的冲击显示出更持久的延续性。周远游等（2017）发现，自2005年人民币汇率改革以来，历次汇率的大幅波动都和汇率改革进程同步。徐娟和杨亚慧（2019）研究发现，"8·11"汇改后人民币汇率长期处于高波动状态，且在岸与离岸汇率联动性明显提升。

随着贝克等（2016）构建的经济政策不确定性指数的广泛应用，许多学者借助该指数探讨了经济政策不确定性对人民币汇率的影响。朱孟楠和闫帅（2015）基于波动溢出指数方法研究发现，中国、美国、欧元区和日本经济政策不确定性与人民币汇率之间存在溢出效应，人民币汇率与中国经济政策不确定性的溢出效应占总溢出效应的一半以上，2005年"7·21"汇改后，人民币汇率与经济政策不确定性之间的相互溢出效应有所提高。余朝晖（2017）指出，经济政策不确定性会加剧人民币汇率波动，反之，人民币汇率波动也能够导致经济政策不确定性波动加剧。尹力博和吴优（2017）基于投资者关注的视角发现，不确定性对人民币汇率产生显著的正向影响，且这种影响存在非对称性。黄乃静和汪寿阳（2018）研究发现，中欧货币汇率在2008年到2016年间存在极端联动现象，经济政策不确定性对中欧货币汇率的极端联动现象有重要的影响，其中中国经济政策的不确定性影响更大。刘玚等（2019）基于MS－VAR模型研究发现，全球经济政策不确定性上升会引发人民币升值预期与短期资本流动的顺周期行为，是引发国内金融市场系统性金融风险的重要外因。王盼盼（2021）从动态溢出的角度研究发现，美国经济政策不确定性水平的上升，加剧了投资者对未来人民币汇率走势的预期分化，加大人民币汇率波动性，驱动人民币升值。“8·11”汇改后随着人民币汇率市场化水平的提高，美国经济政策不确定性对人民币汇率的均值溢出效应消失，波动溢出效应上升，而在中美经贸摩擦期间波动溢出效应显著增强。刘强和陶士贵（2022）基于滚动格兰杰因果检验和 TVP - SV - VAR 模型研究发现，在经济不景气时段，美国经济政策不确定性对人民币汇率稳定产生短期负向影响，但不断深化的市场汇率在一定程度上可以吸收外部冲击，甚至改变外部冲击对人民币汇率稳定的影响方向。

有些学者研究了经济政策不确定性对人民币汇率的非对称性影响。李等（Li et al.，2020）利用非线性 ARDL 模型研究了经济政策不确定性对 CNY - CNH 价差的非对称效应。先采用主成分分析方法，在中国和七国集团经济政策不确定性指数的基础上构建了一个复合的经济政策不确定性指数，NARDL 模型实证检验表明，复合的经济政策不确定性指数对 CNY - CNH 价差具有显著的非对称效应，复合经济政策不确定性指数的正面冲击导致 CNY - CNH 价差的扩大。陈等（Chen et al.，2020）利用分位数回归探讨了不同经济体经济政策不确定性对人民币汇率波动的影响。研究结果表明，经济政策不确定性对中国汇率波动的影响在不同市场表现出非对称性和异质性。中国经济政策不确定性对汇率的所有分位数波动都有积极而显著的影响，美国、欧洲和日本的经济政策不确定性影响显著，而中国香港的经济政策不确定性与人民币汇率波动的相关性不显著。杨子晖等（2020）研究发现，经济政策不确定性在系统性风险传染中发挥了重要作用，股票市场是系统性风险的主要输出者，而外汇市场是系统性风险的主要接收方。裴斌等（2021）研究发现，“8·11”汇改前后经济政策不确定性和人民币汇率之间的联动特征发生了显著变化。汇改前经济政策不确定性对汇率无溢出效应，汇改后波动溢出效应开始显现；汇改前汇率变化对经济政策不确定性产生正均值溢出，汇改后则产生负均值溢出。刘强和陶士贵（2021a）研究发现，经济政策不确定性对人民币汇率的影响具有典型的非对称性。在高分位数下，经济政策不确定性对人民币汇率的影响较为显著；中国经济政策不确定性对人民币汇率的影响大于外国（地区）经济政策不确定性的影响。将人民币汇率波动分解为好的波动和坏的波动，刘强和陶士贵（2022）研究发现，经济政策不确定性对人民币汇率坏的波动的溢出效应显著大于好的波动的溢出效应，中国经济政策不确定性对人民币汇率的波动输出最大，美国和日本次之。新冠疫情冲击使得投资者更关注经济政策不确定性对金融市场尾部风险的影响，宫晓莉等（2022）基于关联网络技术分析发现，随着资本账户开放，外汇市场成为尾部风险传染的中间桥梁，特别在金融危机期间，经济政策不确定性与外汇市场成为尾部风险传染的枢纽。

也有些文献研究了其他类型的政策不确定性对人民币汇率的影响。王新和刘俊奇（2020）研究发现，我国贸易政策不确定性（TPU）对股票市场、债券市场和人民币汇率均表现出非对称性影响，美国贸易政策不确定性对我国股票和外汇市场冲击较大。丁剑平和刘璐（2020）基于改进的货币政策不确定性指数研究发现，当不能准确预测未来政策变化时，货币政策不确定性水平会趋于上升，这进一步加剧了市场对未来政策判断的分歧，导致在岸和离岸人民币/美元汇率对宏观经济新闻的反应显著减弱。而在货币政策不确定性水平较高时，通过增加央行的市场沟通，可以增强外汇市场对经济基本面信息的有效反应。王爱俭等（2021）研究发现，外部地缘政治风险对人民币汇率预期不确定性的影响具有衰减趋势，而内部经济政策不确定性的影响则有增加趋势，人民币汇率预期不确定性主要源于中国自身的经济政策不确定性。刘强和陶士贵（2021a）研究发现，与其他类型经济政策不确定性相比，汇率和资本账户政策不确定性与货币政策不确定性对人民币汇率的影响更大。

随着经济政策不确定性指数的广泛应用，现有文献研究了经济政策不确定性对汇率波动和汇率预测的影响，分析了其对汇率的波动溢出效应，探讨了本国和外国经济政策不确定性对人民币汇率波动的影响以及非对称性效应，得到了一些有用的结论，但由于导致经济政策不确定性的原因过多，很难有针对性地应对不确定性对人民币汇率的不利冲击。考虑到货币政策引致的不确定性在经济政策不确定性中的重要地位，从货币政策不确定性出发，探讨其对人民币汇率影响具有重要的实践意义，但相关的文献还较为鲜见。此外，由于政策不确定性和人民币汇率随时间而变化的结构性特征，从动态时变的视角分析货币政策不确定性对人民币汇率影响的时变特征，研究货币政策不确定性对人民币汇率收益率、已实现波动率、短期波动和长期趋势的异质性影响特征，量化货币政策不确定性对人民币汇率收益率和波动率的溢出效应，将有助于监管部门更有针对性地采取措施，以应对货币政策不确定性的冲击，也可以进一步丰富货币政策不确定性和人民币汇率等领域的相关文献。

1.2.4 人民币汇率风险防范的文献综述

随着人民币汇率市场化改革的深化，人民币汇率双向波动趋势凸显，人民币汇率波动增强加大了人民币汇率的风险。关于人民币汇率风险防范的研究，学者们主要从技术层面和制度层面进行了广泛的探讨。

技术层面，主要通过以下几个角度展开人民币汇率风险防范的研究。其一，从人民币汇率波动预测的角度。有些文献基于传统的GARCH模型展开人民币汇率波动拟合和预测方面的研究。惠晓峰等（2003）基于1994～1996年的人民币对美元日汇率数据运用GARCH（1，1）模型进行估计，结果表明，GARCH（1，1）模型的估计和预测表现均能令人满意。冉茂盛等（2004）指出GARCH（p，q）模型最适合用来描述1994年以后人民币对美元汇率的波动性。骆珣和吴建红（2009）使用GARCH模型对我国在2005年汇改前和汇改后的人民币对美元汇率进行了分析预测，作者认为，GARCH模型对汇改后的外汇序列模拟更优。张曼等（2017）运用中位数GARCH模型对人民币对美元数据进行研究发现，中位数GARCH模型能够较好地减小预测误差。孙少岩和孙文轩（2019）选取人民币加入SDR后的美元对人民币汇率中间价日数据，实证研究发现，ARIMA－GARCH模型能够较好地拟合加入SDR后人民币汇率的波动。还有些文献在GARCH模型基础上，采用极值理论、在险价值、预期损失等技术探讨人民币汇率风险测度。王宗润和周艳菊（2010）研究发现，基于GARCH－EVT模型的人民币汇率风险测度明显优于传统的历史模拟法和极值理论方法，在低置信度下，CVaR预测人民币汇率风险值更趋准确。张海波和陈红（2012）基于GARCH－VaR模型探讨了人民币汇率风险度量问题，发现我国人民币对美元市场具备使用VaR模型测度人民币汇率波动风险的前提条件，不同持有期下所对应的最佳模型不同。但考虑到VaR不满足一致性和可能存在的尾部风险，学者们通过引入ES测度方法作为VaR的补充。李晓燕和林海潮（2015）运用ARMA－GARCH－skst模型对人民币汇率市场的动态ES

风险测度显示，skst 能够有效地刻画人民币汇率波动的分布形态。还有些学者在 GARCH 模型的基础上，纳入其他宏观变量，运用混频数据抽样模型研究了人民币汇率波动拟合与预测。尹力博和李勍（2017）从投资者关注的视角研究发现，与长期波动相比，投资者关注对人民币汇率价差短期波动的作用更强，纳入投资者关注的 GARCH – MIDAS 模型对汇率价差波动具有显著的预测能力。尤和刘（You & Liu，2020）研究发现，相对传统的时间序列模型，纳入月度货币基本面因素的 GARCH – MIDAS 模型在预测人民币汇率每日波动的能力有了显著改进。周等（Zhou et al.，2020）研究发现，纳入经济政策不确定性的 GARCH – MIDAS 模型较传统的 GARCH 族模型在人民币汇率波动预测方面表现更佳。操玮等（2021）研究发现，纳入不同类型的不确定性指标的 GARCH – MIDAS 模型均能够提高人民币汇率波动率的预测精度，其中经济政策不确定性和宏观经济不确定性的预测能力更强。

其二，通过构建人民币外汇市场压力指数展开汇率风险防范的研究。阿卡姆和伯恩（Akram & Byrne，2015）指出，外汇市场压力被认为是测度外汇风险的重要指标，通过构建外汇市场压力指数可以度量外汇市场系统性金融风险，进而对风险进行识别和预警。清华大学国家金融研究院金融与发展研究中心课题组（2019）构建了中国金融市场系统性压力指数，其中就包含了外汇市场压力指数，该指数的峰值与历史上发生的极端金融风险事件在时间上高度吻合，可以及时发挥监测金融市场压力的作用。梁琪等（2019）从金融压力的视角，运用 TVP – VAR – SV 模型研究发现，在人民币升值压力阶段，外汇市场压力的增加会导致股市、债市和房地产市场压力上升，在贬值阶段，则显著提升银行业和房地产市场的压力水平。为防范外汇市场极端压力的外溢冲击，应建立人民币外汇市场风险预警机制和金融体系关联机制进行防范。李敏波和梁爽（2021）选取债券市场、股票市场、货币市场和外汇市场等 17 个指标，在构建各子市场压力指数的基础上，构建了金融市场压力指数，运用 MS – VAR 模型对金融市场压力状态进行识别，发现金融市场压力指数能够准确反映样本期内的压力事件，是监测评估系统性金融风险的有力工具。此外，随着中国金融开放的推进和人民币汇率市场化改革的深化，中国外汇市场不可避免地受到外国外汇市场压力的风险溢出。赵艳平等（2020）基于迪勃德和伊尔马兹

(Diebold & Yilmaz，2014）的波动溢出指数法测算了全球 30 个主要经济体的外汇市场压力溢出效应，发现全球外汇市场压力的风险溢出具有显著的动态时变特征，近年来中国外汇市场压力的风险净溢出由负转正，表现出由风险溢入国变为风险溢出国的趋势。

其三，从微观层面运用衍生品或黄金对冲外汇风险。当在岸人民币对美元贬值时，投资者可以运用离岸人民币期货合约对冲短期人民币贬值风险。程小勇（2021）指出，芝商所美元/离岸人民币期货提供多种合约规模，市场参与广泛，投资者拥有更大的灵活性，是管理人民币汇率风险敞口的有效工具。但衍生工具本身是一把“双刃剑”，如果人民币汇率走势与预期相反，大规模做空人民币反而会带来更大损失。刘志蛟和刘力臻（2018）在探讨了黄金在对冲人民币汇率风险中的作用后发现，币种不同，黄金对冲汇率贬值风险作用也不同。黄金在自身牛市条件下可以有效对冲人民币对美元汇率过度贬值，无论牛市还是熊市，黄金都是人民币对欧元贬值的对冲和安全港。林娟等（2021）基于常量和时变 Copula 模型研究了“8·11”汇改以来上海黄金现货与主要人民币汇率之间的对冲和安全港效应，发现上海黄金能够稳定对冲人民币对欧元、澳元、新元和英镑的汇率风险，是这些汇率的“安全港”，但针对人民币对美元和日元汇率风险，上海黄金的对冲和“安全港”功能具有时变特征。随着黄金自身市场条件的变化，黄金的对冲和“安全港”功能也会发生变化。

制度层面，要坚持市场化导向推进人民币汇率形成机制改革，完善外汇市场建设。回顾人民币汇率形成机制的市场化改革，大致经历了三个阶段：一是 1994 年通过汇率并轨，建立了单一、有管理的浮动汇率制度，为应对亚洲金融危机，1997 年开始执行盯住美元的汇率制度；二是 2005 年“7·21”汇改，实行以市场供求为基础，参考一篮子货币的有管理的浮动汇率制度，次贷危机期间，人民币又重新盯住美元，2010 年 6 月重启有管理的浮动汇率制度；三是 2015 年“8·11”汇改，做市商参考前一交易日银行间外汇市场汇率收盘价，提供人民币对美元中间价报价。但此次改革引爆了人民币贬值预期，2015 年 12 月央行宣布中间价参考货币篮子进行调整，2017 年 5 月 26 日，又引入逆周期因子以缓冲贬值预期，形成了“收盘价 + 篮子货币 + 逆周期因子”的中间价定价机制。2020 年 10 月 30 日，央行宣布暂停使用逆周期因子。逆周期因子的使用虽然有助于抑制人民币贬值预期，但模糊了人民币汇率的定价规则，不利于人民币汇率市场化形成机制改革的推进。新中国成立七十余年来，外汇政策改革调整的基本经验是坚持市场化方针，不断努力降低各种金融风险（贺力平，2019）。在市场化导向下，人民币汇率定价渐趋合理，人民币国际化进程在稳慎推进。管涛（2020）指出，继续深化汇率市场化改革是制度型开放的重要组成部分。张明等（2021）认为，应该加快人民币汇率市场化进程，让市场在汇率形成中起决定作用。张冲等（2021）研究指出，在人民币汇率市场化改革中，人民币货币篮子已优化到位，未来应该在渐进可控的基础上推进中间价市场化直至取消中间价。

《中华人民共和国国民经济和社会发展第十四个五年规划和二〇三五年远景目标纲要》明确指出，要扩大金融业对外开放，稳慎推进人民币国际化。张明（2021）认为，金融开放有四个维度，即金融市场开放、人民币汇率形成机制市场化、人民币国际化和资本账户全面开放。这也应该是我国金融领域对外开放的次序，在人民币利率和汇率形成机制未充分市场化、宏观审慎监管机制尚未健全之前，不能贸然全面开放资本账户。此外，需要不断加强外汇市场基础设施建设，健全外汇市场监管体系，丰富外汇市场交易产品，扩大市场参与主体类型，提升外汇市场交易效率，不断活跃市场，为境内外汇市场的成熟发展提供有力保障。

关于人民币汇率风险防范，在技术层面，可以通过运用相关计量模型，通过提升人民币汇率波动拟合和预测效果以降低汇率风险，纳入宏观变量的 GARCH－MIDAS 模型较传统 GARCH 模型在汇率波动预测方面更具优势；可以通过构建和运用人民币外汇市场压力指数进行汇率风险预警；而外汇投资者则可以通过运用衍生工具和黄金等对冲汇率风险。在制度层面，以市场化为导向，深化人民币汇率形成机制改革，有序推进金融领域的对外开放，同时通过完善外汇市场基础设施建设，让市场化和制度化成为化解外汇市场风险的有力抓手。

1.2.5 文献评述

本节从货币政策不确定性的测度及其经济影响、汇率变动的影响因素、货币政策及其不确定性对人民币汇率的影响、人民币汇率风险防范等几个方面对相关文献进行归纳和总结。

现有文献中可供本书借鉴的研究成果包括以下五个方面。第一，关于货币政策不确定性的概念和测度方法已比较成熟，但货币政策不确定性度量难以达成普遍的共识，不同测度方法下得到的货币政策不确定性指数存在较强的相关性，但难以区分这些指标的优劣以及哪个指标更具有效性。第二，货币政策不确定性对宏微观经济影响的特征和机制已较为完善，货币政策不确定性不仅影响本国经济活动，还会通过外溢效应影响外国经济活动。已有文献对货币政策不确定性影响的异质性及其理论解释还略显不足。第三，关于汇率变动影响因素的文献已较为丰富，但汇率变动过于复杂，没有任何人能够准确预测汇率走势，也没有一种理论能够合理解释汇率的变动。基于拓展的泰勒规则汇率模型，纳入汇率预期、资本流动、政策不确定性指标，从动态时变的视角出发，或许有助于更好地分析汇率变动。第四，关于货币政策以及经济政策不确定性对人民币汇率影响的成果已较为丰富，不同类型的货币政策会对人民币汇率的变动产生不同影响；现有文献研究了经济政策不确定性对人民币汇率收益率和波动率的影响特征，探讨了经济政策不确定性对人民币汇率的波动溢出效应，得到了一些有用的结论。但关于货币政策不确定性对人民币汇率的影响，却较少有文献展开深入研究。第五，关于人民币汇率风险防范的文献已较为丰富，学者们从技术层面和制度层面展开了较为广泛的研究。探讨纳入货币政策不确定性指标的 GARCH – MIDAS 模型在人民币汇率波动拟合波动预测中的效果，构建基于货币政策不确定性视角的人民币汇率风险预警模型，或许有助于丰富人民币汇率风险防范的实践。

梳理现有文献发现，研究“货币政策不确定性对人民币汇率的影响”或许存在以下可供拓展的研究空间：选取与货币政策相关的变量构建中国货币政策不确定性指数，分析其典型事实特征，基于非线性方法探讨货币政策不确定性与人民币汇率的关联特征；在不确定性经济理论和汇率决定理论的基础上，探讨货币政策不确定性对人民币汇率的影响机制，全面分析货币政策不确定性对人民币汇率的影响特征，探讨货币政策不确定性对人民币汇率风险防范的影响。通过对上述内容的深入分析，厘清货币政策不确定性对人民币汇率的影响机制和影响特征，构建人民币汇率风险防范策略，为更好地应对政策不确定性冲击，维护外汇市场的金融安全和稳定提供理论借鉴和实证参考。

1.3 研究目标和主要内容

1.3.1 研究目标

本书基于货币政策不确定性的视角出发，探讨“货币政策不确定性对人民币汇率的影响”这一关键问题，以期为政策制定者、监管部门和金融市场的投资者提供决策参考。通过本书的研究希望解决以下关键问题：(1) 货币政策不确定性与人民币汇率的典型事实特征如何？(2) 货币政策不确定性对人民币汇率的影响机制是什么？(3) 如何从动态时变的角度刻画货币政策不确定性对人民币汇率的影响特征？(4) 如何有效应对货币政策不确定性对人民币汇率的冲击？各部分的具体研究目标如下。

(1) 梳理和总结不确定性测度及其经济影响、汇率变动影响因素、货币政策及其不确定性对人民币汇率影响、人民币汇率风险防范等研究现状，提炼本书要解决的关键问题。

(2) 构造中国货币政策不确定性指数，考察中国货币政策不确定性与人民币汇率的变化特征以及二者之间的动态关联特征。全面考察中国货币政策不确定性与人民币汇率的典型事实特征。

(3) 在梳理不确定性经济理论和汇率决定理论的基础上，从汇率预期渠道、资本流动渠道和不确定性经济效应渠道对货币政策不确定性影响人民币汇率的传导机制进行理论分析，为本书的研究提供坚实的理论支撑。

(4) 从人民币汇率收益率和波动率出发，综合运用多种计量模型，全面考察货币政策不确定性对人民币汇率的影响特征，从动态时变的角度分析货币政策不确定性对人民币汇率的影响特征。

(5) 在前述理论分析和实证研究的基础上，从汇率波动预测和风险预警两个方面探讨货币政策不确定性对人民币汇率风险防范的影响，进而提出有针对性的应对政策不确定性冲击的策略与政策建议。

1.3.2 结构框架与主要内容

本书根据“提出问题→分析问题→解决问题”的逻辑思路对“货币政策不确定性对人民币汇率的影响研究”这一主题展开详细的理论分析和实证探讨。基于研究主题和内容，本书的逻辑框架设计如图 1－1 所示。

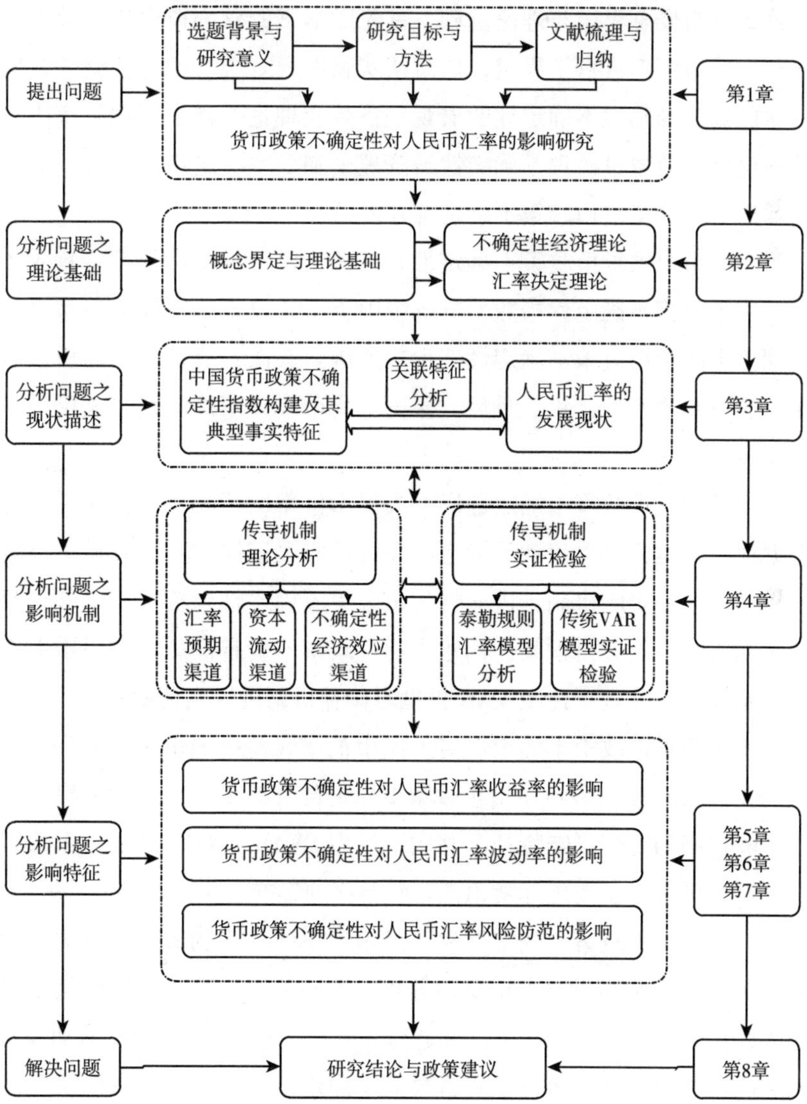

图 1－1 本书逻辑框架

第 1 章为绪论。从次贷危机后国际国内宏观经济环境变化和我国外汇市场的运行特征等角度，介绍了本书的选题背景，阐述了本书的研究意义。从不确定性测度及其经济影响、汇率变动的影响因素、货币政策及其不确定性对人民币汇率的影响、人民币汇率风险防范等几个方面对国内外文献进行归纳和总结，提炼本书的研究落脚点。最后对本书的研究目标、结构框架与主要内容、研究方法与主要创新点等进行阐述。

第 2 章为概念界定与理论基础。首先对本书的核心概念货币政策不确定性和人民币汇率进行了界定，然后从实物期权效应、预防性储蓄效应和金融摩擦效应等阐述不确定性的宏观经济效应理论，详细阐述汇率决定的相关理论，最后通过梳理不确定性经济理论和汇率决定理论中涉及的核心变量，探寻构建从货币政策不确定性到人民币汇率的桥梁。

第 3 章为中国货币政策不确定性与人民币汇率的事实特征。首先，构造中国货币政策不确定性指数，分析中国货币政策不确定性的典型事实特征，剖析中国货币政策不确定性产生的原因。其次，梳理了人民币汇率市场化形成机制改革的进程。最后，探讨了货币政策不确定性与人民币汇率的动态关联特征。

第 4 章为货币政策不确定性影响人民币汇率的传导机制分析。从汇率预期渠道、资本流动渠道和不确定性经济效应渠道探讨货币政策不确定性对人民币汇率的影响机制，进而将货币政策不确定性、资本流动和宏观经济变量纳入统一的分析框架，构建了货币政策不确定性影响人民币汇率的理论机制模型，并基于传统 VAR 模型对传导机制进行实证检验。

第 5 章为货币政策不确定性对人民币汇率收益率的影响。首先，运用 TVP – SV – VAR 模型分析了货币政策不确定性及其传导渠道对人民币对美元汇率收益率的时变影响特征。其次，运用 PVAR 模型探讨了货币政策不确定性对人民币对主要国际货币汇率收益率的影响。

第 6 章为货币政策不确定性对人民币汇率波动率的影响。首先，运用 TVP – SV – VAR 模型脉冲响应函数分析了不同传导渠道下货币政策不确定性对人民币汇率波动的影响方向和趋势。其次，运用滚窗 VAR 波动溢出指数和关联网络技术方法研究了货币政策不确定性对人民币汇率已实现波动率的溢出效应，量化分析了不同渠道下货币政策不确定性对人民币汇率波动的动态影响特征。

第7章为货币政策不确定性对人民币汇率风险防范的影响。首先，探讨了纳入不确定性和宏观基本面变量的GARCH－MIDAS模型在人民币汇率波动拟合和预测中的效果。其次，构建人民币外汇市场压力指数，运用MS－TVTP模型研究了货币政策不确定性和汇率预期在人民币汇率风险预警中的作用。从波动预测和风险预警两方面探讨了货币政策不确定性对人民币汇率风险防范的影响。

第8章为研究结论与政策建议。在梳理前述研究结论的基础上，提出有针对性的应对货币政策不确定性冲击的政策建议，为防范系统性金融风险、维护国家金融安全与稳定提供借鉴。

1.4 研究方法和主要创新点

1.4.1 研究方法

本书综合采用文献分析法、理论分析法、比较分析法和实证分析法等研究方法，从理论分析与实证检验两个方面详细探讨了货币政策不确定性对人民币汇率的影响。

（1）文献分析法。通过对货币政策不确定性指数构建、货币政策不确定性的经济影响、汇率变动影响因素、货币政策及其不确定性对人民币汇率的影响和人民币汇率风险防范等方面的国内外文献进行归纳梳理，在吸收可用的研究成果基础上，探寻本书的研究落脚点，进而构建本书的研究脉络。

（2）理论分析法。首先界定本书的核心概念，及确定研究对象，梳理现有的不确定性理论和汇率决定理论，探寻连接不确定性经济效应与汇率之间的核心变量，基于核心传导变量，从理论上探索了货币政策不确定性对人民币汇率的影响机制，在拓展的泰勒规则汇率模型基础上，构建货币政策不确定性对人民币汇率的影响机制理论模型。

（3）比较分析法。货币政策不确定性的构造方法有很多，对采用不同方法构造的中国货币政策不确定性指数进行比较分析，探寻其中的异同；同时，比较分析了中国和外国货币政策不确定性对人民币汇率的影响差异，以全面认识货币政策不确定性的影响效果；在影响机制实证检验中，比较分析了不同传导渠道下货币政策不确定性对人民币汇率波动的影响差异；比较分析了纳入中外货币政策不确定性、经济政策不确定性指标的GARCH－MIDAS模型在人民币汇率波动率拟合和预测中的差异，以凸显本书所构建的指标的有效性。

（4）实证分析法。借助 Matlab、Eviews 10.0、Stata 15、R 等计量软件，综合采用 MS－AR 模型、DCC－GARCH 模型、TVP－SV－VAR 模型、分位数格兰杰因果检验、时变格兰杰因果检验、波动溢出指数方法、关联网络分析、GARCH－MIDAS 模型、MS－TVTP 模型等对货币政策不确定性与人民币汇率的典型事实特征、货币政策不确定性影响人民币汇率的传导机制分析、动态时变特征与溢出效应以及货币政策不确定性在人民币汇率波动预测和风险预警中的应用等进行实证检验，进一步佐证本书的理论设想。

1.4.2 主要创新点

与已有研究相比，本书可能的创新点主要体现在三个方面，分别是研究视角的创新、学术观点的创新以及方法应用的创新。

（1）研究视角的创新。关于不确定性的宏观经济影响以及人民币汇率变动的相关研究已较为丰富，但经济政策不确定性的内涵过于宽泛，不够具象，人民币汇率变动的影响因素大都基于宏观经济变量和预期因素，较少考虑难以预期的不确定性因素。本书选取经济政策不确定性中的货币政策不确定性作为出发点，结合影响汇率变动的其他重要因素，探究货币政策不确定性对人民币汇率的传导机制和影响特征，以期能够丰富不确定性理论的应用范畴，拓宽人民币汇率影响因素的研究视角。

（2）学术观点的创新。在典型事实特征上，中国货币政策不确定性难以从高波动状态转移到低波动状态，但从低波动状态转移到高波动状态则相对比较容易，中国货币政策不确定性具有高波动持续性的特点，货币政策不确定性是人民币汇率的格兰杰原因；在传导机制上，汇率预期、资本流动和不确定性经济效应是货币政策不确定性影响人民币汇率的主要传导渠道，随着人民币汇率市场化改革的深化，人民币汇率对不同传导渠道下各变量冲击的响应更敏感，市场功能的提升有助于吸收政策不确定性的冲击；在影响特征上，货币政策不确定性对人民币汇率收益率和波动率的冲击具有显著的动态时变特征，在货币政策不确定性水平较高的时点，货币政策不确定性主要通过汇率预期渠道对人民币汇率波动产生冲击；在应对策略上，纳入不确定性指标的混频 GARCH 模型能显著提升人民币汇率波动拟合和预测效果，货币政策不确定性和汇率预期是人民币汇率风险预警的重要指标。

（3）方法应用的创新。在指标构建上，本书基于尤拉多等（2015）的方法构造中国货币政策不确定性指数，与王博等（2019）构造的中国货币政策不确定性指数相比，在变量选择上更侧重于货币政策的视角，同时减少宏观经济变量的数量，以降低经济不确定性对货币政策不确定性的干扰，同时扩展了研究的样本区间。该指数不仅能够较好地拟合中国货币政策不确定性的变化，而且在人民币汇率波动预测和风险预警方面表现良好。在实证分析上，运用 MS－AR 模型研究中国货币政策不确定性状态转换的典型特征；运用 DCC－GARCH 模型、分位数格兰杰因果检验和时变格兰杰因果检验探讨了货币政策不确定性与人民币汇率的关联特征；运用 TVP－SV－VAR 模型探究不同传导渠道下货币政策不确定性对人民币汇率的时变冲击方向和趋势，运用时变波动溢出指数方法评估不同传导渠道下货币政策不确定性的波动溢出效应大小和方向，从实证的角度全面检验传导机制；运用 GARCH－MIDAS 模型研究纳入不确定性指标的人民币汇率波动预测效果；运用 MS－TVTP 模型研究基于货币政策不确定性视角的人民币汇率风险预警，相关计量模型的运用不仅可以有效地刻画货币政策不确定性与人民币汇率的结构性变化特征，还有助于进一步丰富相关计量模型的应用领域。

第 2 章

概念界定与理论基础

本章首先对本书涉及的核心概念进行界定，其次梳理了相关理论，包括不确定性经济理论和汇率决定理论，最后探寻政策不确定性与汇率之间连接的桥梁，以期为后续的研究提供理论支撑。

2.1 概念界定

2.1.1 不确定性与货币政策不确定性

1. 不确定性的界定

不确定性是一个频繁出现在哲学、统计学、经济学、金融学、保险学、心理学、社会学中的概念，只要事件或决策的可能结果不止一种，就会产生不确定性。关于不确定性的思想最早可以追溯到先秦时期的《易经》，“易”是世界的基本属性，即不确定性（克里斯蒂安·施密特，2020）。宋元明时期的宋明理学、程朱理学和陆王心学等，“变易”的思维贯彻始终。“变易”的思想体现了事物发展变化的属性，其中包含了不确定性，但其内涵又远远大于不确定性。

西方关于不确定性的认识可以追溯到古希腊的亚里士多德关于确定性知识的论述，他将西方哲学定位为确定性实体的形而上学。康德对知识的绝对确定性持否定态度，但仍没有放弃对知识确定性的寻求。随着概率论、量子力学等自然科学的发展，逐渐开启了世界不确定性的研究。20 世纪 20 年代初，不确定性的研究逐渐扩展至经济、管理等社科领域。古典经济学认为，传统的经济理论是建立在排除不确定性的理性“经济人”假设下的经济活动。但消除不确定性的经济结论往往会偏离经济事实。奈特、凯恩斯、卢卡斯等经济学家将不确定性引入经济分析，以期能够更好地揭示经济现象。

奈特（Knight，1921）首次将不确定性引入经济学分析，奈特认为，由于人们缺乏对事件的基本认识，对事件可能的结果知之甚少，不能被预先计算与评估的风险即为不确定性，并认为不确定性是利润的来源。凯恩斯（1936）在其经典著作《就业、利息与货币通论》中将不确定性视为宏观经济分析的出发点，根据不确定性的影响路径：经济主体未来预期的不确定性→预期收益的不确定性→资本边际效率的不确定性→经济波动，凯恩斯认为，不确定性是导致宏观经济波动的主要原因。理性预期学派的重要代表人物卢卡斯（1976）在探讨预期形成的微观机理过程中，提出了不确定性因素的刻画。他指出，经济主体对经济变量的主观预期与实际值往往不可能完全一致，原因在于经济系统存在某些不可预测的不确定性因素，并提出采用“白噪声”或随机项来刻画不确定性因素。在不确定性条件下的经济决策也经历了数学期望值最大化、主观期望效用理论、一般期望效用理论、状态偏好和风险厌恶理论的发展历程，不确定性的分析和认识决定了经济学对现实的分析和解释力，不确定性经济分析也成为现代经济学发展的一个重要方向。

经济学中的不确定性既包含了客观现象不确定性的客体不确定性，也包含了经济主体心理和行为导致的主体不确定性；根据不确定性的来源不同，不确定性可以分为经济不确定性、政策不确定性、政治不确定性等；根据不确定性的研究领域不同，不确定性又可以分为金融不确定性、财政不确定性、环境不确定性等，具体如图 2 - 1 所示。不确定性是经济演变的主要动力。由于不确定性内涵过于宽泛，不确定性也是导致经济学不可量化的根源所在。

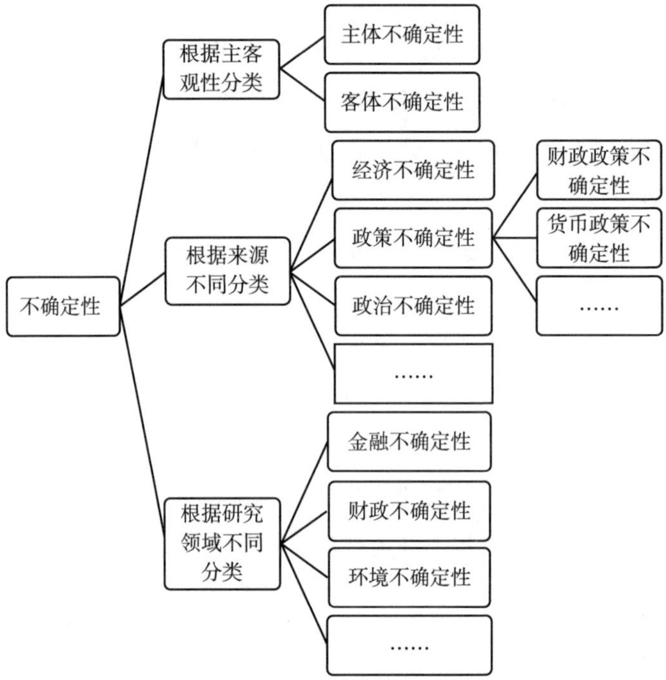

图2－1　不确定性的分类

2. 货币政策不确定性的界定

在布鲁姆（2009）的开创性工作之后，经济政策不确定性逐渐成为学者和监管部门关注的热点。他指出，经济政策不确定性主要是指经济主体无法准确预测和分析未来的状况。尤拉多等（2015）认为，经济政策不确定性应该体现市场的不可预测性，是经济主体无法预测的市场变化的条件波动率。古兰和艾奥（Gulen & Ion，2016）认为，经济政策不确定性是指经济主体由于无法准确预知政府未来是否、何时以及如何改变现行经济政策而面临的不确定性。常见的经济政策包括财政支出政策、产业政策、货币政策、贸易政策以及汇率和资本账户政策等。由于政策的不确定性会导致宏观经济的变化，而宏观经济的变动也会引发政策的改变，因此，广义的经济政策不确定性不仅包括上述的政策不确定性，还包含了源于经济主体对经济的当前和预期看法不一致导致的经济不确定性，包括宏观和微观层面的经济不确定性。关于经济政策不确定性对宏微观经济影响的文献已较为丰富，但由于导致经济政策不确定性的因素过多，虽然得出了经济政策不确定性对宏微观经济影响的有用结论，但却无法准确把脉到底是何种因素引发不确定性进而导致这种影响。

货币政策是央行为实现其经济目标而采取的各种控制和调节货币供给量和信用量的方针、政策和措施，是政府宏观调控最重要的手段之一。货币政策变化对经济的影响至关重要。从货币政策取向看，有“紧”“松”“适度”等不同趋向；从货币政策调控工具看，有数量型货币政策、价格型货币政策和以预期管理为核心的前瞻性货币政策；从货币政策调控涉及的对象和范围看，有统一的货币政策和结构性货币政策。

关于货币政策不确定性，目前尚无明确而统一的概念。将不确定性延伸到货币政策领域，蒂尔曼（Tillmann，2019）认为，货币政策沟通导致的货币政策预期的不完美即为货币政策不确定性；王立勇和王申令（2020）指出，货币政策不确定性是指由于货币政策本身的易变性或宏观经济形势的变化等因素导致货币政策取向或传导的不可预测性；刘慧和张勇（2022）将货币政策不确定性定义为公众未预期到的货币政策调整，并表现为货币政策目标不确定性、政策工具不确定性以及传导的不确定性。结合古兰和艾奥（2016）关于经济政策不确定性的定义，本书认为，经济主体由于无法准确预知货币当局是否、何时、如何取向和调整货币政策以及货币政策传导的不可预期性即为货币政策不确定性。在不确定性的本质内涵下，货币政策不确定性应该体现货币政策调控、货币政策目标转向以及货币政策传导的不可预测性。在货币政策目标和多重影响因素之下，货币政策不确定性特征格外明显。宏观经济波动和国际经济环境不确定性、央行独立性、货币政策目标的多元化、制度和规则的稳定性以及央行沟通的透明度等因素都会影响货币政策不确定性。美联储前主席格林斯潘曾指出，基于美联储的经验表明，不确定性不仅是货币政策格局的普遍特征，也是这一格局的决定性特征。中国的货币政策要兼顾保持币值稳定、促进经济增长等多重政策目标，在宏观经济运行复杂多变的背景下，随着货币政策调控方式的创新和转型，货币政策调控频率的增加，货币政策不确定性问题日益凸显。

2.1.2 人民币汇率

汇率又称外汇汇率或外汇行市，是指两种不同货币之间的比价，即用一种货币表示的另一种货币的相对价格。汇率的高低直接影响本国商品在国际市场的竞争力。人民币汇率即为人民币与其他国家（地区）货币之间的比价，用人民币表示其他货币的相对价格即为直接标价法下的人民币双边汇率，用其他货币表示人民币的相对价格即为间接标价法下的人民币双边汇率。根据货币价值划分，汇率分为名义汇率和实际汇率。名义汇率是指本国消费者价格指数与外国（地区）消费者价格指数之比，在实际意义上，名义汇率是市场汇率，包括了通货膨胀影响在内的汇率。实际汇率是指剔除了价格因素的汇率，等于名义汇率减去通货膨胀率。当考察一国在国际贸易中的地位和该国货币汇率的波动幅度时，实际有效汇率是最好的测度指标。人民币实际有效汇率是指人民币相对一篮子货币根据贸易量加权计算的指数，剔除通货膨胀对各国货币购买力影响的实际有效汇率是一个非常重要的经济指标，不仅能够真实地体现本国货币的对外价值，还可以反映一国宏观经济发展的真实状况。

在学术研究中，学者们大都选取市场汇率（双边汇率）或实际有效汇率作为汇率的代理变量，由于美元是世界货币，人民币对美元市场汇率往往作为人民币汇率的代理变量。人民币外汇市场包括在岸市场和离岸市场，基于本书的研究目的，如果没有特别说明，本书人民币汇率是指在岸市场人民币/美元汇率。

2.2 理论基础

2.2.1 不确定性经济理论

关于不确定性经济理论的研究，主要聚焦于不确定性影响宏微观经济的传导机理的探讨，概括而言，包括实物期权理论、金融摩擦理论、预防性储蓄理论、消息和信任传导理论、Oi－Hartman－Abel 理论和增长期权理论，其中前四种理论对经济产生负面冲击，后两种理论体现为积极影响。本节将对六种不确定性经济理论进行梳理和归纳。

1. 实物期权理论

实物期权理论也称为观望等待模型或实物期权效应，是研究不确定性经济理论中最重要的模型，主要应用于不确定性对企业投资决策的影响。实物期权效应将投资看作一种选择权，当不确定性上升时，企业由于看跌未来，选择等待，延迟投资。不确定性水平越高，等待的潜在收益越大，于是企业倾向于维持现状，等待有利时机再采取投资（Bernanke，1983）。迪克西特和平狄克（Dixit & Pindyck，1994）构建了无金融摩擦的企业投资决策模型，认为企业在面临不确定性时拥有自主决策何时投资的权利，随着不确定性的冲击增加，延迟投资的期权价值趋于上升，企业将会选择观望，延迟投资，直至不确定性得到解决，因此当前状态的投资水平趋于下降。实物期权效应的实现需要满足以下几个条件：投资决策不可逆或调整成本极高；完全竞争的产品市场，投资的变化不会影响产品价格及其市场势力（Kulatilaka & Perotti，1998）；企业对于投资机会具有完全的决策权，投资机会不会因为企业的延迟行为而消失（Doshi et al.，2018）；企业的当前行为会影响后续行为的回报等。

布鲁姆（2001）运用数理模型推导了实物期权效应对投资的影响并进行了验证，发现不确定性的实物期权效应对短期投资和劳动需求具有重要影响，但对于长期投资则没有影响。斯托基（Stokey，2016）则以税收政策不确定性为例，构建了基于不确定性的投资决策模型，从理论上研究了政策不确定性对投资时机选择的影响，全面分析了不确定性影响投资的实物期权效应。

2. 金融摩擦理论

金融摩擦理论也称为金融摩擦效应或风险溢价效应，是指随着风险或不确定性的上升，宏观经济发展前景不乐观，违约概率上升，金融机构为了规避风险，往往会提高贷款利率，导致企业的经营成本上升，在经济萧条期企业破产概率增加，导致投资下降，失业率上升，严重影响宏观经济增长。白等（Bai et al.，2011）研究发现，由于金融危机期间不确定性增加，金融摩擦与不确定性交互影响，导致信贷大规模减少，投资和总体经济活动萎缩。吉尔克里斯特等（Gilchrist et al.，2014）构建包含时变不确定性、部分投资可逆性、固定投资成本以及金融市场摩擦的 DSGE 模型研究发现，不确定性冲击通过信贷利差的变化对投资产生了重要影响，通过金融扭曲对宏观经济产生重要影响。邦恰尼和罗耶（Bonciani & Roye，2016）基于包含名义黏性和金融摩擦的动态一般均衡模型研究发现，由于贷款利率与信贷供给之间存在黏性摩擦，加剧了不确定性对经济活动的冲击，使得货币政策传导的有效性降低。阿尔法罗等（Alfaro et al.，2018）基于包含实物摩擦和金融摩擦的异质性 DSGE 模型，从理论上探讨了实物摩擦和金融摩擦不确定性冲击效应的变化和传播，得出不确定性对宏观经济和金融市场巨大、持续而广泛影响的结论，2008 年金融危机期间宏观经济和金融市场的表现也印证了该结论。

实物期权效应从延迟投资的角度、金融摩擦效应从提高金融约束的角度阐述了不确定性对企业投资产生负向影响进而对宏观经济波动产生重要影响。多西等（Doshi et al.，2018）研究了二者对资本投资的影响差异，发现不确定性对资本支出的负向冲击更明显，在经济衰退期和信贷违约率较高时，这种负向冲击进一步增强。此外，实物期权效应与金融摩擦效应交互作用，进一步放大了不确定性对经济周期波动的负向冲击。

3. 预防性储蓄理论

预防性储蓄理论也称为预防性储蓄效应，从消费者的角度探讨了不确定性的宏观经济影响，指当不确定性增加时，消费者对未来呈现悲观的态度，会减少对耐用品的消费，增加储蓄以求自保，从而降低消费水平（Bansal & Yaron，2004）。传统的消费理论以确定性假设为前提，在消费者跨期效用最大化基础上，揭示了消费者在整个生命周期内平均分配其财富用于消费的行为特征。然而，该理论并不足以解释居民储蓄增加的现象，因为不确定性对消费者的购买行为会产生重要影响。利兰（Leland，1968）将不确定性引入消费者行为分析中，研究发现，随着未来收入不确定性的增加，消费者会增加额外储蓄，即为预防性储蓄。当不确定性水平较高时，理性的经济人将减少消费、延长工作时间，增加预防性储蓄以应对未来不确定性冲击（Born & Pfeifer，2014）。对于开放经济体而言，增长的储蓄可能会流出国外，导致本国消费下降。正是由于高度的不确定性使得本国储蓄外流，降低了本国投资，造成了经济恶化（Fernandez-Villaverde et al.，2011）。对于封闭的经济体而言，预防性储蓄的增加，会引起本国利率下降，导致消费下降和可能的投资增加。巴苏和邦迪克（Basu & Bundick，2017）运用新凯恩斯黏性价格模型研究发现，由于黏性的价格使得市场无法完全出清，不确定性冲击将同时减少消费和投资。因此不确定性对本国经济的总体影响不能先验而定。此外，完善的社会保障会增强消费者信心，降低未来收入的不确定性，减少预防性储蓄。

4. 消息和信任传导理论

消息和信任传导理论也称为消息和信任传导效应，该理论放松了同质理性人假设，认为决策者在不确定性状态下对信息的反应出现分化，表现出不确定性规避的行为特征。不确定性冲击会影响信息在经济各部门间的流通，造成信息混乱或缺失，进而对决策者的信心产出冲击，改变决策者对未来资本回报的预期，影响其决策行为，进而对宏微观经济产生冲击。特别是当经济活动低迷、不确定性水平较高时，不确定性与经济活动相互交织，彼此强化，短期的不确定性冲击甚至可能导致经济衰退。企业在决定是否实施一项不可逆的投资时，其预期回报取决于不可完全观测的经济基本面状况，由于不同的企业成本方面存在异质性，对经济基本面持有的信任存在差异，当企业对经济基本面的信任较高，不确定性较小时，更乐于投资；反之，则更加谨慎。特别当企业很少投资时，由于缺乏有效的信息释放，导致不确定性水平增加。信任与投资之间的交互引致不确定性陷阱，即不确定性和经济活动在动态变化的过程中存在多个稳定状态（Fajgelbaum et al.，2017），例如高经济活动低不确定性、低经济活动高不确定性等。在高经济活动阶段，面对小的不确定性冲击，经济体往往能够迅速恢复，但较大的不确定性冲击导致经济转变为低活动状态后，可能只有足够的正向冲击才能改变低经济活动状态。虽然政策干预可能有效，但无法完全消除不确定性与经济活动之间的负向反馈循环，频繁的政策变动还有可能带来更多的不确定性。

5. Oi – Hartman – Abel 理论

Oi – Hartman – Abel 理论也称为 Oi – Hartman – Abel 效应，是奥伊（Oi，1961）、哈特曼（Hartman，1972）和阿贝尔（Abel，1983）等提出的，也称为凸边际收益效应。即在包含凸调整成本和风险中性的完全竞争模型中，如果资本的预期边际收益是一个关于价格和全要素生产率的严格凸函数，不确定性的上升则会导致资本需求增加，投资水平上升。该效应成立的前提是在完全竞争的市场环境中，企业可以轻松地视产品市场行情而扩张或收缩产能，企业资本的边际利润率是凸函数。由于调整存在成本，Oi – Hartman – Abel 效应在短期内作用不显著，在中长期影响显著（Bloom，2014）。对于在不完全竞争环境或规模报酬递减情形下的不可逆投资行为，不确定性的上升则会导致投资减少（Pindyck，1982）。

6. 增长期权理论

增长期权理论也称为增长期权效应，是指当有些投资具有看涨期权性质时，不确定性的上升会增加看涨期权价值，导致潜在收益增加，反而会促进投资水平的提高，对长期经济增长具有正向影响。该理论主要用于解释新技术产生或企业研发支出，比如新技术出现时，往往存在较大的不确定性，未来一旦取得成功，收益相对于成本而言将高出很多，新技术的潜在巨大收益吸引着企业进行研发创新，为经济增长提供更多新的动力（Lee，2013）。该理论与奈特（1921）关于不确定性的观点相一致，认为企业利润的真正来源是对不确定性中机遇的把握。西格尔等（Segal et al.，2015）将总的不确定性分为"好的不确定性"和"坏的不确定性"，前者会导致未来消费、投资和产出的增加，后者则会导致未来经济增长和资产价格的下降，因此只有"好的不确定性"才会产生增长期权效应，促进经济增长。汉等（Han et al.，2017）研究发现，交易不确定性对增长期权产生负向影响，经济不确定性则具有显著的正向影响，在交易不确定性水平较低的国家，经济不确定性与增长期权价值的相关性更高。因此，政策制定者在出台相关政策之前，需要充分考虑政策调整可能引致的不确定性对不同企业的异质性影响。

在直接效应方面，不确定性通过实物期权效应、金融摩擦效应和预防性储蓄效应对经济增长产生负向冲击，通过 Oi – Hartman – Abel 效应和增长期权效应对经济增长产生正向促进作用。在间接效应方面，不确定性通过影响家庭、企业和政府对未来的预期，改变当前决策行为，从而影响消费和投资，进而影响经济增长。总体而言，不确定性对经济的综合效应取决于正向冲击与负向影响的强弱对比，实证研究也表明，不确定性的综合效应表现为对经济的负向影响。将不确定性与不同政策措施相结合，从多个角度探讨其对宏微观经济、金融市场的影响，是当前的研究热点。比如研究货币政策不确定性对金融市场特别是外汇市场的影响和传导机制值得关注。此外，对于开放经济体而言，不确定性的跨国溢出效应也需要进一步深入研究。

2.2.2 汇率决定理论

汇率的波动具有较强的随机性，影响汇率波动的因素非常复杂，甚至有人认为汇率是不可预测的，但汇率波动的原因或决定因素还是可以探究的。经济学家们从不同的角度对汇率的决定因素进行了阐释，形成了不同的汇率决定理论。本节将介绍汇率决定的相关理论。

1. 购买力平价理论

购买力平价理论也称为汇率决定的一价定律，是由卡塞尔在 1916 年正式提出的,[①] 该理论是汇率决定理论中最具影响力的一种。在完全自由竞争的市场、没有贸易壁垒、可贸易商品完全同质的前提假设下，不同国家之间同种商品的价格将趋于一致，两国货币的汇率等于两国价格水平的比值。以 P 表示本国的一般物价水平，P^* 表示外国的一般物价水平，则直接

① 卡塞尔于1916 年正式提出购买力平价理论，并在1922 年出版的《一九一四年以后的货币与外汇》一书中进行了系统阐述。

标价法下的汇率 $S=P/P^*$。这就是绝对购买力平价的一般形式。汇率取决于以不同货币衡量的可贸易商品的价格水平之比。在浮动汇率制度下，商品套购活动会引起汇率的调整，由此实现汇率的平衡。

由于各国之间存在交易成本、贸易壁垒等，一价定律很难完全成立。考虑到交易成本对绝对购买力平价的偏离，经济学家们提出了更加实用的相对购买力平价理论。即：

$$\frac{\Delta S_t}{S_t}=\pi_t-\pi_t^* \tag{2.1}$$

其中，$\frac{\Delta S_t}{S_t}$表示汇率变动率，π_t 和$\pi_t{}^*$ 分别表示本国和外国通货膨胀变动率。式（2.1）表明，汇率变动率由两国通货膨胀之差决定。当一国政府无法采用国际标准测度本国价格水平指数时，相对购买力平价变得更为有用。

购买力平价理论第一次将货币领域与商品领域连通，开创了从货币数量的角度研究汇率变动的先河，该理论将汇率解释为一种货币现象，对西方发达国家的汇率决定产生了重要影响，是最具影响力的汇率决定理论。但由于假设条件忽视了成本和壁垒对商品套购的限制，各国编制价格指数的标准存在差异，该理论缺乏强有力的实证支持，此外，该理论对汇率与价格水平之间的因果关系至今仍存在争议。

2. 利率平价理论

利率平价理论也称为远期汇率理论，最早是凯恩斯在 1923 年出版的《货币改革论》中从金融市场的角度研究了利率和汇率之间的关系。凯恩斯建立了古典利率平价模型，该模型认为汇率变动与两国之间的相对利差有关，投资者根据两国利差大小和对未来汇率的预期进行决策，以求获利或规避风险。艾因齐格在其著作《远期外汇理论》（1931）和《外汇史》（1937）中研究了动态利率平价的作用原理，在古典利率平价模型的基础上提出了现代利率平价理论。

根据非抛补的利率平价理论，可以得到：

$$S=S_e\times\frac{1+i^*}{1+i} \tag{2.2}$$

其中，S 为直接标价法下的即期汇率，S_e 为预期的未来即期汇率，i 和 i^* 分别表示本国和外国利率水平。式（2.2）表明，当前的即期汇率与预期的未来汇率、外国利率水平成正比，与本国利率水平成反比。当外币利率上升，或预期未来外币汇率提高时，外币资产的预期收益率将高于本币资产的预期收益率，人们更愿意持有外币而放弃本币，导致外币价格上升。

不同于购买力平价理论，利率平价理论是一种短期汇率决定理论。利率平价理论将汇率决定因素扩展到了资本市场领域，从资本流动的角度揭示了汇率与利率的关系，是一种与购买力平价理论互补的汇率决定理论。由于预期的不确定性、资本国际流动的限制以及交易成本的存在等，利率平价理论在现实中很难成立，单纯从利差的角度说明汇率的决定是远远不够的。

3. 国际收支理论

国际收支理论也称为汇率的供求决定理论，源于戈逊 1861 年在《外汇理论》一书中阐述的汇率与国际收支之间的关系。该理论认为，国际收支决定外汇供给和需求，外汇供求决定汇率。根据该观点，一国外汇的供求取决于该国对外流动借贷的状况，国际收支中经常账户和资本账户的收支，则构成了该国对外流动债权和流动债务。在此基础上，学者们将凯恩斯主义中的国际收支平衡条件分析应用于外汇供求流量分析，由此形成了国际收支理论。基本模型如下：

国际收支：$$BP = CA + K \tag{2.3}$$

经常账户收支：$$CA = X_1(Y, Y^*, P, P^*, S) \tag{2.4}$$

资本账户收支：$$K = X_2(i, i^*, S, F^e) \tag{2.5}$$

其中，CA 为经常账户，主要由 Y、Y^*、P、P^*、S 决定，K 为资本和金融账户，主要由 i、i^*、S、F^e 决定，Y、Y^* 表示本国和外国国民收入，P、P^* 表示本国和外国的价格水平，i、i^* 表示本国和外国的利率水平，S 为即期汇率，F^e 为预期的远期汇率。

在国际收支平衡条件下：

$$X_1(Y, Y^*, P, P^*, S) + X_2(i, i^*, S, F^e) = 0 \tag{2.6}$$

即：

$$X(Y,Y^*,P,P^*,i,i^*,S,F^e)=0 \tag{2.7}$$

若将除即期汇率外的变量视为给定的外生变量，则汇率将在这些因素的共同作用下达到某一水平，即：

$$S=f(Y,Y^*,P,P^*,i,i^*,F^e) \tag{2.8}$$

式（2.8）即为国际收支处于平衡条件下的均衡汇率。

国际收支理论把影响国际收支的主要因素纳入汇率的均衡分析中，从动态的角度分析了汇率的变动及调节，有助于全面分析短期内汇率的变动。但该理论只适合外汇市场发达的国家，并不被视为完整的汇率决定理论，而只是一种汇率分析工具，表明汇率与其他宏观经济变量之间存在关系。该理论并没有深入分析影响国际收支的众多因素之间以及众多因素与汇率之间的关系。

4. 汇率决定的货币论

根据价格弹性的不同，汇率决定的货币论分为弹性价格货币论和黏性价格货币论。弹性价格货币论代表人物有弗兰克尔、霍德里克和比尔森等。该理论实际是国际收支理论在浮动汇率制度下的另一种表现形式。黏性价格货币论的代表人物是多恩布什，也称为汇率超调模型。

弹性价格货币理论假设存在垂直的总供给曲线，价格水平和汇率能够及时调整；存在稳定的货币需求；购买力平价在所有时间有效。在假定条件下，给定货币存量匹配货币需求，本国与外国货币的市场均衡条件是：

$$\frac{M_s}{P}=M_d \tag{2.9}$$

其中，$M_d=k_1Y^{a_1}i^{-b_1}$。

$$\frac{M_s^*}{P^*}=M_d^* \tag{2.10}$$

其中，$M_d^*=k_2Y^{*a_2}i^{*-b_2}$。

购买力平价成立：

$$S=\frac{P}{P^*} \tag{2.11}$$

其中，$\frac{M_s}{P}$和$\frac{M_s^*}{P^*}$分别表示本国和外国实际货币供给量，M_d、M_d^* 分别表示本国和外国实际货币需求量，Y、Y^* 分别表示本国和外国实际居民收入，P、P^* 分别表示本国和外国的价格水平，i、i^* 分别表示本国和外国的利率水平。假定两国的参数都相同，令 $k_1=k_2=k$，$a_1=a_2=a$，$b_1=b_2=b$，k、a、b 均大于0，分别表示以货币形式持有的收入比例、货币需求的收入弹性、利率弹性。

将式（2.9）和式（2.10）代入式（2.11），有：

$$S=\frac{M_s/(Y^a i^{-b})}{M_s^*/(Y^{*a} i^{*-b})} \tag{2.12}$$

两边取自然对数后微分，有：

$$\frac{\mathrm{d}S}{S}=\left(\frac{\mathrm{d}M_s}{M_s}-\frac{\mathrm{d}M_s^*}{M_s^*}\right)-a\left(\frac{\mathrm{d}Y}{Y}-\frac{\mathrm{d}Y^*}{Y^*}\right)+b\left(\frac{\mathrm{d}i}{i}-\frac{\mathrm{d}i^*}{i^*}\right) \tag{2.13}$$

式（2.13）就是弹性价格货币模型，在该模型下，汇率的变动率取决于本国与外国的货币供应量、居民收入以及利率水平的变化。

弹性价格货币理论将购买力平价理论运用到资产市场，将汇率视为一种资产，从商品市场、货币市场和外汇市场的平衡来解释汇率的长期趋势，具有一定的现实意义。但该理论以购买力平价成立为前提，具有与购买力平价同样的缺陷，此外完全弹性的商品价格假设在理论上也存在较大争议。

多恩布什（1976）吸取了弹性价格货币理论和固定价格蒙代尔—弗莱明模型的优点，提出了黏性价格货币模型。该模型假定：总需求由小型开放经济体下的 IS－LM 机制决定，利率是外生的；商品市场和劳动力市场价格是黏性的，总供给曲线初始水平，调整阶段陡峭，长期均衡下垂直；资产自由流动，投资者对风险的态度是中性的，货币需求是稳定的；非抛补利率平价理论成立，购买力平价理论在短期不成立，但在长期内成立。多恩布什（1976）认为，当市场受到外部冲击时，商品市场由于价格黏性，调整缓慢，金融市场价格调整迅速，汇率对冲击的反应即刻完成，短期内调整幅度会超过新的长期均衡水平，出现汇率超调现象，导致购买力平价短期内不成立，随着商品市场价格调整到位，汇率将变化到新的均衡水平，因此，购买力平价在长期成立。黏性价格的说法更切合实际，当政府采取扩张（或紧缩）的政策时，长期结果是物价和汇率同比例、同方向变动，但在短期内变动会出现分化，因此，政府在实施相关的政策进行调控时，需要警惕汇率超调问题，以避免或降低不必要的经济波动。

黏性价格货币论提出了汇率存在超调现象，并在理论上进行了系统阐释，首次从动态角度分析了汇率调整问题，为政府干预外汇市场提供了理论依据。黏性价格的假定更切合实际，解释了汇率为什么在短期内更容易波动，弥补了弹性价格货币论在短期分析的不足。但该模型将汇率变动完全归因于货币市场的失衡则失之偏颇。

总之，与传统的汇率理论相比，汇率决定的货币论将货币因素纳入分析框架，这对于分析资本高度流动背景下汇率的易变性具有较强的实践意义。采用一般均衡分析方法较传统的汇率理论在方法论上有了较大进步。此外该理论具有较强的政策指导意义，为政府实施宏观经济政策提供了理论依据。但该模型成立的诸多假设，如资产完全可替代性、货币需求稳定、资本自由流动等往往与现实不符，此外汇率超调模型很难计量检验，很难确定汇率的变动到底是对哪种外部冲击作出的反应。

5. 资产组合分析法

资产组合分析法也称为资产组合平衡论，鉴于汇率决定货币论的不足，库里（Kouri，1976）、多恩布什和费舍尔（Dornbusch & Fisher，1980）、布森和享德森（Branson & Henderson，1985）等对资产组合平衡论进行了系统的论述。该理论假设：私人部门的财富（W）由本国货币（M）、本币发行的债券（B）和外币发行的债券（B^*）组成；本币资产与外币资产之间不完全替代，非抛补的利率平价理论不成立；投资者依据风险和收益进行资产组合的调整。该理论表述如下：由于政府债券利率被视为无风险利率，投资者根据政府债券利率配置政府债券，假设本国政府债券利率为 i，外国政府债券利率为 i^*，预期的汇率变化为 $E(r)$，则投资者对本国债券和外国债券的配置比例取决于两国政府债券的利差 $\emptyset = i - [i^* + E(r)]$，当本国利率上升、外国利率下降，或者预期本国货币汇率贬值的减少等都会导致投资者重新平衡资产组合，减持外国债券，增持本国债券，从而导致本币升值。由于现实中汇率风险的存在，$\varnothing\neq0$，这意味着本国与外国政府债券之间不可完全替代。

资产组合平衡模型是汇率调整的动态模型，能够区分短期均衡、动态调整和长期均衡。该模型把汇率看作资产价格，聚焦于资产市场一般均衡，改变了传统汇率理论只聚焦于国际收支差额的局部均衡分析，更加贴近现实。该模型首次将存量分析法引入汇率决定理论，同时结合了流量分析法，将经常账户因素纳入模型，对各种影响因素的综合程度更高，此外该理论具有较高的政策分析价值，为政府实施外汇干预提供了理论支撑。该模型虽然纳入了流量因素，但并未对流量因素进行深入分析，仍带有许多货币主义的色彩，用财富替代收入作为影响资产组合的因素，却未能说明实际收入对财富总额的影响。该模型的实证验证同样也较为困难。

6. 汇率的“新闻”模型

在有效市场理论假说下，如果外汇市场是有效的，那么外汇市场已反映了所有可获得的信息，因此，汇率的变动大部分是由未预期的信息引起的。探究未预期的信息即“新闻”对汇率决定的影响则是“新闻”模型。弗兰克尔（Frankel，1981）认为，影响汇率变动的关键因素是“新闻”，这是20世纪70年代浮动汇率剧烈波动的最主要原因。

假定向量V是决定汇率的基本变量，则汇率决定可以表示为：$S_t=\alpha V_t+\varepsilon_t$，其中，$\alpha$为系数，$\varepsilon_t$为随机误差。在外汇市场参与者理性预期的假设下，预期汇率$S_t^e=\alpha V_t^e$，则即期汇率中未被预期的部分为：$S_t-S_t^e=\alpha(V_t-V_t^e)+\varepsilon_t$。其中，$V_t-V_t^e$即为基本变量中的“新闻”部分。“新闻”对汇率产生影响是确定无疑的，但“新闻”的提取和量化存在较大困难，很多难以预料的突发事件往往是导致汇率不稳定和难以捉摸的重要原因。因此，汇率的“新闻”模型似乎并不是一种内涵丰富的汇率决定理论，更多的是属于一种汇率分析的技术和手段。

本节介绍了购买力平价理论、利率平价理论、国际收支理论、汇率决定的货币论、资产组合分析法和汇率的“新闻”模型等汇率决定的相关理论。此外，汇率决定的投机泡沫理论、混沌理论、外汇市场微观结构理论等也是重要的汇率决定理论。上述理论在某些方面或某些阶段对于汇率的决定具有较好的解释力，但由于汇率的多变性和不确定性，尚未有一种理论能够完美地解释一国汇率的变动。在上述理论的基础上，纳入宏观基本面因素、预期因素和未预期的不确定性因素综合分析或许有助于更好地解释汇率的变动。

2.3 本章小结

本章首先介绍了不确定性、货币政策不确定性和人民币汇率等几个核心概念，厘清了货币政策不确定性在不确定性中的位置，阐释了人民币汇率的内涵；其次分别梳理了不确定性经济理论和汇率决定理论，包括对经济产生负向冲击的实物期权理论、金融摩擦理论、消息和信任传导理论、预防性储蓄理论、产生正向冲击的 Oi – Hartman – Abel 理论和增长期权理论，阐释了购买力平价理论、利率平价理论、国际收支理论、汇率决定的货币论、资产组合分析法和汇率的“新闻”模型等汇率决定的相关理论。

在不确定性经济理论中，实物期权理论从影响投资的角度分析了不确定性对产出的影响，金融摩擦理论从影响利率的角度分析了不确定性对产出的影响，消息和信任传导理论从预期的角度分析了不确定性对产出的影响，预防性储蓄理论从影响消费和储蓄的角度分析了不确定性对产出的影响，Oi – Hartman – Abel 理论和增长期权理论则从影响投资的角度探讨了不确定性对产出的正向影响。在汇率决定理论中，购买力平价理论从一般物价水平的变化角度分析了汇率的决定，利率平价理论从利率变化和资本流动的角度分析了汇率的决定，国际收支理论从国际收支平衡表出发，探讨了产出、物价和利率的变化对汇率的影响，货币论则在产出和利率基础上加入了货币供给，从价格弹性和价格黏性分析了汇率的决定，资产组合分析法将汇率看作资产价格，从资本市场平衡的角度分析了汇率的决定，汇率的“新闻”模型则从预期的角度探讨了信息对汇率的影响。

梳理不确定性经济理论和汇率决定理论中涉及的核心传导变量，探寻从货币政策不确定性到人民币汇率的桥梁。当货币政策不确定性水平上升时，投资者的预期会发生改变，进而影响利率水平和投资、消费等行为，从而对产出产生冲击；而汇率决定理论则分别从物价水平、利率、货币供给、资产价格变化以及汇率预期的角度探讨了汇率的决定。因此，产出、通货膨胀水平、利率、资本流动以及预期等是探讨货币政策不确定性对人民币汇率影响机制的重要传导变量。

第3章

中国货币政策不确定性与人民币汇率的事实特征

本章主要探讨货币政策不确定性与人民币汇率的典型事实特征，为研究货币政策不确定性对人民币汇率的影响打下基础。而如何有效测度货币政策不确定性是展开研究的关键，关于货币政策不确定性的度量方法，文献综述部分已进行了详细的阐述。本章将借鉴尤拉多等（Jurado et al.，2015）的测度方法，选取与中国货币政策相关的变量，构建中国货币政策不确定性指数，然后采用马尔可夫区置转换模型（MS - AR 模型）对中国货币政策不确定性的典型事实特征进行分析，最后借助动态波动相关系数和分位数格兰杰因果检验等方法探讨中国货币政策不确定性与人民币汇率的关联特征。

3.1 中国货币政策不确定性的测度

3.1.1 测度方法

定义变量 $y_{it} \in Y_t = (y_{1t}, y_{2t}, \cdots, y_{Nt})$ 为测度货币政策不确定性的经济变量，定义 U_{it}^{y}（h）为不可预测成分的条件波动率，即：

$$U_{it}^{y}(h) = \sqrt{E[y_{it+h} - E(y_{it+h} \mid I_t)]^2} \tag{3.1}$$

其中，$i=1, 2, \cdots, N$，I_t 为基于 t 期变量数据的信息集，$E(\cdot \mid I_t)$ 为变量基于 I_t 的条件数学期望。进一步将单个变量序列的不确定性进行加总，则是该时点的货币政策不确定性，即：

$$U_t^y(h) = \text{plim}_{N\to\infty}\sum_{i=1}^{N} w_i U_{it}^y(h) = E_w[U_{it}^y(h)] \tag{3.2}$$

其中，w_i 为权重。

为估计式（3.1）和式（3.2），重要的是测度基于 t 期变量信息的 $E(y_{it+h} \mid I_t)$。定义平稳序列的数据集合 $\boldsymbol{X}_t=(X_{1t}, X_{2t}, \cdots, X_{Nt})'$，假设 $\boldsymbol{X}_t$ 的因子结构如下：

$$\boldsymbol{X}_{jt} = \boldsymbol{\Lambda}_j^{F'}\boldsymbol{F}_t + \boldsymbol{e}_{jt}^X \tag{3.3}$$

其中，$\boldsymbol{F}_t$ 为 $r_F\times 1$ 维潜在共同因子，$\boldsymbol{\Lambda}_j^{F'}$ 为 $1\times r_F$ 维潜因子载荷矩阵，$\boldsymbol{e}_{jt}^X$为随机误差向量。在该因子结构中，允许误差向量 $\boldsymbol{e}_{jt}^X$间存在有限的截面相关，但因子个数 r_F 必须明显小于变量个数 N。

令 y_{it+h}表示需要预测的第 $t+h$ 期不确定性序列，该值由下述因子增广预测模型计算：

$$y_{it+h} = \phi_i^y(L)y_{it} + \boldsymbol{\gamma}_i^F(L)\hat{\boldsymbol{F}}_t + \boldsymbol{\gamma}_i^W(L)\boldsymbol{W}_t + v_{it+h}^y \tag{3.4}$$

其中，$\phi_i^y(L)$、$\boldsymbol{\gamma}_i^F(L)$和$\boldsymbol{\gamma}_i^W(L)$分别为具有 p_y、p_F 和 p_W 阶滞后算子的多项式，向量$\hat{\boldsymbol{F}}_t$ 的元素是 $\boldsymbol{F}_t$ 旋转的一致估计量，$r_W\times 1$ 维向量 $\boldsymbol{W}_t$ 包含额外预测因子。由于 y_{it+h}、因子 $F_{k,t+h}$以及额外预测集 $W_{l,t+h}$的 h 步前向预测误差波动率是时变的，从而整个序列具有时变特征。

当上述因子满足时变自回归时，式（3.4）可以表示为因子扩展向量自回归（FAVAR）模型。令 $\boldsymbol{Z}_t=(\hat{\boldsymbol{F}}_t', \boldsymbol{W}_t')'$为 r_F+r_W 维包含估计因子和预测因子的向量，定义 $\boldsymbol{Z}_t=(\boldsymbol{Z}'_t, \boldsymbol{Z}'_{t-1}, \cdots, \boldsymbol{Z}_{t-q+1}{}')'$，令 $Y_{it}=(y_{it}, y_{it-1}, \cdots, y_{it-q+1})'$，则 FAVAR 模型可以表示为：

$$\begin{pmatrix}\boldsymbol{Z}_t\\ Y_{it}\end{pmatrix} = \begin{pmatrix}\boldsymbol{\Phi}^Z & 0\\ \boldsymbol{\Lambda}_i' & \boldsymbol{\Phi}_i^Y\end{pmatrix}\begin{pmatrix}\boldsymbol{Z}_{t-1}\\ Y_{it-1}\end{pmatrix} + \begin{pmatrix}v_t^Z\\ v_{it}^Y\end{pmatrix} \tag{3.5}$$

$$y_{it} = \boldsymbol{\Phi}_i^Y y_{it-1} + v_{it}^y$$

其中，$\boldsymbol{\Lambda}_i'$和 $\boldsymbol{\Phi}_i^Y$ 为式（3.5）中滞后多项式的系数，$\boldsymbol{\Phi}^Z$ 是堆叠了 Z_t 成分的

自回归系数。在平稳性假设条件下，$\boldsymbol{\Phi}_i^Y$ 的特征根小于 1，在允许二次损失情况下，第 $t+h$ 期的预测期望值为：

$$E(y_{it+h}) = (\boldsymbol{\Phi}_i^y)^h y_{it} \tag{3.6}$$

基于 t 期信息集的预测误差方差可以表示为：

$$\boldsymbol{\Omega}_{it}^y(h) = E_t\{[y_{it+h} - E_t(y_{it+h})][y_{it+h} - E_t(y_{it+h})]'\} \tag{3.7}$$

当 $h=1$ 时，

$$\boldsymbol{\Omega}_{it}^y(1) = E_t[v_{it+1}^y(v_{it+1}^y)'] \tag{3.8}$$

当 $h>1$ 时，y_{it+h}的预测误差方差表示为：

$$\boldsymbol{\Omega}_{it}^y(h) = \boldsymbol{\Phi}_i^y \boldsymbol{\Omega}_{it}^y(h-1)(\boldsymbol{\Phi}_i^y)' + E_t[v_{it+1}^y(v_{it+1}^y)'] \tag{3.9}$$

则第 t 期某变量 i 的不确定性可以表示为预测误差方差 $\boldsymbol{\Omega}_{it}^y(h)$ 的平方根，即

$$U_{it}^y(h) = \sqrt{\boldsymbol{1}_i' \boldsymbol{\Omega}_{it}^y(h) \boldsymbol{1}_i} \tag{3.10}$$

其中，$\boldsymbol{1}_i$ 为选择向量。

将单个变量的不确定性进行加权平均，即可获得整体货币政策不确定性，表示为：

$$U_t^y(h) = \sum_{i=1}^{N} w_i U_{it}^y(h) \tag{3.11}$$

可以采用主成分分析提取各变量的权重，亦可采用简单算术平均进行加权，最终可以测度中国的货币政策不确定性水平。

3.1.2 变量选取

参考尤拉多等（2015）和王博等（2019）的研究，综合考虑数据变量的全面性和可获得性，最终选取数量型货币政策、价格型货币政策、经济发展、物价稳定和金融稳定等货币政策目标相关的经济变量，总计 40 个变量，运用 3.1.1 节不确定性测度方法，构建中国货币政策不确定性指数。各变量指标如表 3-1 所示。时间区间为 2002 年 1 月 ~2021 年 3 月，数据来源于 Wind 数据库和中经网数据库。

表 3 - 1　　构建中国货币政策不确定性所用变量情况说明

名称	变量名称	变量说明	简称
数量型货币政策	货币供应量 M0	当期同比增速	$M0$
	货币供应量 M1	当期同比增速	$M1$
	货币供应量 M2	当期同比增速	$M2$
	公开市场操作：货币回笼	水平值	MR
	公开市场操作：货币投放	水平值	MS
价格型货币政策	法定存款准备金率：中小型存款类金融机构	水平值	DRR_S
	法定存款准备金率：大型存款类金融机构	水平值	DRR_B
	再贴现率	水平值	DIR
	定期存款利率：3 个月	水平值	$DR03$
	定期存款利率：6 个月	水平值	$DR06$
	定期存款利率：1 年	水平值	$DR1y$
	短期贷款利率：6 个月（含）	水平值	$LR06$
	中长期贷款利率：1～3 年（含）	水平值	$LR1-3$
	中长期贷款利率：5 年以上（含）	水平值	$LR5$
	银行间质押式回购利率：7 天加权平均	水平值	$R007$
	银行间质押式回购利率：1 个月加权平均	水平值	$R01$
	银行间质押式回购利率：3 个月加权平均	水平值	$R03$
	国债发行利率：3 个月	水平值	$TR03$
	国债发行利率：1 年	水平值	$TR1y$
	国债发行利率：3 年	水平值	$TR3y$
	国债发行利率：5 年	水平值	$TR5y$
	国债发行利率：10 年	水平值	$TR10y$
金融稳定	1 年期国债期限利差	1 年期国债收益率减 3 月期国债收益率	$1y3m$
	3 年期国债期限利差	3 年期国债收益率减 3 月期国债收益率	$3y3m$

续表

名称	变量名称	变量说明	简称
金融稳定	5 年期国债期限利差	5 年期国债收益率减 3 月期国债收益率	5*y*3*m*
	10 年期国债期限利差	10 年期国债收益率减 3 月期国债收益率	10*y*3*m*
	上证综合指数收益率	利用月度上证综指计算的对数收益率	*RSH*
	深证成分指数收益率	利用月度深成指数计算的对数收益率	*RSZ*
	上证综指换手率	对日度换手率求月度平均	*TO - SH*
	深圳成指换手率	对日度换手率求月度平均	*TO - SZ*
	人民币对美元汇率	水平值	*EXC*
	实际有效汇率：BIS	水平值	*BIS*
经济发展	规模以上工业增加值	当期同比	*AVI*
	宏观经济景气指数：一致指数	水平值	*EPI*1
	宏观经济景气指数：先行指数	水平值	*EPI*2
	宏观经济景气指数：滞后指数	水平值	*EPI*3
物价稳定	居民消费价格指数	当期同比	*CPI*
	商品零售价格指数	当期同比	*RPI*
	工业生产者出厂价格指数	当期同比	*PPI*
	工业生产者购进价格指数	当期同比	*PPIRM*

采用 X－12 方法对相关经济变量进行季节性调整，对所有数据进行标准化以消除量纲影响，综合采用对数差分、一阶差分等对非平稳变量进行平稳性处理，以满足测度方法对数据平稳性的要求。

3.1.3 中国货币政策不确定性的典型事实分析

基于 3.1.1 节选取数量型货币政策、价格型货币政策和货币政策目标相关的 40 个经济变量数据测算预测因子。根据式（3.4）计算预测因子 $\boldsymbol{W}_t$ 以测算潜在的非线性波动对整体不确定性的影响，通过设定门限值以保证 $(\hat{\boldsymbol{F}}_t', \boldsymbol{W}_t')$ 能够有效预测 y_{it+h}，如果预测因子 $(\hat{\boldsymbol{F}}_t', \boldsymbol{W}_t')$ 在多元回归预测过程中对 y_{it+h} 得到大于 2.575 的边际 t 检验值，则保留该测算结果，否则将剔除该次回归结果。蒙特卡罗抽样次数设定为50000次，估计预测模型残差波动率的参数，得到各经济变量序列的不确定性指数，再分别按照加权平均法和主成分分析法提取各变量不确定性指数的公共因子，最终得到中国货币政策不确定性指数，本书构造的货币政策不确定性指数区间为2002年6月至2021年3月。

基于加权平均法对提取公因子测度的中国货币政策不确定性指数（*MPU_csa*）如图3-1所示，图3-1展示了提前1期（*h*1）、提前3期（*h*3）和提前8期（*h*8）的中国货币政策不确定性指数，提前期越长，不确定性指数越大，原因在于预测时间的拉长导致各变量累积的不确定性增加。中国货币政策不确定性指数的最大峰值出现在2008~2009年全球金融危机期间，其余几次峰值分别出现在2003~2004年、2006~2008年、2008~2009年、2010~2011年、2012年中期、2015~2016年、2018~2019年以及2020年上半年（图中阴影部分所示）。下面将对中国货币政策不确定性的变化特征进行梳理和分析。

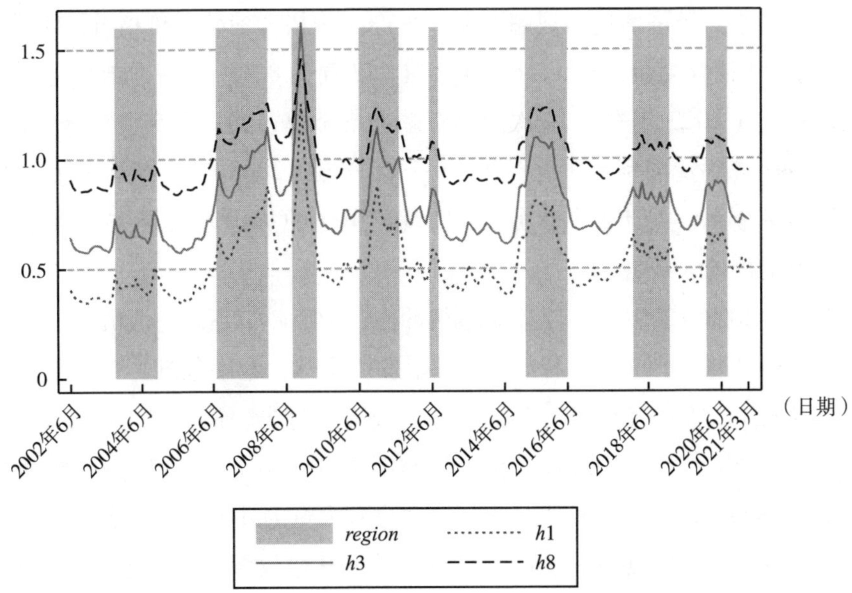

图3-1　基于加权平均法测度的中国货币政策不确定性指数

注：灰色阴影部分（*region*）表示中国货币政策不确定性较高的区域。

（1）2003~2004年，经济过热，货币政策收紧引发货币政策不确定性上升。加入世界贸易组织后，国内经济出现过热迹象，2003 年突如其来的“非典”疫情对经济产生了短期冲击，央行采取宽松的货币政策以缓解疫情对经济的冲击，暂时掩盖了经济过热的表现。“非典”疫情结束后，经济快速反弹带来需要旺盛下的高通货膨胀。社会消费品零售总额增速从 2003 年的 9.1% 上升至 2004 年的 13.3%，CPI 和 PPI 也不断攀升。实体经济过热的情况引发货币政策的担忧，央行开始收紧货币政策，2004 年 3 月分别提高再贷款利率 0.63 个百分点、再贴现率 0.27 个百分点；4 月提高存款准备金率 0.5 个百分点，10 月将一年期存、贷利率上调 0.27 个百分点等。[①] 为应对经济过热，央行收紧货币政策的一系列操作在一定程度上造成了货币政策不确定性水平的上升。

（2）2006～2008 年，投资出口驱动的经济持续过热，货币政策频繁操作，引发货币政策不确定性大幅波动。随着 2004 年宏观调控的退出，中国对外贸易顺差大幅攀升，外汇占款显著增加，通过外汇占款被迫向国内增加货币投放，宽松的货币环境叠加旺盛的实体需求，经济再次出现过热迹象。经济增速出现超预期，生产品价格和消费品价格普遍上涨，CPI 与 PPI 持续高位运行，2008 年 2 月 CPI 高达 8.7%。为抑制高通货膨胀，央行在 2007 年先后 10 次提高存款准备金率，共计 5.5 个百分点，6 次提高存贷款基准利率，合计 1.35 个百分点。2008 年上半年 5 次上调存款准备金率，共计 3 个百分点。[②] 频繁操作的货币政策导致了货币政策不确定性的大幅波动。

（3）2008～2009 年，受次贷危机冲击，货币政策不确定性出现历史性高峰。2007 年美国爆发次贷危机，并引发了全球性金融危机。全球经济陷入衰退境地，投资者和消费者信心遭受毁灭性打击，消费水平明显下降，金融资产价格大幅下跌，上证指数从 2007 年 10 月的高点 6124 点，持续下跌至 2008 年 12 月的 1806 点。美元贬值导致大量的外汇储备缩水，进而又影响了中国的出口贸易，导致中国经济增速开始放缓。为稳定宏观经济，央行出台一系列调控手段，连续下调存款准备金率和存贷款基准利率，但

① 国家统计局。

② 中国人民银行。

效果并不显著。次贷危机这一“黑天鹅”事件的冲击导致期间中国货币政策不确定性飙升，达到了历史性高点。

（4）2010～2011 年，经济复苏期间货币政策调控叠加外部冲击，提高了货币政策不确定性。随着全球经济开始复苏，2010 年全球经济增速达到5%[①]，但经济增速出现明显分化，新兴经济体发展速度显著高于欧美等发达经济体，引发国际资本向新兴经济体流动，中国的资本流入压力明显增加。“四万亿”刺激政策带来了经济的高速增长，但内在的结构性矛盾依然突出，通货膨胀压力有所上升。央行于 2010 年初开始上调存款准备金，收紧货币政策，2011 年前三季度 6 次上调存款准备金，合计 3 个百分点，3 次提高人民币存贷款基准利率，1 年期存贷款基准利率累计上调 0.75 个百分点。[②] 欧债危机的爆发以及美国量化宽松政策实施的冲击，进一步引发国际资本流向新兴经济体，导致主要经济体货币汇率大幅波动，央行同时也积极推进人民币汇率市场化改革。货币政策调控与外部事件冲击导致这一时期中国货币政策不确定性上升。

（5）2012 年中期，货币政策调整与利率市场化改革引发货币政策不确定性上升。2012 年以来，全球经济持续低迷，欧美等发达经济体为应对主权债务危机蔓延，推出新的量化宽松政策以降低企业融资成本，支持经济复苏。新兴经济体也采取积极措施以应对世界经济衰退对自身的负向冲击、量化宽松政策的负向溢出和自身的经济增速放缓。2011 年 12 月，中国央行下调存款准备金率 0.5 个百分点，我国货币政策趋于稳健，2012 年上半年又两次下调存款准备金合计 0.5 个百分点。2012 年 6 月，央行推进利率市场化改革，进一步扩大利率浮动区间，将存款利率浮动区间的上限调整为基准利率的 1.1 倍，贷款利率浮动区间的下限调整为基准利率的 80%。[③] 在世界经济衰退的背景下，央行货币政策调控和利率市场化改革举措的实施导致这一时期中国货币政策不确定性上升。

（6）2015～2016 年，A 股暴跌期间货币政策调控导致货币政策不确定性上升。随着中国经济逐渐步入“新常态”，经济下行压力逐渐增加，前

---

① 世界银行报告。

②③ 中国人民银行。

期刺激政策加剧了供需失衡的矛盾，产能过剩问题开始凸显，PPI 大幅走低。在政府相对宽松货币政策和股市加杠杆的刺激下，中国股市从 2014 年 6 月一路上涨，到 2015 年 6 月涨至 5178 点，涨幅高达 150% 以上，滋生了大量的泡沫。[①] 证监会出手监管，股市出现断崖式下跌，多次出现“千股跌停”的现象。2015 年“8·11”汇改改变了投资者对人民币对美元汇率的预期方向，引发了外汇市场的剧烈波动。投资者损失严重，居民投资和消费大幅下降，需求降低，进一步抑制了经济增长。为防范系统性金融风险，货币政策收紧。针对经济中存在的多重问题，2015 年底中央提出供给侧结构性改革，特别是“三去一降一补”政策思路对经济结构进行调整，一系列宏观调控政策的出台叠加“股灾”冲击导致了这一时期货币政策不确定性的上升。

（7）2018～2019 年，全球货币政策收紧叠加贸易摩擦引发货币政策不确定性上升。2018 年，全球经济延续复苏，但出现走向分化，美国经济表现强劲，而欧元区、中国等经济体经济增速放缓。全球央行货币政策边际宽松，美联储加息 4 次，而欧洲与日本央行维持超低利率，中国央行年内 4 次降低存款准备金率。随着全球货币政策收紧，新兴市场面临的债务风险和外汇风险上升，经贸摩擦升级、地缘政治冲突增加，金融市场波动显著。贸易摩擦导致负面预期和不确定性上升。2018 年，中国债券市场共计有 47 家主体，125 只债券出现违约，涉及金额高达 1198.05 亿元。[②] 经贸摩擦引致的金融市场动荡叠加货币政策调整导致这一时期中国货币政策不确定性增加。

（8）2020 年上半年，新冠疫情冲击引发货币政策不确定性上升。2020 年以来，新冠疫情给中国经济社会带来严重的冲击，一季度 GDP 同比下降 6.8%，为中国有 GDP 统计以来的首次负值和最大降幅。[③] 为缓解外部冲击对中国经济增长下行的巨大影响，央行配合政府加大逆周期调节，实施宽松货币政策，出台了一系列超常规的工具：数量方面，通过 3 次降准、再贷款再贴现、中期借贷便利、政策性银行信贷支持等提高中长期流动性支持；价格方面，通过下调再贷款利率 50 个基点，下调再贴现率 25 个基点，

① Wind 数据库。

② 根据中债资信公开信息整理。

③ 国家统计局。

逆回购和中期借贷便利降息 30 个基点，1 年期 LPR 降低 30 个基点等举措，引导利率下行；结构性货币政策工具方面，通过 3000 亿元专项再贷款、5000 亿元再贷款再贴现、1 万亿元普惠性再贷款等举措支持实体经济。[①]新冠疫情在海外的大幅蔓延，对全球金融市场产生巨大冲击，美股在 2020 年 3 月暴跌，触发 4 次熔断，金融市场出现流动性危机，美联储通过无上限量化宽松政策等向市场投放流动性。新冠疫情的冲击叠加非常规货币政策的实施导致这一时期中国货币政策不确定性增加。

本书还基于主成分分析法测度了中国货币政策不确定性指数（*MPU_pca*），如图 3-2 所示。可以发现，该货币政策不确定性指数的变化趋势与加权平均法测度的指数基本一致，以提前 3 期的货币政策不确定性指数为例，*MPU_pca* 与 *MPU_csa* 的相关系数高达 0.9114（见表 3-2）。这说明运用 3.1.1 节测度方法构造的货币政策不确定性指数是稳健的。本书将使用基于主成分分析法构造的货币政策不确定性指数作为替换变量用于后续模型的稳健性检验。

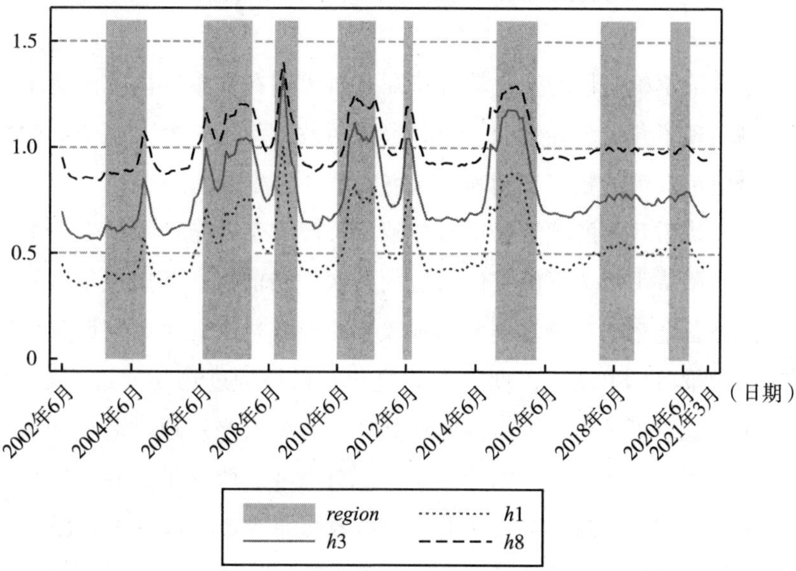

图 3-2　基于主成分分析法测度的中国货币政策不确定性指数

注：灰色阴影部分（*region*）表示中国货币政策不确定性较高的区域。

① 中国人民银行。

表 3-2　不同方法构造的中国货币政策不确定性指数的相关系数

名称	相关系数
MPU_H 与 *MPU_csa*	0.4706
MPU_H 与 *MPU_pca*	0.4892
MPU_csa 与 *MPU_pca*	0.9114

注：选取提前 3 个月期的中国货币政策不确定性指数用于本节及后续计量分析，其他期限的货币政策不确定性指数对模型估计结果影响不大。

黄和陆（Huang & Luk，2020）借鉴贝克等（Baker et al.，2016）的文本挖掘技术，基于中国大陆 10 份具有代表性的报刊，构造了中国货币政策不确定性月度指数（*MPU_H*），该指数与基于 114 份报刊的结果进行对比，表现稳健，与本文构造的指数（*MPU_csa* 和 *MPU_pca*）计算相关系数，结果如表 3-2 所示，二者具有较好的相关性，表明本书构造的中国货币政策不确定性指数具有较好的代表性。

3.1.4　中国货币政策不确定性的原因探究

货币政策不确定性的变化趋势特征分析表明在样本期内中国货币政策不确定性出现了几次大幅波动，而导致货币政策不确定性大幅变动的主要原因在于货币政策的频繁变动和极端突发事件的冲击。

首先，货币政策的频繁变动是导致货币政策不确定性水平上升的直接原因。在中国货币政策不确定性指数的几次波峰前后，都出现了频繁调整法定存款准备金率、存贷款利率的现象。而导致货币政策频繁调整的原因则是货币政策目标出现了预期之外的变化，当经济过热（或过冷）、通货膨胀、金融稳定等货币政策目标出现异动后，政府当局通过调整和实施货币政策以期实现经济发展、物价稳定、充分就业、收支平衡和金融稳定的货币政策目标，如果缺乏与市场的充分有效沟通或者采取“大水漫灌”的调控方式往往会导致较高的货币政策不确定性。2016 年后，政府更多采取“精准滴灌”的结构性货币政策，期间中国货币政策不确定性维持在一个相对稳定的水平。

其次，宏观经济波动或宏观经济环境的不确定性也会导致货币政策不确定性的上升。特朗（Trung，2019）指出，重大金融危机是全球货币政策不确定性上升的重要原因。而中国货币政策不确定性的最大波峰也是出现在次贷危机期间。此外，英国脱欧、中美经贸摩擦、新冠疫情的大暴发等极端突发事件的冲击引发宏观经济环境不确定性上升，为应对突发事件对本国经济的冲击，政府往往会出台相关的财政、货币政策以积极应对，因此导致了货币政策不确定性水平上升。

最后，货币政策目标的多元化也会导致货币政策不确定性。当央行背负较多不相容的货币政策目标时，公众将难以预料央行将采取以何种目标为主的货币政策，从而引起不准确的货币政策预期，导致货币政策不确定性上升。中国央行的货币政策目标是保持货币币值的稳定，并以此促进经济增长。这意味着保持币值稳定是首要的，对内要保持物价稳定，对外要保持人民币汇率在合理水平上的稳定。但在实际操作中，经常视宏观经济情况而在经济增长、物价稳定、充分就业等目标间徘徊，周小川（2016）认为，我国货币政策目标为“4+2”模式，“4”是指物价稳定、经济增长、充分就业和国际收支平衡，“2”是指推动改革开放和金融市场发展。在具体实施中，央行对不同目标的重视程度往往会随国内外经济形势的变化而做出相应调整。比如，当面对外部冲击时，经济增长和就业的权重往往被调高；当金融市场大幅波动时，金融稳定的权重则被提高。而在不同的目标下，货币政策的导向往往未必一致，比如，稳增长需要相对宽松的货币政策，而防风险和去杠杆则需要偏紧的货币政策。货币政策目标的多元性往往会导致较高的货币政策不确定性。此外，像央行预测偏差、央行沟通与透明度等也会对货币政策不确定性产生影响。

3.2 中国货币政策不确定性状态演变特征分析

前文构造的中国货币政策不确定性指数只能反映货币政策不确定性水平的相对变化，无法明确识别货币政策不确定性的波动状态特征，探讨中国货币政策不确定性在样本期内高低波动状态的转换有助于深入了解其典型事实特征。本节将采用马尔可夫区制转换自回归（MS-AR）模型研究中国货币政策不确定性的状态演变特征。

3.2.1 模型设定

MS－VAR 模型通过状态变量的平滑转换情况来确定观测样本所处的状态，利用极大似然估计模型确定状态的具体时间。该模型以概率分布的形式刻画了时间序列在不同状态下的动态转换，不仅可以进行状态的识别与预测，还允许回归参数随区制变量的不同而时变。1989 年，汉密尔顿（Hamilton）首次提出 MS－VAR 模型，此后，费拉多（Filardo，1994）、金等（Kim et al.，1996）、金和尼尔森（Kim & Nelson，1998）在应用过程中对模型不断完善，MS－VAR 模型已成为时间序列分析的一种重要方法。

滞后 p 阶的 MS－VAR 模型的一般形式为：

$$\boldsymbol{y}_t = \boldsymbol{\nu}(s_t) + \boldsymbol{A}_1(s_t)\boldsymbol{y}_{t-1} + \cdots + \boldsymbol{A}_p(s_{t-p})\boldsymbol{y}_{t-p} + \boldsymbol{u}_t$$
$$u_t \sim \mathrm{NID}[0, \sum(s_t)] \tag{3.12}$$

其中，$\boldsymbol{y}_t$ 表示 K 维的时间序列向量，s_t 表示不可观察的区制变量。区制 i 转换到区制 j 的概率表示为 $p_{i,j}$，即：

$$p_{i,j} = Pr(s_{t+1} = j \mid s_t = i), \sum_{j=1}^{M} p_{i,j} = 1, \forall i,j \in \{1,\cdots,M\} \tag{3.13}$$

其中，M 为区制状态的个数，则 $s_t = \{1,2,\cdots,M\}$，各状态间的转移概率矩阵为：

$$\boldsymbol{P} = \begin{bmatrix} p_{11} & p_{12} & \cdots & p_{1M} \\ \vdots & \vdots & \vdots & \vdots \\ p_{M1} & p_{M2} & \cdots & p_{MM} \end{bmatrix} \tag{3.14}$$

对于矩阵 $\boldsymbol{P}$ 的每一行，有 $p_{i1} + p_{i2} + \cdots + p_{1M} = 0$，$i = 1$，2，…，$M$。

此时，MS－VAR 模型的一般形式可以写为：

$$\boldsymbol{y}_t = \begin{cases} \boldsymbol{v}_1 + \boldsymbol{A}_{11}\boldsymbol{y}_{t-1} + \cdots + \boldsymbol{A}_{p1}\boldsymbol{y}_{t-p} + \sum_1^{1/2}\boldsymbol{u}_t & \text{当 } s_t = 1 \\ \vdots & \\ \boldsymbol{v}_M + \boldsymbol{A}_{1M}\boldsymbol{y}_{t-1} + \cdots + \boldsymbol{A}_{pM}\boldsymbol{y}_{t-p} + \sum_M^{1/2}\boldsymbol{u}_t & \text{当 } s_t = M \end{cases} \tag{3.15}$$

为了方便表示，分别用 M、I、A、H 表示模型中每个方程的均值、截距项、系数和方差。模型的参数可能随区制 s_t 的转换而变化，比如均值与方差同时随区制状态的变换而变化的模型记为 MSMH - VAR 模型。本节将运用两个区制的 MS - AR 模型将中国货币政策不确定性划分为低波动状态和高波动状态，考察其在不同状态下的动态演变特征。

3.2.2 实证过程与结果分析

在构建 MS - AR 模型之前，首先对中国货币政策不确定性指数进行平稳性检验，ADF 检验和 PP 检验结果如表 3 - 3 所示。可以看出，中国货币政策不确定性指数的 ADF 检验统计量的值小于 1% 的临界值，PP 检验统计量的值小于 5% 的临界值，拒绝原假设，说明在 5% 的显著性水平上该指数为平稳序列。

表 3 - 3 中国货币政策不确定性指数平稳性检验结果

检验方法	检验统计量值	P 值	1% 临界值	5% 临界值
ADF 检验	-4.4778***	0.0003	-3.4595	-2.8743
PP 检验	-3.2453**	0.0187	-3.4594	-2.8742

注：***、** 分别表示在 1%、5% 的显著性水平上显著。

MS - VAR 模型在运用 EM 算法进行估计的基础上，通过 OX - MS - VAR 对模型进行求解，根据对数似然比（Log - L）、AIC、HQ 和 SC 等信息准则确定两个区制和滞后 2 阶的 MSIH(2) - AR(2) 模型作为最后的分析模型。模型参数估计结果如表 3 - 4 所示。

表 3 - 4 MSIH（2）- AR（2）模型估计结果

变量	系数	标准误	T 统计量
Const（区制 1）	0.0759	0.0190	3.9957***
Const（区制 2）	0.1023	0.0262	3.8987***
AR（1）	1.2468	0.0627	19.8708***

续表

变量	系数	标准误	T 统计量
AR（2）	-0.3634	0.0557	-6.5224***
标准误（区制 1）	0.0151		
标准误（区制 2）	0.0628		
Log-L	392.0413		
AIC	-3.4289		
HQ	-3.3798		
SC	-3.0371		

注：*** 表示在 1% 的显著性水平上显著。

图 3-3 展示了模型估计的平滑概率和滤波概率在样本期内变动的两区制划分结果，(a)、(b) 两图分别为中国货币政策不确定性处于低波动状态和高波动状态的结果。将“$P[s_t = j | \Omega] > 0.5$，$\Omega$ 为全样本信息”作为该样本属于 j 区制的判断准则，MSIH（2）-AR（2）模型下中国货币政策不确定性指数状态转换的属性特征结果如表 3-5 所示。

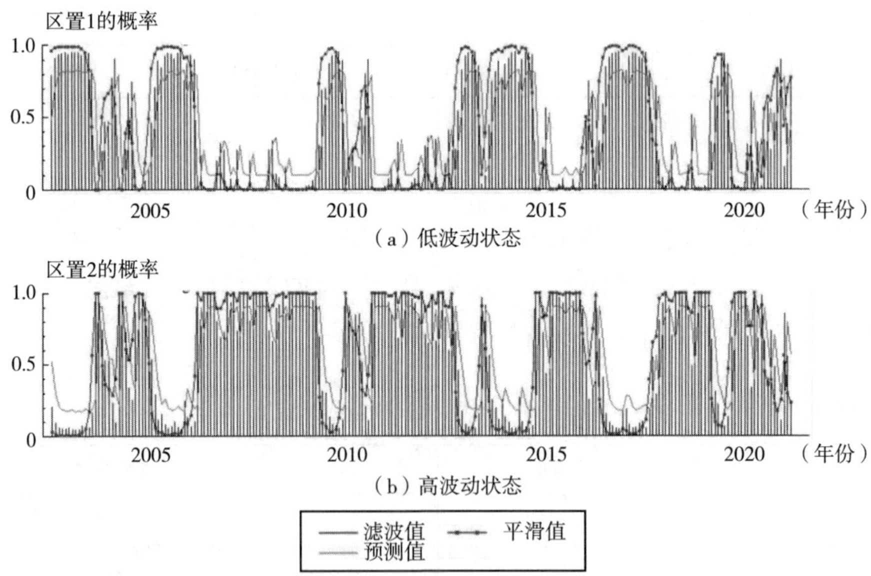

图 3-3　中国货币政策不确定性两区制划分的滤波概率和平滑概率

表 3-5　　　　中国货币政策不确定性区制转换的属性特征

属性	低波动状态	高波动状态
落入区置内的样本区间	2002 年 8 月 ~2003 年 7 月； 2003 年 11 月 ~2004 年 3 月； 2005 年 2 月 ~2006 年 3 月； 2009 年 5 ~12 月； 2010 年 6 月 ~2010 年 8 月； 2012 年 11 月 ~2013 年 4 月； 2013 年 8 月 ~2014 年 9 月； 2016 年 5 月 ~2017 年 8 月； 2019 年 2 ~7 月； 2020 年 7 ~12 月 2021 年 2 ~3 月	2003 年 8 ~10 月； 2004 年 4 月 ~2005 年 1 月； 2006 年 4 月 ~2009 年 4 月； 2010 年 1 ~5 月； 2010 年 9 月 ~2012 年 10 月； 2013 年 5 ~7 月； 2014 年 10 月 ~2016 年 4 月； 2017 年 9 月 ~2019 年 1 月； 2019 年 8 月 ~2020 年 6 月； 2021 年 1 月
样本数	91.3	132.7
频率	0.406	0.594
平均持续期	7.25	10.60
转移概率：低波动状态	0.8620	0.1380
转移概率：高波动状态	0.0943	0.9057

根据图 3-3 和表 3-5 可知，中国货币政策不确定性处于低、高两种波动状态的持续概率分别是 0.8620 和 0.9057，对应的持续期分别为 7.25 个月和 10.60 个月，从低波动状态转移到高波动状态的概率为 0.1380，从高波动状态转移到低波动状态的概率为 0.0943，表明中国货币政策不确定性难以从高波动状态转移到低波动状态，但从低波动状态转移到高波动状态则相对比较容易，处于高波动状态的持续期是低波动状态持续期的 146.2%，表明中国货币政策不确定性具有高持续性的特点。此外，在 2008 年金融危机、2011 年欧债危机、2015 年“股灾”、2018 年中美经贸摩擦以及 2020 年新冠疫情暴发等时间段，中国货币政策不确定性落入高波动状态的持续时间较长，面对“黑天鹅”事件冲击以及国内经济过热、经济增速放缓、经济结构转型矛盾等一系列问题，宏观调控政策的转向以及货币政策的频繁操作等是导致中国货币政策不确定性水平上升的主要原因。

3.3 汇率机制改革下人民币汇率走势分析

人民币汇率机制改革，是我国为了适应自身发展与对外贸易的需要而不断调整人民币与其他货币的汇率及相关政策的制定和变革的过程。改革开放前，我国的汇率机制经历了新中国成立初期的单一浮动汇率制（1949~1952年）、20世纪五六十年代的单一固定汇率制（1953~1972年）和布雷顿森林体系解体后以一篮子货币计算的单一浮动汇率制（1972~1980年）。

改革开放后，人民币汇率经历了从单一汇率到双重汇率再到单一汇率的变迁（1977~1984年），官方牌价与调剂价格并存的双汇率制（1985~1993年），以市场供求为基础的、单一的、有管理的浮动汇率制（1994~2005年），健全以市场供求为基础、参考一篮子货币调节的、单一的、有管理的浮动汇率制（2005~2015年）。2015年8月11日，央行优化人民币对美元汇率的中间价报价机制，为稳定外汇市场，央行于2016年2月发布新的中间价定价公式，即“中间价=上一交易日收盘价+一篮子货币汇率变化”。2017年5月26日，央行宣布在人民币汇率中间价定价机制中引入“逆周期因子”，2020年10月27日，外汇交易中心公告宣布逆周期因子淡出使用。随着人民币汇率市场化改革的推进，人民币汇率弹性逐步增大，双向波动特征显著。通过逐步扩大汇率波动弹性，增强汇率形成机制过程中市场的决定性作用，最终实现人民币汇率的自由浮动将是深化汇率机制改革的长期路径选择。

选取2000年1月至2021年3月人民币对美元汇率（*USD/CNY*）和人民币实际有效汇率（*REER*）为代表，绘制人民币汇率价格走势图（见图3-4），分析市场化改革背景下人民币汇率的走势特征。

1997年东南亚金融危机爆发，亚洲新兴市场国家货币开始竞争性贬值，但中国官方对外宣称人民币不贬值，故而与美元汇率同步升值。一直到2005年“7·21”汇改前，人民币对美元汇率稳定在8.28附近。作为竞争性贬值的替代措施，中国采取扩张的财政货币政策以抵御危机，较好地实现了对外“稳汇率”和对内“稳增长”的政策目标。2001年的互联网泡沫和“9·11”事件使美国进入降息周期，美元指数不断下行。人民币实际有效汇率从2000年1月份的91.86上升至2002年2月份的101.49。[①] 随着中国加入WTO，国际收支顺差不断扩大，国际收支严重失衡和外汇储备相对过剩引发国内通货膨胀风险上升，人民币实际有效汇率开始下行，跌至2004年12月份的最低的81.84。[②]

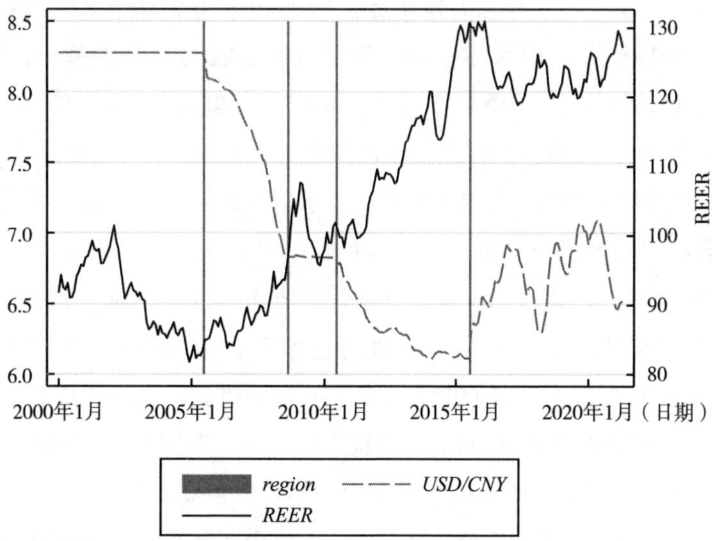

图3-4 人民币汇率走势

注：图中灰色阴影竖线表示人民币汇率制度改革的时点。

资料来源：Wind数据库。

2005年“7·21”汇改后，人民币汇率从盯住美元到与美元脱钩，开启了由市场供求和参考一篮子货币决定其走势。人民币对美元汇率开启升值模式，从汇改前的8.28升至2008年7月的6.84附近，实际有效汇率从85.8升至96.9，升幅高达12.9%。[③]

2008年9月，美国次贷危机引发全球性金融危机，全球金融市场暴跌，为稳定人民币汇率，央行采取盯住美元汇率的措施，将美元对人民币汇率稳定在6.8~6.89区间，至2010年6月19日，央行宣布放弃盯住美元的固定汇率制度，重启有管理的浮动汇率制度。期间，人民币实际有效

①②③ Wind数据库。

汇率先延续前期的上升趋势，涨至2009年2月的107.63，之后受次贷危机的冲击，开始下跌，跌至2009年10月的98.3，跌幅达8.67%。[①] 之后开始震荡回升。

2010年6月重回有管理的浮动汇率制度后，2012年4月人民币对美元汇率日波动幅度扩大至±1%，2014年该幅度进一步扩大至±2%。期间人民币对美元汇率走出了单边升值走势，从2010年6月的6.82升值到2014年1月的6.10；人民币实际有效汇率也走出了震荡上升的趋势，从2010年6月的101.91升至2015年7月的130.68，升幅高达28.23%。[②]

2015年8月11日，央行完善人民币对美元汇率中间价报价，做市商参考上日外汇市场收盘价，综合考虑外汇供求以及国际主要货币汇率变化向中国外汇交易中心提供中间价报价。当日人民币对美元中间价较上一交易日大跌1136个基点，此后三个交易日累计贬值4.45%，叠加“股灾”影响，2015年全年人民币对美元汇率贬值高达5.77%。[③] 2016年初，央行实施“上一交易日收盘价+一篮子货币汇率”的定价机制，二者权重相等。人民币对美元汇率持续贬值，期间英国脱欧“黑天鹅”事件爆发，2016年全年人民币对美元经历了三次明显的贬值，全年累计贬值6.83%。“8·11”汇改后，在人民币对美元汇率贬值的影响下，人民币实际有效汇率也开启下跌模式，从2015年8月的130.09跌至2017年5月的118.86，跌幅达8.63%。[④]

为扭转人民币贬值的趋势，2017年5月26日，中间价定价公式进一步修正为“上一交易日收盘价+一篮子货币汇率+逆周期因子”，以反映中国与外国经济基本面的差异，削弱人民币与美元的联动性。之后，人民币对美元汇率开始缓慢回升，至2018年4月中旬升至6.28，升幅达9.6%，接近“8·11”汇改初期的汇率水平。其后，受中美经贸摩擦紧张与缓和的影响，人民币对美元汇率升值与贬值双向波动趋势显著，2019年8月在岸人民币对美元汇率“破7”，之后一路贬至7.1967的高点，随着年底中美第一轮经贸协议的签订，人民币又开启了阶段性升值，之后随着国内新冠疫情暴发，经济面临暂时停摆的风险，人民币汇率中断升值，再次跌破7，随着国内疫情“阻击战”告捷，国外疫情蔓延，经济恢复遥遥

①②③④ Wind数据库。

无期，各国宽松的货币政策释放了大量低成本的流动性，大量资本开始进入中国，人民币汇率持续升值。① 期间，人民币实际有效汇率也随人民币对美元汇率的涨跌而呈双向波动趋势。

人民币汇率走势分析表明，在样本期内，人民币实际有效汇率双向波动趋势愈发显著，人民币对美元汇率走势则呈现前后截然不同的两个阶段。2015 年“8 · 11”汇改之前，人民币对美元汇率单边走势趋势明显，汇改之后，随着人民币汇率市场化改革的持续推进，人民币对美元汇率双向波动趋势显著。更趋市场化的人民币汇率对信息的反应也更加及时准确，有助于更好地发挥汇率的价格引导作用。以“8 · 11”汇改作为子样本划分的时间点，比较人民币汇率与中国货币政策不确定性的相关性（见表 3 – 6），发现人民币对美元汇率与中国货币政策不确定性的相关系数由 –0. 2987 负向增加至 –0. 3098，人民币实际有效汇率与货币政策不确定性的相关系数由 0. 1891 上升至 0. 5290。这表明人民币汇率与货币政策不确定性的相关性在“8 · 11”汇改后显著上升。

表 3 – 6　人民币汇率与货币政策不确定性的相关系数

变量	全样本	2002 年 6 月 ~2015 年 7 月	2015 年 8 月 ~2021 年 3 月
EXC 与 *MPU_csa*	–0. 2834	–0. 2987	–0. 3098
REER 与 *MPU_csa*	0. 1405	0. 1891	0. 5290

3. 4　中国货币政策不确定性与人民币汇率波动相关性分析

前文分析发现，随着人民币汇率市场化程度的深化，人民币汇率与中国货币政策不确定性的相关系数显著上升，体现出一定的动态时变特征。本节进一步借助 DCC – GARCH 模型，从动态的角度探讨人民币汇率与中国货币政策不确定性的波动相关性。

① Wind 数据库。

3.4.1 模型简介

DCC－GARCH 模型可以实现变量之间动态相关的波动分析。通过允许条件相关系数矩阵随时间而变化，恩格尔（Engle，2002）在 CCC－GARCH 模型的基础上，提出了动态条件相关多元 GARCH 模型，即 DCC－GARCH 模型，该模型通过考察变量之间的时变性可以更好地描述不同变量波动的动态相关关系。

假设 $\boldsymbol{y}_t=(y_{1,t},y_{2,t},\cdots,y_{k,t})$ 表示 k 维时间序列，DCC－GARCH 模型动态相关结构描述如下：

$$\boldsymbol{y}_t=\boldsymbol{u}_t+\boldsymbol{e}_t \tag{3.16}$$

$$\boldsymbol{e}_t|\boldsymbol{\Omega}_{t-1}\sim \mathrm{N}(0,\boldsymbol{H}_t) \tag{3.17}$$

$$\boldsymbol{H}_t=\boldsymbol{D}_t\boldsymbol{R}_t\boldsymbol{D}_t \tag{3.18}$$

$$\boldsymbol{R}_t=(\boldsymbol{Q}_t^*)^{-1}\boldsymbol{Q}_t(\boldsymbol{Q}_t^*)^{-1} \tag{3.19}$$

$$\boldsymbol{Q}_t=(1-\sum_{m=1}^{M}\alpha_m-\sum_{n=1}^{N}\beta_n)\bar{\boldsymbol{Q}}+\sum_{m=1}^{M}\alpha_m(\varepsilon_{t-m}\varepsilon'_{t-m})+\sum_{n=1}^{N}\beta_n\boldsymbol{Q}_{t-n} \tag{3.20}$$

式（3.16）为 GARCH 模型的均值方程，对于大多数收益序列而言，u_t 采用一个带外生变量的 ARMA 结构就可以较好地拟合。式（3.17）表示残差项服从均值为0，方差—协方差矩阵为 $\boldsymbol{H}_t$ 的正态分布。$\bar{\boldsymbol{Q}}=T^{-1}\sum_{t=1}^{T}\varepsilon_t\varepsilon'_t$ 为标准化残差的无条件方差矩阵，$\boldsymbol{Q}_t^*$ 为 $\boldsymbol{Q}_t$ 对角线上的数，$\boldsymbol{R}_t$ 为动态相关系数矩阵，$\boldsymbol{D}_t=\mathrm{diag}(\sqrt{h_{ii,t}})$，$h_{ii,t}=c_i+\sum_{p=1}^{P}\alpha_{ip}e_{it-p}^2+\sum_{q=1}^{Q}\beta_{iq}h_{it-q}$，$\varepsilon'_t=\boldsymbol{D}_t^{-1}e_t$ 为向量标准化残差。我们关心的动态相关系数 $\rho_{ij}=\frac{q_{ij}}{\sqrt{q_{ii}\times q_{jj}}}$，$\alpha_m$ 为前期标准化无条件协方差矩阵的系数，反映了滞后期的标准化残差乘积对动态相关系数的影响，β_n 为前期条件协方差矩阵系数，反映了相关性的持续性特征，二者均为动态相关系数且需要满足 $\sum_{m=1}^{M}\alpha_m+\sum_{n=1}^{N}\beta_n<1$。DCC－GARCH 模型的求解过程分为两步，第一步，估计每个变量的 GARCH 模型，得到标准化残差；第二步，根据第一步的标准化残差构造无条件方差矩阵 $\bar{\boldsymbol{Q}}$，

计算动态条件相关系数矩阵 $\boldsymbol{R}_t$。两步法计算的 DCC - GARCH 模型估计量具有较好的渐进正态性和一致性。

3.4.2 实证过程与结果分析

1. 变量与数据说明

考虑到2005年“7·21”汇改后，人民币对美元汇率市场化波动才开始显现，因此本节将中国货币政策不确定性、人民币汇率等变量的样本区间设定为2005年8月至2021年3月。选取基于加权平均法测度的 *MPU_csa* 作为中国货币政策不确定性的代理变量，选取人民币对美元汇率与人民币实际有效汇率作为人民币汇率的代理变量，考虑到在2015年“8·11”汇改之前人民币对美元汇率更多呈现出单边走势，本节将着重探讨中国货币政策不确定性与人民币实际有效汇率的动态关联关系。为保证变量的平稳性，对人民币汇率采用取对数差分的方式进行处理，分别表示为 *exc* 和 *reer*。*MPU_csa* 来源于前文测算，人民币汇率数据来源于 Wind 数据库。

中国货币政策不确定性与人民币汇率基本统计特征如表3-7所示。所有变量的最大值与最小值差距较大，表明在样本期内变量呈现显著的波动性。*reer* 均值为0.2212，*exc* 均值为-0.1245（直接标价法下计算的对数收益率），表明在样本期内人民币汇率处于升值状态。*MPU_csa* 与 *exc* 的偏度显著不等于0，峰度显著大于3，表明 *MPU_csa* 与 *exc* 呈现显著尖峰厚尾的非正态分布，*reer* 的偏度负向接近0，峰度约等于3，表明 *reer* 近似正态分布。*MPU_csa* 与 *reer* 相关系数为正，表明随着中国货币政策不确定性的上升，人民币实际有效汇率会上升，*MPU_csa* 与 *exc* 相关系数的符号也印证了中国货币政策不确定性上升与人民币汇率升值的同向变化关系。

表3-7　中国货币政策不确定性与人民币汇率基本统计特征

变量	样本数	均值	最大值	最小值	标准差	偏度	峰度
MPU_csa	188	0.8116	1.6210	0.5868	0.1620	1.4352	6.3764
reer	188	0.2212	4.1996	-3.2644	1.3026	-0.0878	3.0170

续表

变量	样本数	均值	最大值	最小值	标准差	偏度	峰度
exc	188	-0.1245	3.7667	-2.4221	0.7792	1.1364	7.7496
MPU_csa 与 *reer* 相关系数				0.1757			
MPU_csa 与 *exc* 相关系数				-0.0468			
reer 与 *exc* 相关系数				-0.2972			

2. 实证过程与结果分析

构建 DCC - GARCH 模型前，首先对变量进行平稳性分析和 ARCH 效应检验，结果如表 3 - 8 和表 3 - 9 所示。表 3 - 8 显示，各变量的 ADF 统计量值小于 1% 显著性水平对应的临界值，表明 *MPU_csa*、*reer* 和 *exc* 均为平稳时间序列。

表 3 - 8　　单位根检验结果

变量	ADF 统计值	1% 临界值	5% 临界值	P 值	结论
MPU_csa	-4.7377	-4.0079	-3.4340	0.0008	平稳
reer	-9.6536	-4.0079	-3.4340	0.0000	平稳
exc	-7.8990	-4.0079	-3.4340	0.0000	平稳

表 3 - 9　　序列残差的 ARCH 效应检验结果

变量	F - 统计量	P 值	R^2	P 值	结论
MPU_csa	2.10*E* + 25	0.0000	189.0000	0.0000	存在
reer	129.8668	0.0000	127.6932	0.0000	存在
exc	370.6322	0.0000	161.3065	0.0000	存在

White 检验不仅可以检验变量残差的异方差性，还可以检验二次项的异方差情况。因此采用 White 检验对上述变量 AR 回归后的残差进行 ARCH 效应分析，表 3 - 9 表明，各检验统计量对应的 P 值为 0.0000，表明 *MPU_csa*、*reer* 和 *exc* 的残差序列存在 ARCH 效应，可以进行 DCC - GARCH 模型的构建与分析。

表 3 - 10 列出了基于 *MPU_csa* 和 *reer* 两个变量构建 DCC - GARCH 模

型的均值方程和方差方程的拟合参数。进一步根据两个变量的 GARCH 模型估计标准化残差，根据标准化残差即可估计出 DCC - GARCH 模型的参数 α 和 β。

表 3-10　　DCC-GARCH 模型结果

变量	ARMA 方程	GARCH 方程
MPU_csa	$y_{1,t}=0.8035+1.3938y_{1,t-1}-0.5011y_{1,t-2}$ (18.65***) (39.96***) (-11.15***)	$\sigma_{1,t}^2=0.0017+0.4418\,\varepsilon_{1,t-1}^2-0.1543\sigma_{1,t-1}^2$ (4.96***) (3.43***) (-1.73*)
reer	$y_{2,t}=0.3469y_{2,t-1}$ (6.02***)	$\sigma_{2,t}^2=0.1241+0.0638\,\varepsilon_{2,t-1}^2+0.8523\sigma_{2,t-1}^2$ (0.67) (1.03) (4.96***)

DCC-GARCH 模型参数

参数	参数值	Z 统计量值	P 值
α	0.0493	1.58	0.113
β	0.8497	15.47	0.000

注：( ) 内为参数估计检验统计量值。***、* 分别表示在 1%、10% 的显著性水平上显著。

表 3-10 中的参数估计检验统计量显示 DCC - GARCH 模型拟合良好，$\alpha+\beta=0.8990<1$，说明模型是平稳的，β 系数的 Z 统计量检验结果有效，表明变量之间的波动相关具有较强的持续性。进一步可根据 DCC - GARCH 模型求得每一时期两个变量之间的波动相关系数，绘出 *MPU_csa* 和 *reer* 之间的动态相关系数图（见图 3-5（a））。

图 3-5（a）显示，中国货币政策不确定性与人民币实际有效汇率之间的波动相关性具有明显的时变特征，大多数阶段二者间存在较为稳定的正相关关系，表明当货币政策不确定性波动较高时，人民币实际有效汇率的波动也会增大。特别是在货币政策不确定性高波动的次贷危机、“股灾”、中美经贸摩擦以及新冠疫情暴发等阶段，货币政策不确定性与人民币实际有效汇率之间的波动相关系数显著上升，次贷危机期间，二者的动态相关系数甚至高达 0.4936。

基于 *MPU_csa* 和 *exc* 构建 DCC - GARCH 模型后，绘制二者波动的动态相关系数图（见图 3-5（b）），虽然在样本期内 *MPU_csa* 和 *exc* 之间的波动相关系数平均值较低，但在次贷危机、欧债危机、“股灾”、中美经贸摩擦以及新冠疫情暴发等阶段，中国货币政策不确定性与人民币对美元汇率之间的波动相关系数显著上升。上述分析表明，中国货币政策不确定性与人民币汇率之间的波动相关系数存在显著的时变特征，在货币政策不确定性高波动阶段，二者的动态相关性显著上升。

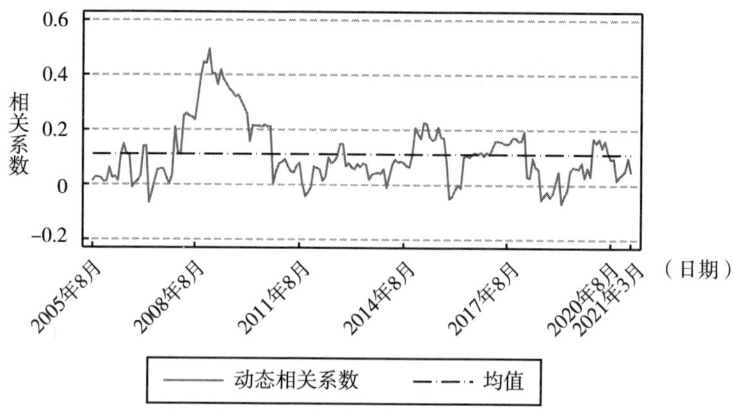

（a）*MPU_csa*与*reer*动态相关系数

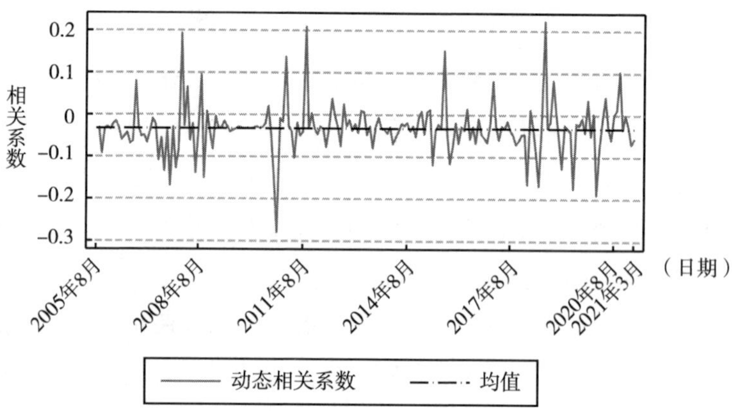

（b）*MPU_csa*与*exc*动态相关系数

图 3－5　中国货币政策不确定性与人民币汇率动态相关系数

3.5　中国货币政策不确定性与人民币汇率的格兰杰因果关系分析

虽然基于 DCC－GARCH 模型的动态相关系数能够揭示中国货币政策

不确定性与人民币汇率之间的波动相关性，但到底是货币政策不确定性引起人民币汇率波动？还是人民币汇率波动导致货币政策不确定性的变化呢？本节将综合运用线性和非线性格兰杰因果检验方法综合考察中国货币政策不确定性与人民币汇率之间的因果关系。

3.5.1 模型设定

格兰杰（1969）提出的格兰杰因果检验广泛应用于检验经济金融时间序列变量之间的因果关系，但该检验仅能检验变量之间均值（或线性）的因果关系，忽略了变量之间可能存在的尾部依赖性。鉴于此，特罗斯特（Troster，2018）在格兰杰（1969）的基础上，提出了分位数格兰杰因果检验，用以检验不同分位数水平上变量序列之间的因果关系，对于检验经济金融时间序列变量之间的非线性因果关系具有重要意义。

在给定时间序列 Y_t 历史取值的条件下，若时间序列 Z_t 的历史值无助于预测序列 Y_t 的未来值，则 Z_t 不是 Y_t 的格兰杰原因。令 $I_t^Y=(Z_{t-1},\cdots,Z_{t-s})'\in R^s$，$I_t^Z=(Z_{t-1},\cdots,Z_{t-q})'\in R^q$，$\boldsymbol{I}_t\equiv(I_t^Y,\ I_t^Z)'\in R^d$，$d=s+q$，定义原假设：$Z_t$ 不是 Y_t 的格兰杰原因，即：

$$H_0^{Z\nrightarrow Y}:F_Y(y|I_t^Y,I_t^Z)=F_Y(y|I_t^Y),y\in R \tag{3.21}$$

其中，$F_Y(\cdot|I_t^Y,I_t^Z)$为给定条件(I_t^Y,I_t^Z)下序列 Y_t 的条件分布函数。

令 $Q_\tau^{Y,Z}(\cdot|I_t^Y,I_t^Z)$为 $F_Y(\cdot|I_t^Y,I_t^Z)$的 τ 分位数，则式（3.21）可以表示为：

$$H_0^{QC:Z\nrightarrow Y}:Q_\tau^{Y,Z}(Y_t|I_t^Y,I_t^Z)=Q_\tau^Y(Y_t|I_t^Y),\tau\in\mathcal{J} \tag{3.22}$$

其中，$\mathcal{J}$为紧集，且$\mathcal{J}\subset[0,1]$，序列 Y_t 的条件 τ 分位数满足：

$$\begin{gathered}Pr\{Y_t\leqslant Q_\tau^Y(Y_t|I_t^Y)|I_t^Y\}:=\tau,\tau\in\mathcal{J}\\ Pr\{Y_t\leqslant Q_\tau^{Y,Z}(Y_t|I_t^Y,I_t^Z)|I_t^Y,I_t^Z\}:=\tau,\tau\in\mathcal{J}\end{gathered} \tag{3.23}$$

对于解释变量 I_t，$Pr\{Y_t\leqslant Q_\tau(Y_t|I_t)|I_t\}=E\{\boldsymbol{1}[Y_t\leqslant Q_\tau(Y_t|I_t)]|I_t\}$，其中，$\boldsymbol{1}[Y_t\leqslant y]$为指示函数。因此，式（3.22）等价于：

$$E\{\boldsymbol{1}[Y_t\leqslant Q_\tau^{Y,Z}(Y_t|I_t^Y,I_t^Z)]|I_t^Y,I_t^Z\}=E\{\boldsymbol{1}[Y_t\leqslant Q_\tau^Y(Y_t|I_t^Y)]|I_t^Y\},\tau\in\mathcal{J} \tag{3.24}$$

其中，式（3.24）左侧等于 $F_Y(\cdot \mid I_t^Y, I_t^Z)$ 的 τ 分位数。根据特罗斯特（2018）的研究思路，假设 $Q_\tau(\cdot \mid I_t)$ 是由参数分位数模型 $m(\cdot, \theta(\tau))$ 确定的，$m(\cdot, \theta(\tau))$ 属于族函数 $M = \{m(\cdot, \theta(\tau)) \mid \theta(\cdot): \tau \mapsto \theta(\tau) \in \Theta \subset \mathbb{R}^p\}$，$\tau \in \mathcal{J} \subset [0,1]$，$p$ 为分位数回归中因变量 Y_t 的滞后阶数。则式（3.24）在零假设下，τ 条件分位数 $Q_\tau^Y(\cdot \mid I_t^Y)$ 通过参数分位数模型 $m(I_t^Y, \theta_0(\tau))$ 且施以约束集 I_t^Y 来确定。进而式（3.24）可以重新表述为：

$$H_0^{Z \nrightarrow Y}: E\{\boldsymbol{1}[Y_t \leqslant m(I_t^Y, \theta_0(\tau))] \mid I_t^Y, I_t^Z\} = \tau, \tau \in \mathcal{J} \tag{3.25}$$

$$H_1^{Z \nrightarrow Y}: E\{\boldsymbol{1}[Y_t \leqslant m(I_t^Y, \theta_0(\tau))] \mid I_t^Y, I_t^Z\} \neq \tau, \tau \in \mathcal{J} \tag{3.26}$$

进一步可以将式（3.25）近似表示为：

$$H_0^{Z \nrightarrow Y}: E\{[\boldsymbol{1}(Y_t - m(I_t^Y, \theta_0(\tau)) \leqslant 0) - \tau] \mid I_t^Y, I_t^Z\} = 0, \tau \in \mathcal{J} \tag{3.27}$$

通过一系列无条件矩约束来表征式（3.25）的零假设，即：

$$E\{[\boldsymbol{1}(Y_t - m(I_t^Y, \theta_0(\tau)) \leqslant 0) - \tau] exp\ (i\omega' I_t)\} = 0, \tau \in \mathcal{J} \tag{3.28}$$

其中，$\exp(i\,\omega'^{I_t}) := \exp[i(\omega_1(Y_{t-1}, Z_{t-1})' + \cdots + \omega_r(Y_{t-r}, Z_{t-r})')]$ 为权重函数，对于所有的 $\omega \in \mathbb{R}^r$，且 $r \leqslant d$，$i = \sqrt{-1}$ 为虚根。检验统计量是 $E\{[\boldsymbol{1}(Y_t - m(I_t^Y, \theta_0(\tau)) \leqslant 0) - \tau] exp\ (i\omega' I_t)\}$ 的样本模拟：

$$v_T(\omega, \tau) := \frac{1}{\sqrt{T}} \sum_{t=1}^{T} [\boldsymbol{1}(Y_t - m(I_t^Y, \theta_T(\tau)) \leqslant 0) - \tau] \exp(i\omega' I_t) \tag{3.29}$$

其中，θ_T 是 $\theta_0(\tau)$ 的 $\sqrt{T}$ 一致估计量，对于所有的 $\tau \in \mathcal{J}$。运用特罗斯特（2018）构造的检验统计量：

$$S_T = \int_{\mathcal{J}} \int_W |v_T(\omega, \tau)|^2 \mathrm{d}F_\omega(\omega) \mathrm{d}F_\tau(\tau) \tag{3.30}$$

其中，$F_\omega(\cdot)$ 为标准正态随机向量的条件分布函数，$F_\tau(\cdot)$ 在 n 个等间距的 $\mathcal{J}$ 点，即 $\mathcal{J}_n = \{\tau_j\}_{j=1}^n$ 遵循均匀离散分布，权重向量 $\boldsymbol{\omega} \in \mathbb{R}^d$ 从标准正态分布中抽取。

检验统计量 S_T 可以利用其样本模拟进行估计。令 $\boldsymbol{\Psi}$ 为 $T \times n$ 的矩阵，其元素 $\psi_{i,j} = \boldsymbol{\Psi}_{\tau_j}(Y_i - m(I_i^Y, \theta_T(\tau_j)))$，其中对于 $\boldsymbol{\Psi}_{\tau_j}(\cdot)$ 函数，有 $\boldsymbol{\Psi}_{\tau_j}(\varepsilon) := \boldsymbol{1}(\varepsilon \leqslant 0) - \tau_j$。利用如下检验统计量：

$$S_T = \frac{1}{Tn}\sum_{j=1}^{n} | \boldsymbol{\psi}'_{\cdot j} \mathbf{W} \boldsymbol{\psi}_{\cdot j} | \tag{3.31}$$

其中，$\mathbf{W}$ 是元素为 $w_{t,s} = \exp[-0.5(I_t - I_s)^2]$ 的 $T \times T$ 矩阵，$\boldsymbol{\psi}_{\cdot j}$表示矩阵 $\boldsymbol{\Psi}$ 的第 j 列。若根据式（3.31）计算的 S_T 大于临界值，就可以拒绝式（3.25）中分布上格兰杰非因果关系的零假设。通过特罗斯特（2018）的抽样过程计算式（3.31）中 S_T 的临界值。对于给定的序列$\{X_t = (Y_t, Z_t)\}$，其样本长度为 T，将产生 $B = T - b + 1$ 个规模为 b、形如$\{X_i, \cdots, X_{i+b-1}\}$的子样本。然后运用式（3.31）计算各子样本的检验统计量，p 值可以通过平均子样本检验统计量来获得。其中，$b = [kT^{2/5}]$，$[\cdot]$ 表示数字取整，k 为常参数。

根据特罗斯特（2018）的研究，在式（3.25）的非格兰杰因果检验零假设下，对所有的$\tau \in \mathcal{I} \subset [0,1]$确定三种不同的分位数自回归（QAR）模型：

$$\text{QAR}(1): m^1(I_t^Y, \theta(\tau)) = \mu_1(\tau) + \mu_2(\tau)Y_{t-1} + \sigma_t \Phi_u^{-1}(\tau) \tag{3.32}$$

$$\text{QAR}(2): m^2(I_t^Y, \theta(\tau)) = \mu_1(\tau) + \mu_2(\tau)Y_{t-1} + \mu_3(\tau)Y_{t-2} + \sigma_t \Phi_u^{-1}(\tau)$$

$$\begin{aligned}\text{QAR}(3): m^3(I_t^Y, \theta(\tau)) = {} & \mu_1(\tau) + \mu_2(\tau)Y_{t-1} \\ & + \mu_3(\tau)Y_{t-2} + \mu_4(\tau)Y_{t-3} + \sigma_t \Phi_u^{-1}(\tau)\end{aligned} \tag{3.33}$$

其中，参数 $\theta(\tau) = (\mu_1(\tau), \mu_2(\tau), \mu_3(\tau), \mu_4(\tau), \sigma_t)'$的计算是在分位数等距离网格中运用极大似然估计法进行估计，$\Phi_u^{-1}(\cdot)$为标准正态分布函数的逆。

3.5.2 格兰杰因果检验结果分析

首先进行传统的线性格兰杰因果检验，然后再进行分位数格兰杰因果检验和时变格兰杰因果检验，通过实证结果的对照分析，以探究中国货币政策不确定性与人民币汇率之间因果关联特征的内部结构。

表 3－11 展示了中国货币政策不确定性与人民币汇率之间线性格兰杰因果检验结果。从表 3－11 可以发现，在样本期内，原假设“*reer* 不是 *MPU_csa* 的格兰杰原因”在滞后阶数为 1 期时的 1% 显著性水平被拒绝，在滞后阶数为 2 期和 4 期时的 10% 显著性水平被拒绝，表明在一定条件下，人民币实际有效汇率是中国货币政策不确定性的格兰杰原因。而其他

原假设在给定的滞后阶数和显著性水平下无法被拒绝，这表明在线性条件下，人民币对美元汇率不是中国货币政策不确定性的格兰杰原因，中国货币政策不确定性不是人民币汇率的格兰杰原因。

表 3 – 11　中国货币政策不确定性与人民币汇率的线性格兰杰因果检验结果

原假设	滞后阶数			
	1	2	3	4
MPU_csa 不是 *reer* 的格兰杰原因	0.3929 (0.5316)	1.0182 (0.3633)	1.3889 (0.2477)	1.1433 (0.3378)
reer 不是 *MPU_csa* 的格兰杰原因	8.6933*** (0.0036)	2.7242* (0.0683)	1.9759 (0.1193)	2.0603* (0.0880)
MPU_csa 不是 *exc* 的格兰杰原因	0.2379 (0.6263)	0.0707 (0.9317)	0.2174 (0.8843)	0.4616 (0.7638)
exc 不是 *MPU_csa* 的格兰杰原因	0.0364 (0.8489)	0.0840 (0.9194)	0.8337 (0.4770)	0.7467 (0.5614)

注：表格中第一行数字为 F 统计量值，第二行括号内数字为对应的 P 值。***、* 分别表示在 1%、10% 的显著性水平上显著。

表 3 – 12 报告了中国货币政策不确定性与人民币实际有效汇率之间分位数格兰杰因果检验的结果，从表 3 – 12 可以看出：当考虑整个分布 [0.05；0.95] 分位数范围时，因变量在滞后 1 期时，*reer* 是 *MPU_csa* 的格兰杰原因，在其他滞后期下，*reer* 与 *MPU_csa* 的格兰杰原因并不显著。进一步根据整个分布的不同分位数结果可知，在所有给定的因变量滞后期，在 5% 显著性水平上，*reer* 在 $\tau=\{0.15, 0.20, 0.80\}$ 的分位数分布上是 *MPU_csa* 的格兰杰原因，此外，在因变量滞后 1 期时，5% 显著性水平上的 $\tau=\{0.05, 0.10, 0.25, 0.30, 0.70, 0.85\}$，10% 显著性水平上的 $\tau=\{0.60, 0.75\}$；在滞后 2 期时，5% 显著性水平上的 $\tau=\{0.90\}$ 和 10% 显著性水平上的 $\tau=\{0.25\}$；在滞后 3 期时，10% 显著性水平上的 $\tau=\{0.25, 0.30\}$ 的分位数分布上 *reer* 是 *MPU_csa* 的格兰杰原因。仅在滞后 1 期时，5% 显著性水平上的 $\tau=\{0.35\}$；滞后 3 期时，10% 显著性水平上的 $\tau=\{0.25\}$ 的分位数上，*MPU_csa* 是 *reer* 的格兰杰原因，其他分位数水平上中国货币政策不确定性并不是人民币实际有效汇率的格兰杰原因。

表 3-12　中国货币政策不确定性与人民币实际有效汇率的分位数格兰杰因果检验结果

分位数	*reer* 对 *MPU_csa*			*MPU_csa* 对 *reer*		
	$l_t^{MPU}=1$	$l_t^{MPU}=2$	$l_t^{MPU}=3$	$l_t^{reer}=1$	$l_t^{reer}=2$	$l_t^{reer}=3$
[0.05; 0.95]	0.0068***	0.1644	0.1507	0.3151	0.4247	0.4178
0.05	0.0068***	0.8288	0.7260	0.3356	0.2740	0.2740
0.10	0.0068***	0.2123	0.2260	0.1781	0.5205	0.5342
0.15	0.0068***	0.0068***	0.0068***	0.4041	0.1027	0.1096
0.20	0.0068***	0.0137**	0.01370**	0.1027	0.2603	0.1233
0.25	0.0068***	0.0959*	0.0753*	0.1164	0.3288	0.0616*
0.30	0.0068***	0.1027	0.0822*	0.2877	0.1575	0.1301
0.35	0.5274	0.1507	0.2260	0.0068***	0.1027	0.1027
0.40	0.7534	0.3356	0.1781	0.5479	0.3014	0.2808
0.45	0.4795	0.2260	0.4452	0.4384	0.6164	0.5274
0.50	0.3014	0.2945	0.2192	0.3288	0.3082	0.3562
0.55	0.1164	0.3493	0.1986	0.8562	0.3699	0.4384
0.60	0.0890*	0.1575	0.1164	0.6849	0.7055	0.8630
0.65	0.1370	0.3836	0.5068	0.7671	0.9384	0.9110
0.70	0.0274**	0.5959	0.4863	0.7397	0.9247	0.9110
0.75	0.0548*	0.4110	0.3836	0.7329	0.6027	0.5068
0.80	0.0068***	0.0068***	0.0068***	0.5342	0.4521	0.5685
0.85	0.0068***	0.3493	0.1370	0.9452	0.9863	0.9521
0.90	0.2945	0.0137**	0.2945	0.2740	0.3219	0.3425
0.95	0.5479	0.5000	0.4863	0.7123	0.8630	0.8562

注：表中数值为式（3.31）计算的检验统计量 S_T 对应的概率值。***、** 和 * 分别表示在 1%、5% 和 10% 的显著性水平上显著。

表 3-13 报告了中国货币政策不确定性与人民币对美元汇率之间分位数格兰杰因果检验的结果，从表 3-13 可以看出：当考虑整个分布 [0.05; 0.95] 分位数范围时，在 5% 显著性水平上，*exc* 是 *MPU_csa* 的格兰杰原因，*MPU_csa* 也是 *exc* 的格兰杰原因，表明在整个分布上，中国货币政策不确定性与人民币对美元汇率之间存在显著的双向格兰杰因果关系。进一步根据整个分布的不同分位数结果可知，在所有给定的因变量滞后期和 5% 显著性水平上，在 $\tau=\{0.15,0.20,0.25,0.60,0.80\}$ 的分位数分布上，*exc* 与 *MPU_csa* 之间存在显著的双向格兰杰关系，此外，在因变量滞后 1 期时，5% 显著性水平上的 $\tau=\{0.05,0.10,0.30,0.65,0.70,0.75\}$；

在因变量滞后2期时，5%显著性水平上的$\tau=\{0.90\}$和10%显著性水平上的$\tau=\{0.30, 0.35\}$；在因变量滞后3期时，5%显著性水平上的$\tau=\{0.30, 0.55\}$和10%显著性水平上的$\tau=\{0.10\}$的分位数分布上，*exc*是*MPU_csa*的格兰杰原因。在所有给定的因变量滞后期，5%显著性水平上的$\tau=\{0.30, 0.35, 0.40, 0.55, 0.65, 0.70, 0.75, 0.85\}$和10%显著性水平上的$\tau=\{0.10\}$；在滞后3期时，5%显著性水平上的$\tau=\{0.90\}$的分位数分布上，*MPU_csa*是*exc*的格兰杰原因，表明在大多数分位数水平上中国货币政策不确定性是人民币对美元汇率的格兰杰原因。

表3-13　中国货币政策不确定性与人民币对美元汇率的分位数格兰杰因果检验结果

分位数	*exc*对*MPU_csa*			*MPU_csa*对*exc*		
	$I_t^{MPU}=1$	$I_t^{MPU}=2$	$I_t^{MPU}=3$	$I_t^{rexc}=1$	$I_t^{rexc}=2$	$I_t^{rexc}=3$
[0.05；0.95]	0.0068***	0.0068***	0.0068***	0.0068***	0.0068***	0.0068***
0.05	0.0068***	0.2877	0.15757	0.4452	0.3836	0.3836
0.10	0.0479**	0.1027	0.0685*	0.0822*	0.0822*	0.0753*
0.15	0.0068***	0.0068***	0.0068***	0.0342**	0.0205**	0.0205**
0.20	0.0068***	0.0068***	0.0068***	0.0411**	0.0274**	0.0205**
0.25	0.0068***	0.0411**	0.0137**	0.0068***	0.0068***	0.0068***
0.30	0.0068***	0.0890*	0.0068***	0.0068***	0.0068***	0.0068***
0.35	0.1164	0.0753*	0.1438	0.0068***	0.0068***	0.0068***
0.40	0.4863	0.1507	0.1027	0.0068***	0.0068***	0.0068***
0.45	0.4247	0.5822	0.6575	0.4863	0.4863	0.2603
0.50	0.2055	0.7123	0.5342	0.7192	0.6164	0.5068
0.55	0.1233	0.2192	0.04795**	0.0068***	0.0068***	0.0068***
0.60	0.0274**	0.0068***	0.0068***	0.0068***	0.0068***	0.0068***
0.65	0.0479**	0.3356	0.4932	0.0068***	0.0068***	0.0068***
0.70	0.0068***	0.6438	0.4315	0.0068***	0.0068***	0.0068***
0.75	0.0274**	0.3493	0.4863	0.0068***	0.0068***	0.0068***
0.80	0.0068***	0.0137**	0.0137**	0.0068***	0.0068***	0.0068***
0.85	0.2329	0.2329	0.1507	0.0205**	0.0205**	0.0205**
0.90	0.5959	0.0479**	0.1575	0.1096	0.1507	0.0342**
0.95	0.8630	0.4178	0.6575	0.7945	0.8562	0.7945

注：表中数值为式（3.31）计算的检验统计量S_T对应的概率值。***、**和*分别表示在1%、5%和10%的显著性水平上显著。

以基于主成分分析法测算的中国货币政策不确定性指数 MPU_pca 替换前文中的 MPU_csa 与人民币对美元汇率进行分位数格兰杰因果检验，结果如表 3－14 所示。从表 3－14 可以看出，当考虑整个分布［0.05；0.95］分位数范围时，在 5% 显著性水平上，*exc* 是 MPU_pca 的格兰杰原因，MPU_pca 也是 *exc* 的格兰杰原因，表明在整个分布上，中国货币政策不确定性与人民币对美元汇率之间存在显著的双向格兰杰因果关系。进一步根据整个分布的不同分位数结果可知，在所有给定的因变量滞后期和 5% 显著性水平上，在 $\tau=\{0.15, 0.20, 0.25, 0.30, 0.60, 0.65, 0.70, 0.80\}$ 的分位数分布上，*exc* 与 MPU_pca 之间存在显著的双向格兰杰因果关系，仅在 $\tau=\{0.05, 0.40, 0.45, 0.90, 0.95\}$ 以及个别滞后期下的 $\tau=\{0.35, 0.50, 0.85\}$ 分位数分布上，*exc* 不是 MPU_pca 的格兰杰原因，在其他分位数分布上，*exc* 是 MPU_pca 的格兰杰原因。仅在 $\tau=\{0.05, 0.45, 0.50, 0.95\}$ 以及个别滞后期下的 $\tau=\{0.90\}$ 分位数分布上，MPU_pca 不是 *exc* 的格兰杰原因，在其他大多数分位数分布上，MPU_pca 是 *exc* 的格兰杰原因。这与表 3－13 的分析结果相类似，表明前述分位数格兰杰因果检验的实证结果是稳健的。

表 3－14　中国货币政策不确定性与人民币对美元汇率的分位数格兰杰因果检验结果（替换变量）

分位数	*exc* 对 MPU_pca			MPU_pca 对 *exc*		
	$I_t^{MPU}=1$	$I_t^{MPU}=2$	$I_t^{MPU}=3$	$I_t^{rexc}=1$	$I_t^{rexc}=2$	$I_t^{rexc}=3$
［0.05；0.95］	0.0068***	0.0068***	0.0068***	0.0068***	0.0068***	0.0068***
0.05	0.0890	0.3493	0.3014	0.4452	0.3836	0.3836
0.10	0.0274**	0.0137**	0.0137**	0.0822*	0.0822*	0.0753*
0.15	0.0068***	0.0068***	0.0068***	0.0342**	0.0205**	0.0205**
0.20	0.0068***	0.0068***	0.0068***	0.0411**	0.0274**	0.0205**
0.25	0.0068***	0.0068***	0.0068***	0.0068***	0.0068***	0.0068***
0.30	0.0068***	0.0068***	0.0068***	0.0068***	0.0068***	0.0068***
0.35	0.0068***	0.1438	0.0137**	0.0068***	0.0068***	0.0068***
0.40	0.2466	0.6027	0.6644	0.0068***	0.0068***	0.0068***
0.45	0.4315	0.3219	0.2260	0.4863	0.4863	0.2671
0.50	0.0342**	0.1370	0.1164	0.7123	0.6164	0.5137
0.55	0.0890*	0.0068***	0.0068***	0.0068***	0.0068***	0.0068***

续表

分位数	exc 对 MPU_pca			MPU_pca 对 exc		
	$I_t^{MPU}=1$	$I_t^{MPU}=2$	$I_t^{MPU}=3$	$I_t^{rexc}=1$	$I_t^{rexc}=2$	$I_t^{rexc}=3$
0. 60	0. 0068 ***	0. 01370 **	0. 0205 **	0. 0068 ***	0. 0068 ***	0. 0068 ***
0. 65	0. 0068 ***	0. 0274 **	0. 0137 **	0. 0068 ***	0. 0068 ***	0. 0068 ***
0. 70	0. 0068 ***	0. 0411 **	0. 0274 **	0. 0068 ***	0. 0068 ***	0. 0068 ***
0. 75	0. 0068 ***	0. 0616 *	0. 0137 **	0. 0068 ***	0. 0068 ***	0. 0068 ***
0. 80	0. 0068 ***	0. 0068 ***	0. 0068 ***	0. 0068 ***	0. 0068 ***	0. 0068 ***
0. 85	0. 0137 **	0. 3082	0. 1986	0. 0137 **	0. 0137 **	0. 0137 **
0. 90	0. 2671	0. 2740	0. 1849	0. 1096	0. 1644	0. 0342 **
0. 95	0. 3288	0. 2329	0. 1575	0. 8014	0. 8630	0. 8014

注：表中数值为式（3. 31）计算的检验统计量 S_T 对应的概率值。***、** 和 * 分别表示在 1%、5% 和 10% 的显著性水平上显著。

进一步运用施等（Shi et al. , 2020）、鲍姆等（Baum et al. , 2021）提出的基于 VAR 模型的时变格兰杰因果检验方法验证货币政策不确定性与人民币汇率之间的非线性格兰杰因果关系。以 *MPU_csa* 与 *exc*、*rreer* 为例，参考鲍姆等（2021）的研究思路，将滚动期设定为 24 个月，滞后阶数设定为 2，基于前向递归估计、滚动估计和递归演化估计的 Wald 统计序列检验结果如表 3 – 15 所示，对应的时变格兰杰因果关系结果如图 3 – 6 所示。

表 3 – 15　　　　时变格兰杰因果检验 Wald 统计量

原假设	Wald_forward 统计量	Wald_rolling 统计量	Wald_recursive 统计量
$MPU\_csa \nrightarrow exc$	5. 664	16. 327 ***	16. 327 ***
$exc \nrightarrow MPU\_csa$	28. 138 ***	31. 363 ***	31. 363 ***
$MPU\_csa \nrightarrow reer$	8. 347 *	34. 997 ***	36. 618 ***
$REER \nrightarrow MPU\_csa$	7. 941 *	27. 276 ***	28. 150 ***
$MPU\_pca \nrightarrow exc$	7. 686 *	24. 220 ***	24. 220 ***
$exc \nrightarrow MPU\_pca$	12. 512 ***	20. 122 ***	23. 779 ***
$MPU\_pca \nrightarrow reer$	2. 527	23. 328 ***	23. 328 ***
$reer \nrightarrow MPU\_pca$	4. 250	30. 320 ***	34. 701 ***

注：***、* 分别表示在 1%、10% 的显著性水平上显著。表中第 6 ~ 9 行是用 *MPU_pca* 替换变量 *MPU_csa* 后的时变格兰杰检验结果，表明上述时变格兰杰因果检验是稳健的。

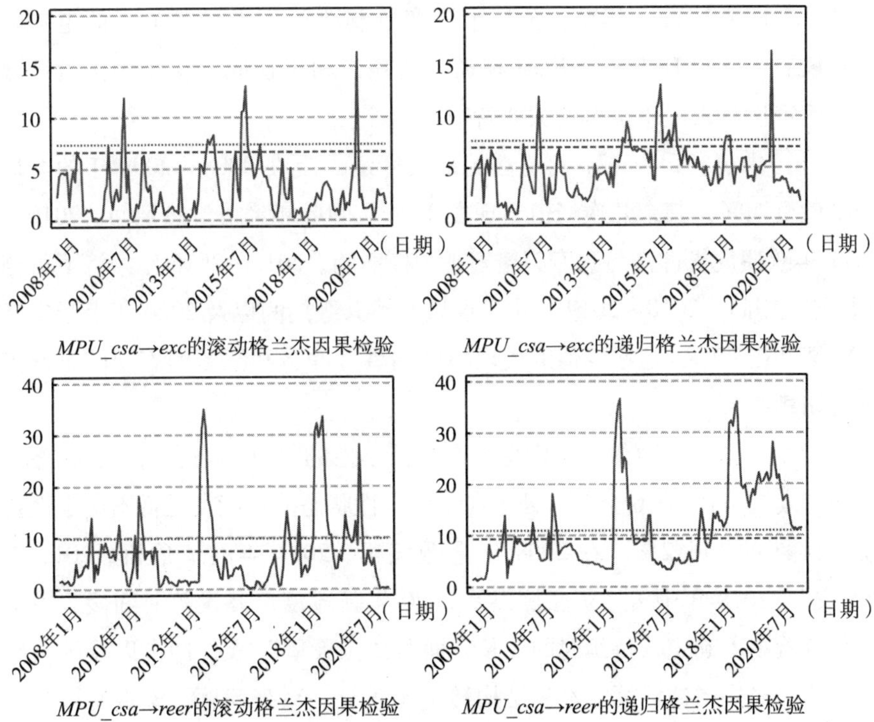

图3-6　时变格兰杰因果检验结果

注：基于本书的研究目的，只展示了 *MPU_csa→exc* 和 *MPU_csa→reer* 的时变图。

表3-15显示，滚动估计和递归演化估计的Wald统计量在1%的显著性水平拒绝原假设，表明中国货币政策不确定性与人民币就汇率之间存在显著的双向时变格兰杰因果关系。图3-6显示，在10%的显著性水平上，在次贷危机、欧债危机、2013年“钱荒”、“8·11”汇改、中美经贸摩擦期间的某些时点，*MPU_csa* 是 *exc* 和 *reer* 的格兰杰原因，表明人民币汇率与中国货币政策不确定性的格兰杰因果关系具有时变的非线性特征。

3.6　本章小结

本章首先采用龙拉多等（2015）的方法基于40个与货币政策相关的经济变量指标构建中国货币政策不确定性指数，分析了中国货币政策不确定性的变化特征，并借助MS-AR模型进一步探究了中国货币政策不确定性的状态演变特征；其次，分析了汇率机制改革下人民币汇率的走势特征；最后，运用 DCC - GARCH 模型和格兰杰因果检验探讨了中国货币政策不确定性与人民币汇率的关联特征。

（1）中国货币政策不确定性的最大峰值出现在 2008 ~ 2009 年的全球金融危机期间，其余几次峰值出现在 2006 ~ 2008 年经济过热期间、2010 ~ 2011 年欧债危机冲击与政府频繁宏观调控期间、2015 ~ 2016 年经济下行与“股灾”期间、2018 ~ 2019 年中美经贸摩擦升级期间以及 2020 年上半年新冠疫情冲击期间，这些峰值的出现与极端事件冲击和频繁的宏观政策调控等密切相关。

（2）中国货币政策不确定性具有高持续性的特点。处于高区制状态的平均持续期可达 10.6 个月，处于高不确定性状态的持续期是低不确定性状态持续期的 146.2%。在 2008 年金融危机、2011 年欧债危机、2015 年“股灾”、2018 年中美经贸摩擦以及 2020 年新冠疫情暴发等时间段，中国货币政策高不确定性持续时间较长，面对“黑天鹅”事件冲击以及国内经济过热、经济增速放缓、经济结构转型矛盾等一系列问题，宏观调控政策的转向以及货币政策的频繁操作等是导致中国货币政策不确定性水平上升的主要原因。

（3）中国货币政策不确定性与人民币实际有效汇率之间的波动相关性具有明显的时变特征，二者之间存在较为稳定的正相关关系。在中国货币政策不确定性峰值阶段，二者的相关系数显著上升，2008 年金融危机期间，二者的动态相关系数甚至高达 0.4936。虽然在样本期内中国货币政策不确定性与人民币对美元汇率的波动相关系数平均值较低，但在金融危机、欧债危机、“股灾”、中美经贸摩擦以及新冠疫情暴发等阶段，中国货币政策不确定性与人民币对美元汇率之间的波动相关系数显著上升。

（4）中国货币政策不确定性与人民币汇率之间存在非线性的格兰杰因果关系。虽然中国货币政策不确定性与人民币汇率的线性格兰杰因果关系并不显著，但在分位数格兰杰因果检验下，在整个分布［0.05；0.95］分位数范围上，中国货币政策不确定性与人民币对美元汇率之间存在显著的双向格兰杰因果关系。在中低分位数和中高分位数上，二者之间也存在显著的双向格兰杰因果关系；在 $\tau = \{0.15, 0.20, 0.80\}$ 的分位数分布上，人民币实际有效汇率是中国货币政策不确定性的格兰杰原因。总之，在大多数分位数上，中国货币政策不确定性是人民币对美元汇率变动的格兰杰原因。时变格兰杰因果关系检验表明，在样本期内的某些时点，中国货币政策不确定性与人民币汇率之间存在显著的时变格兰杰因果关系，进一步印证了二者之间的非线性格兰杰因果关系。

第4章

货币政策不确定性影响人民币汇率的传导机制分析

第3章在构建中国货币政策不确定性指数的基础上，探讨了货币政策不确定性与人民币汇率的关联特征，发现货币政策不确定性和人民币汇率之间不仅存在显著的动态波动相关性，而且在大多数分位数上和样本期内的某些时点，中国货币政策不确定性是人民币汇率的格兰杰原因。那么其中的影响机制是什么？本章将在不确定性经济理论和汇率决定理论的基础上，从理论和实证两个角度探讨货币政策不确定性对人民币汇率影响的传导机制，以期为解释货币政策不确定性对人民币汇率影响提供理论支持。

4.1 传导机制的理论分析

4.1.1 汇率预期渠道的传导机制分析

凯恩斯的预期理论强调预期在汇率决定中的重要作用，该理论认为不确定性会对人们的经济行为产生决定性影响，短期影响是价格预期，长期影响则是资本的流动性偏好。本节将基于汇率预期渠道探讨货币政策不确定性对人民币汇率的影响。

货币政策不确定性影响人民币汇率的预期渠道传导机制如图4-1所

示。当本国实施一项货币政策前，如果缺乏与市场有效沟通，那么货币政策的实施往往导致货币政策不确定性水平的上升。在经济全球化背景下，发达经济体货币政策不确定性往往具有更强的外溢性，是全球政策不确定性的主要输出方（Luk et al.，2018）。发达经济体货币政策不确定性的外溢效应也会导致本国货币政策不确定性的上升。根据凯恩斯的预期理论，政策不确定性对外汇市场的短期影响是汇率预期。拉克达瓦尔等（Lakdawala et al.，2020）研究发现，美国货币政策不确定性对新兴市场国家的影响主要通过影响投资者预期，当货币政策不确定性上升时，市场预期和利率水平会趋于上升。汇率预期的形成往往是经济主体根据过去的经验，基于目前能够掌握的信息，对汇率未来走势做出预判，容易受主观情绪和心理状况所左右，也极易受到他人和外界的作用及干扰。长期而言，汇率预期主要取决于国内外经济基本面的相对变化，短期则主要受不确定性因素的冲击。由于信息不对称性，货币政策不确定性水平上升容易引起市场投资者的信心波动，从而对汇率预期产生负向冲击。

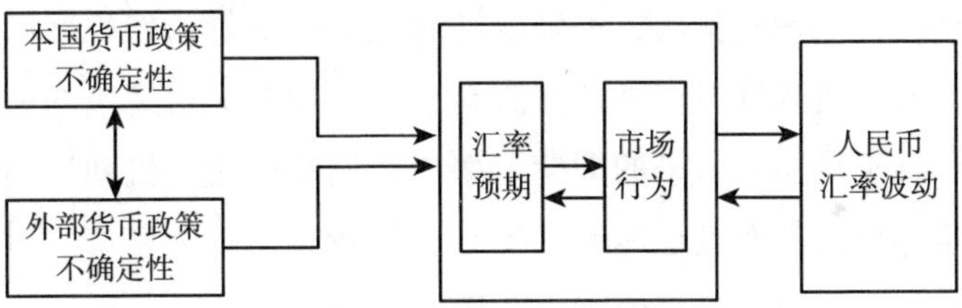

图4-1　基于汇率预期渠道的传导机制

后凯恩斯主义认为，汇率的变化取决于投资者的汇率预期及其之后的行动。在不确定性的环境下，投资者往往基于已掌握的信息形成预期，进而做出买卖决策，具有较强的从众效应，且极易发生突变，因此导致汇率波动频繁（袁辉和毛顺宇，2021）。对于外汇市场而言，货币政策不确定性的上升会改变外汇市场投资者对本币价值的预期，理性的外汇市场投资者基于风险规避的目的，会选择买入升值货币，卖出贬值货币，而与美元相比，人民币的避险价值还有待进一步提高。在人民币升值预期下，投资者偏好增持人民币计价资产，刺激人民币汇率继续升值，在贬值预期下，投资者对外汇市场环境的变化会更敏感，减持其持有的人民币资产，这进一步加剧了人民币贬值，导致人民币汇率波动增加。而当市场无法形成一致性预期时，外汇市场上多空双方的博弈也容易导致短期内的汇率波动增加；当市场形成单边的升值（贬值）预期时，可能引起人民币汇率上升（下降），投资者的交易行为进一步加剧了汇率的单边走势，甚至引发汇率超调风险，从而导致人民币汇率剧烈波动。反过来，汇率的剧烈波动进一步会强化汇率升值（贬值）预期，导致汇率风险上升。

预期对投资者交易行为的影响与本国外汇市场的发达和开放程度密切相关。通过与市场的有效沟通，合理引导预期朝央行希望的方向运行，则在一定程度上可以降低汇率预期对人民币汇率波动的冲击。此外，随着人民币汇率市场化形成机制改革的不断深化，金融市场功能的不断完善则可以增强汇率弹性，让市场主动吸收外部不确定性的冲击，有助于维持人民币汇率稳定。

4.1.2 资本流动渠道的传导机制分析

凯恩斯的预期理论指出，不确定性对人们经济行为的长期影响是资本的流动性偏好。流动性偏好理论把流动性偏好理解为对货币的一种心理偏好，假定远期汇率高于未来的即期汇率，人们宁愿持有流动性高但不生利的货币，也不愿意持有其他能够产生利息但较难变现的资产。对于开放的经济体而言，人们更偏好保值货币而排斥贬值货币。

货币政策不确定性影响人民币汇率的资本流动渠道传导机制如图 4 - 2 所示。关于国际资本流动的影响因素，弗拉茨彻（Fratzscher，2012）提出的“推动—拉动”因素框架为学者们广泛接受。推动因素是指所有经济体共同面临的全球不确定性、风险偏好、世界利率等外部因素，拉动因素是指各经济体内部的经济增长率、政策变化、利率等异质性因素。从各影响因素与金融市场的关联程度划分，一方面是市场价差因素，如利差、汇差以及资产收益的变化等；另一方面是市场外的制度、政策的不确定性。当货币政策不确定性水平上升时，首先，会影响市场价差，特别是当市场难以形成一致预期时，会导致金融市场资产价格波动幅度增加。此时理性的投资者会减少风险资产的配置比例，将短期套利资本转移到不确定性较低、金融市场更加完善的其他经济体。其次，在开放的经济条件下，本国政策不确定性的上升会影响企业投资和居民储蓄的跨国流动，企业会选择不确定性更低的国家和地区进行投资，居民会配置更多的海外资产，从而导致国际资本流出。鲁春义和王东明（2021）研究发现，中国经济政策不确定性对短期资本流动的正向影响与负向冲击都较为显著，更不利于短期资本的平稳流动。此外，从投资者的风险偏好看，当全球不确定性水平较低时，投资者风险偏好上升，投资者会将资金投向收益更高的地区，导致资本流入新兴经济体；当全球不确定性水平较高时，投资者风险容忍度降低，会偏好更加安全的避险性金融资产，导致资本流出新兴经济体（谭小芬等，2021）。

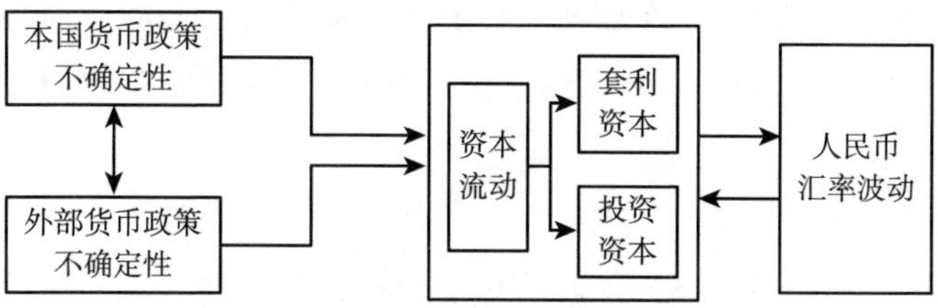

图 4－2　基于资本流动渠道的传导机制

后凯恩斯主义认为，短期资本流动是影响汇率变化的重要原因。逐利资本的流入推高了本国资产价格，增加了本币需求，导致本币升值；而本币升值进一步引燃市场情绪，市场参与者竞相购买本币资产，导致本币螺旋式升值。反之，资本的大量外逃会随着投资者信心的崩塌而导致本币大幅贬值。相关研究也表明，短期国际资本流动对汇率有显著影响，主要通过汇率预期、利差、国际收支等传导渠道对汇率产生影响。短期资本流出的增加会导致本币贬值，而资本流入的增加则会导致本币升值。短期资本流动的冲击不仅改变人民币汇率水平，还会影响汇率预期的形成，进而加剧汇率波动。反过来，汇率变动对国际资本流动也会产生影响，特别是短期资本流动。由于短期资本流动性和套现能力较强，当一国货币贬值导致金融资产价值相对较低时，会出现“资本抽逃”现象。此外，货币贬值还会引起通货膨胀预期，影响实际利率水平，打破两国间“利率平价”关系，进而诱发投机性资本的外流。汇率预期对短期资本流动的影响甚至比汇率本身更突出。田涛（2016）指出，汇改后短期国际资本流动与人民币汇率预期之间存在显著的双向影响特征。李艳丽等（2022）指出，在经济高波动状态下，短期国际资本流动与人民币汇率和汇率预期存在同向变化。人民币汇率变动与短期资本流动的交互影响进一步加剧了汇率波动。在经济平稳期，浮动汇率制度有助于稳定跨境资本流动；在经济动荡期，浮动汇率制度稳定器的作用会大幅减弱。而有管理的浮动汇率制度则能够更好地稳定跨境资本流动。因此，人民币汇率市场化改革的目标应该平衡好扩大汇率弹性与跨境资本流动平衡的关系。

随着我国金融开放的不断深化，外汇市场与资本市场的联系愈发紧密，国际资本流动在二者之间发挥了“助推器”的作用。国际资本流动频率和波动的显著增强，不仅加剧了人民币汇率波动，还会对我国金融稳定产生剧烈冲击。监管当局在加强跨境资本流动监管的同时，应该考虑将国际资本流动纳入货币政策的考量范畴，同时不断完善宏观审慎政策以减少不确定性冲击。

4.1.3 不确定性经济效应渠道的传导机制分析

货币政策不确定性对人民币汇率影响的不确定性经济效应传导渠道（见图4-3）主要通过实物期权效应、预防性储蓄效应和金融摩擦效应间接影响人民币汇率。

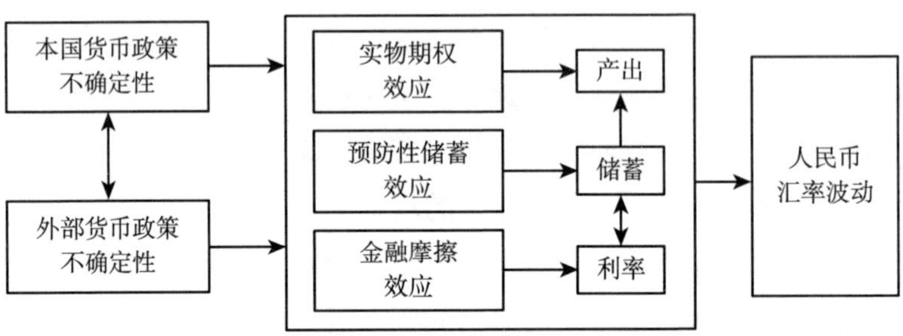

图4-3 基于不确定性经济效应渠道的传导机制

根据实物期权效应，公司的投资决策可以看成一系列期权，延迟投资的期权价值随着不确定性的上升而增加，当货币政策处于高度不确定性时期，企业会减少或延迟投资，进而影响企业的产出，导致投资回报率下降（Dixit & Pindyck，1994），投资回报率的下降会降低本国货币的吸引力，导致本币贬值。在开放经济条件下，推迟或减少的当前投资甚至会转移到政策不确定性较低、金融市场更加完善的其他经济体（谭小芬等，2018）。

金融摩擦效应是不确定性与经济相互作用的一个补充机制，在一个包含金融摩擦的经济活动中，政策不确定性的增加会导致经济发展前景的不明朗，商业银行为了规避风险，会要求企业支付更高的利息甚至减少信贷供给，导致企业信贷资金成本上升；金融市场投资者会要求更高的风险溢价，导致债券融资成本上升。融资成本的上升降低了资金的配置效率，从而导致全要素生产率下降（梁丰，2019）。投资回报和全要素生产率的下降会导致产出的下降。

预防性储蓄效应则探讨了不确定性对消费和储蓄的影响。本国政策不确定性的上升会使消费者产生悲观预期，出于预防性动机，本国居民会减少当期消费，增加预防性储蓄，这将会导致利率下降，利率的下降会导致本币贬值。增加的储蓄有可能会转化为投资，投资的增加则有助于提升本国货币的吸引力，但不确定性的增加也会让投资者选择“等待”，推迟或减少投资，不断上升的政策不确定性若引发资本外流，则会进一步加剧本币贬值。

在不确定性经济效应下，货币政策不确定性的上升一方面会导致产出下降，降低本国投资回报的吸引力，引发资本外流；另一方面，金融摩擦效应和预防性储蓄效应对利率的冲击方向是相反的，若金融摩擦效应占据上风，则利率会上升，反之，利率则会下降。利率的变化直接影响两国之间的“利率平价”关系，导致投机性资本的跨境流动，进而通过资本流动渠道影响人民币汇率稳定。

货币政策不确定性影响人民币汇率的三种传导渠道并不是孤立的，它们之间存在着彼此交互的影响（见图4－4），彼此强化，进一步加剧了政策不确定性对人民币汇率的冲击。

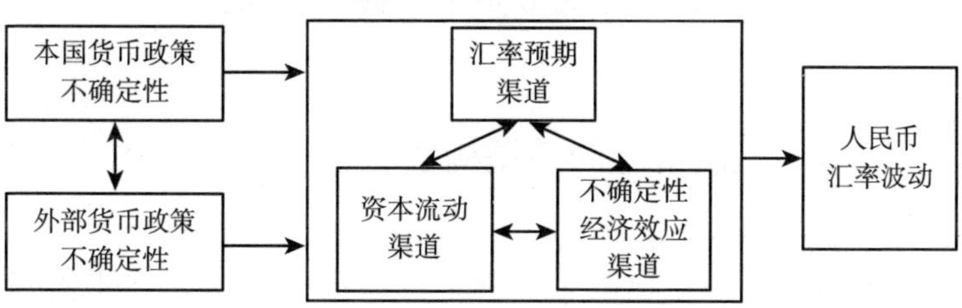

图4－4　三种传导机制的交互影响

货币政策不确定性的冲击首先通过影响金融市场参与者的预期，进而通过金融市场特别是外汇市场的交易行为影响汇率变动，但这与本国外汇市场的发达和开放程度密切相关。汇率预期变动被认为是国际资本流动的最重要原因（Reinhart & Rogoff，2011），投资者的预期及其市场买卖行为会引发投机性资本的跨境流动，人民币汇率升值预期会增加短期国际资本流入，而贬值预期则会导致短期国际资本流出。此外，汇率贬值预期一旦形成，还会引发企业投资和居民储蓄的跨境流出。彭红枫和祝小全（2019）指出，中长期而言，人民币升值预期对短期资本流入的影响是显著的。而短期资本流动的变化又会影响汇率预期的形成，李艳丽等（2022）指出，短期资本流入的上升导致了人民币汇率升值预期，而人民币的升值预期又会带来短期资本流入的增加。

不确定性经济效应渠道下，货币政策不确定性对人民币汇率的传导机制主要通过“不确定性→产出→资本流动→人民币汇率”和“不确定性→利率→资本流动→人民币汇率”。资本流入能够为相关国家和地区带来广泛的资金来源，缓解经济发展的资金缺口，但也导致了较高的资本流动波动性风险。而极端状态下资本流入的“突然中断”不仅会造成汇率波动，还可能导致资本流入国产出下降。

关于汇率预期渠道与不确定性经济效应渠道的交互影响，不确定性经济效应对产出和利率的冲击会影响汇率预期，特别当不确定性上升导致产出下降和利率下跌时，容易引发本币贬值，贬值预期一旦形成，还会加剧资本外流，导致投资减少，产出下降。汇率预期与不确定性经济效应的交互作用进一步加剧人民币汇率波动。

4.2 传导机制的实证检验

4.2.1 传导机制检验的模型构建

传统的汇率决定理论已较为成熟，可以从国际收支、利率、通货膨胀、货币供给、资产组合、“新闻”等角度解释汇率变动。但布雷顿森林体系解体后，汇率脱离经济基本面、汇率过度波动等成为传统的汇率理论无法解释的谜团（张碧琼和高慧清，2011）。米斯和罗格夫（Meese & Rogoff，1983）研究发现，基于宏观经济基本面的结构汇率模型预测能力甚至比不上随机游走模型，张和陈（Cheung & Chinn，2001）在增加样本长度的基础上进一步验证了米斯和罗格夫（1983）的结论。采用何种汇率决定理论阐释汇率的动态变化及其波动原因，在学术界一直存有争议（Beckman & Schussler，2016）。其中，从经济基本面出发探究汇率波动的原因，在汇率决定中备受关注，特别是具有内生特征的泰勒规则汇率模型在解释汇率变动的成因时表现突出。

劳伦斯·鲍尔（Lawrence Ball，2000）建立了开放经济下的货币政策规则，其模型如下：

$$\omega r + (1-\omega)e = a_y + b\pi^* \tag{4.1}$$

其中，r 为实际利率，e 为实际汇率，y 为产出缺口，π^* 为目标通胀率，ω 为权重，a_y和 b 为参数。式（4.1）的优点在于引入汇率因素，政策的制定可以通过调整利率以抵消汇率对支出的影响，“熨平”经济波动。基于该模型，恩格尔和韦斯特（Engel & West，2005）以 1978 ~ 2001 年美元汇率数据为样本，研究发现，泰勒规则汇率模型能够较好地拟合期间美元汇率的动态变化特征。学者们对该模型进行了拓展，如马克（Mark，2009）在该模型中引入利率平价理论，江春等（2018）引入股价、央行外汇干预和汇率预期，司登奎等（2019）则纳入了国际资本流动，拓展的泰勒规则模型在解释汇率动态变化时具有较好的说服力。

在理性预期下，学者们大多基于能观测的宏观变量角度解释汇率波动，而忽略了无法观测因素的影响（Pozzi & Sadaba，2018）。由于市场预期受经济基本面和不可观测因素的影响（Fratzscher et al.，2015），因此，将不可观测的因素——政策不确定性纳入汇率决定的泰勒规则汇率模型，或许有助于更好地解释汇率波动。因此，本节将在不确定性经济理论和汇率决定理论分析的基础上，通过拓展泰勒规则汇率模型，探讨货币政策不确定性影响人民币汇率的传导机制。

泰勒规则汇率模型在解释汇率变动中明显优于随机游走模型和标准的宏观经济汇率模型（Wang & Wu，2012），本书参考阿道夫森（Adolfson，

2007）的研究，建立泰勒规则汇率模型：

$$i_t^* = i_0 + \alpha_1 y_t + \alpha_2(\pi_t - \pi^*) + \alpha_3 e_t + \mu_t \tag{4.2}$$

其中，i_t^* 为货币政策泰勒规则目标值，i_0 为均衡实际利率，y_t 为产出缺口，π_t 和 π^* 分别为实际通货膨胀率和目标通货膨胀率，e_t 为汇率，μ_t 为扰动项。α_1、α_2 和 α_3 分别表示利率对产出缺口、通货膨胀缺口和汇率的响应参数。随着经济全球化的深化，国际资本流动、政策不确定性等因素也会对外汇市场产生一定的冲击。为避免遗漏一些重要变量，将短期资本流动和货币政策不确定性纳入模型（4.2），则有：

$$i_t^* = i_0 + \alpha_1 y_t + \alpha_2(\pi_t - \pi^*) + \alpha_3 e_t + \alpha_4 f_t + \alpha_5 \nu_t + \mu_t \tag{4.3}$$

其中，f_t、ν_t 分别表示短期资本流动和货币政策不确定性，α_4、α_5 分别表示利率对资本流动和货币政策不确定性的响应参数。滞后一期的泰勒汇率模型为：

$$i_{t-1}^* = i_0 + \alpha_1 y_{t-1} + \alpha_2(\pi_{t-1} - \pi^*) + \alpha_3 e_{t-1} + \alpha_4 f_{t-1} + \alpha_5 \nu_{t-1} + \mu_{t-1} \tag{4.4}$$

由于泰勒规则本质上反映了短期货币政策变化，而目标通货膨胀率和均衡实际利率在短期内处于相对稳定状态，可将 i_0 和 π^* 视为常数。式（4.3）式减去式（4.4）有：

$$\begin{aligned} i_t^* - i_{t-1}^* = {} & \alpha_1(y_t - y_{t-1}) + \alpha_2(\pi_t - \pi_{t-1}) + \alpha_3(e_t - e_{t-1}) \\ & + \alpha_4(f_t - f_{t-1}) + \alpha_5(\nu_t - \nu_{t-1}) + (\mu_t - \mu_{t-1}) \end{aligned} \tag{4.5}$$

令 $\Delta i_t = i_t^* - i_{t-1}^*$，$\Delta y_t = y_t - y_{t-1}$，$\Delta\pi_t = \pi_t - \pi_{t-1}$，$\Delta e_t = e_t - e_{t-1}$，$\Delta f_t = f_t - f_{t-1}$，$\Delta\nu_t = \nu_t - \nu_{t-1}$，$\Delta\mu_t = \mu_t - \mu_{t-1}$，则式（4.5）可变形为：

$$\Delta i_t = \alpha_1 \Delta y_t + \alpha_2 \Delta\pi_t + \alpha_3 \Delta e_t + \alpha_4 \Delta f_t + \alpha_5 \Delta\nu_t + \Delta\mu_t \tag{4.6}$$

令 $\gamma = \dfrac{1}{\alpha_3}$，则式（4.6）进一步变形为：

$$\Delta e_t = -\gamma\Delta i_t + \gamma\alpha_1 \Delta y_t + \gamma\alpha_2 \Delta\pi_t + \gamma\alpha_4 \Delta f_t + \gamma\alpha_5 \Delta\nu_t + \gamma\Delta\mu_t \tag{4.7}$$

从式（4.7）不难发现，在包含货币政策不确定性的泰勒规则汇率模型中，利率、产出、通货膨胀、短期资本流动和货币政策不确定性是解释汇率变动的主要因素。

根据式（4.7）推导可知，货币政策不确定性对汇率的直接冲击可以表示为：

$$\frac{\partial e}{\partial \nu}=\frac{\Delta e_t}{\Delta \nu_t}=\gamma\alpha_5 \quad (4.8)$$

进一步探讨货币政策不确定性对其他变量的影响以及其他变量对汇率的冲击，以产出为例，产出对汇率的直接冲击可以表示为：

$$\frac{\partial e}{\partial y}=\frac{\Delta e_t}{\Delta y_t}=\gamma\alpha_1 \quad (4.9)$$

货币政策不确定性对产出的直接冲击可以表示为：

$$\frac{\partial y}{\partial \nu}=\frac{\Delta y_t}{\Delta \nu_t}=-\frac{\alpha_5}{\alpha_1} \quad (4.10)$$

而实际上，在货币政策不确定性影响人民币汇率的传导机制下，货币政策不确定性、汇率预期、短期资本流动、产出、通货膨胀、利率、短期资本流动等变量之间存在相互交叉的反馈关系，因此需要将相关变量模型纳入统一的模型系统进行分析。

借鉴贝森诺特和弗兰西诺（Besancenot & Vranceanu，2003）的研究，设定开放经济条件下的总需求曲线：

$$y_t=\beta_0+\beta_1 y_{t-1}-\beta_2(r_t-\pi_t)+\beta_3 e_t+\varepsilon_{yt} \quad (4.11)$$

其中，r_t 为名义利率，ε_{yt}为随机扰动项。

参考卡尔瓦（Calvo，1983）提出的交错价格调整模型，构造开放经济条件下新凯恩斯—菲利普斯曲线：

$$\pi_t=\beta E_t(\pi_{t+1})+\lambda\, mc_t+\varphi\pi_{t-1} \quad (4.12)$$

其中，β 为主观贴现因子，λ 为边际成本对通货膨胀的影响，φ 为前一期通货膨胀的影响，假定边际成本与产出缺口之间存在$mc_t=ky_t$ 的线性关系（陈创练和杨子晖，2012），则式（4.12）可改写为：

$$\pi_t=\beta E_t(\pi_{t+1})+\kappa y_t+\varphi\pi_{t-1} \quad (4.13)$$

其中，$\kappa=\lambda k$，k 为边际成本与产出缺口的调整系数。

修正的非抵补利率平价模型为：

$$r_t=(1-\tau)(E_t(e_{t+1})-e_t+r_t^f)+\varepsilon_{ct} \quad (4.14)$$

其中，r_t^f 为外国名义利率，ε_{ct} 为风险冲击扰动项，$E_t(e_{t+1})-e_t>0$ 表明预期汇率贬值，反之则表明预期汇率升值。

根据费雪定理，实际利率 $i_t=r_t-E_t(\pi_{t+1})$，则式（4.14）可以改写为：

$$i_t=(1-\tau)(E_t(e_{t+1})-e_t+i_t^f)-E_t(\pi_{t+1})+\varepsilon_{ct} \tag{4.15}$$

利率平滑模型设定为：

$$i_t=\rho i_{t-1}+(1-\rho)i_t^*+\varepsilon_{it} \tag{4.16}$$

将式（4.16）代入拓展的泰勒规则汇率模型（4.3）：

$$i_t=\rho i_{t-1}+(1-\rho)[i_0+\alpha_1 y_t+\alpha_2(\pi_t-\pi^*)+\alpha_3 e_t+\alpha_4 f_t+\alpha_5 \nu_t+\mu_t]+\varepsilon_{it} \tag{4.17}$$

由于 i_0 和 π^* 短期内相对稳定，可以被视为常数，则式（4.17）可以改写为：

$$i_t=\rho i_{t-1}+(1-\rho)[\alpha_1 y_t+\alpha_2\pi_t+\alpha_3 e_t+\alpha_4 f_t+\alpha_5 \nu_t+\mu_t]+\varepsilon_{it} \tag{4.18}$$

根据弹性价格货币论，设定汇率决定的基本模型为：

$$e_t=\phi_0 e_{t-1}+\phi_0(y_t-y_t^f)+\phi_1(i_t-i_t^f)+\phi_2(\pi_t-\pi_t^f)+\varepsilon_{et} \tag{4.19}$$

两国之间的汇率水平由国民收入差异、利差和物价水平差异决定。

参考严佳佳和曾金明（2019）的研究，国际资本流动方程设定为：

$$f_t=\kappa\psi(i_t-i_t^f)\varepsilon_{ft} \tag{4.20}$$

其中，κ 表示资本账户开放程度，$0<\kappa<1$，$\kappa=0$ 表示资本账户完全封闭，ψ 表示资本收益变动系数，ε_{ft} 表示国际资本流动冲击。

货币政策不确定性的变化设定为：

$$\nu_t=\vartheta\nu_{t-1}+\varepsilon_{\nu t} \tag{4.21}$$

则式（4.11）、式（4.13）、式（4.15）和式（4.18）至式（4.21）构成的系统综合考虑了产出、通货膨胀、利率、汇率、短期资本流动和货币政策不确定性之间的交互影响。可以通过向量自回归模型探讨上述变量之间的交互影响。

4.2.2 传导机制检验的实证过程与结果分析

1. 变量说明

基于前述理论分析，选取人民币汇率收益率作为核心被解释变量，选取货币政策不确定性作为核心解释变量，选取汇率预期、资本流动、产出、通货膨胀和利率作为传导变量，通过构建传统的VAR模型探讨货币政策不确定性对人民币汇率的影响机制。

（1）人民币汇率（*exc*）：对人民币对美元汇率（*USD/CNY*）采用取对数差分的方式进行处理。

（2）中国货币政策不确定性（*MPU*）。采用第3章基于加权平均法构造的*MPU_csa*作为中国货币政策不确定性的代理变量。

（3）外国货币政策不确定性（*MPU-us*）。采用贝克等（2016）构造的美国货币政策不确定性指数作为外部货币政策不确定性指数的代理变量。

（4）汇率预期（*EP*）。借鉴张明等（2013）的研究方法，构造人民币汇率预期：

$$EP=\frac{\text{人民币对美元即期汇率}-\text{NDF 市场 3 个月人民币对美元远期汇率}}{\text{人民币对美元即期汇率}}\times 100\%$$

若 $EP>0$，表明市场对人民币有升值预期；若 $EP<0$，则表明人民币有贬值预期。

（5）短期资本流动（*SCF*）。参考张明（2011）的研究构建衡量短期资本流动的指标：短期资本流动 = 外汇储备增加额 - 进出口增加额 - 净FDI流入，并将计算结果除以M2以消除货币流通量的影响。$SCF>0$ 表示短期资本流入，$SCF<0$ 表示短期资本流出，*SCF*绝对值越大表明流入（流出）的规模越大。

（6）产出（*y*）。由于缺乏GDP的月度数据，借鉴田拓和马勇（2013）的研究，采用规模以上工业企业增加值定基指数①作为产出（宏观经济发

① Wind数据库提供的规模以上工业企业增加值定基指数始于2011年，对于缺失数据根据工业增加值同比数据折算。

展）的代理变量。

（7）通货膨胀（*cpi*）。居民消费者价格指数①是衡量一个经济体通货膨胀程度的重要标准，采用其作为通货膨胀的代理变量。

（8）利率（*r*）。由于银行间质押式回购占据了货币市场交易额的绝大部分，银行间质押式回购利率是中国货币市场的代表性利率，借鉴杨迪川（2016）的研究，选取7日银行间质押式回购利率作为利率的代理变量。

对规模以上工业企业增加值和居民消费者价格指数等具有季节性特征的数据采用X12进行季节性处理。为保证数据的平稳性，对产出、通货膨胀、利率等变量取对数差分。样本区间为2005年8月至2021年3月。原始数据来源于Wind数据库。

表4-1给出了上述8个变量的描述性统计结果和变量间的相关系数。J-B统计量表明，在给定的显著性水平，除*SFC*外，其他变量都不服从正态分布；各变量的偏度显著大于0，呈现明显的右偏性；峰度显著大于3（*SCF*除外），表明变量的分布具有显著的尖峰厚尾特征。

表4-1　　变量的描述性统计分析

变量	均值	标准差	最大值	最小值	偏度	峰度	J-B统计量
exc	-0.1245	0.7792	3.7667	-2.4221	1.1364	7.7496	217.18***
MPU	0.8116	0.1620	1.6210	0.5868	1.4352	6.3764	153.85***
MPU-us	1.4321	0.7327	4.9106	0.4487	1.6176	6.4220	173.71***
EP	-0.0742	0.9227	3.5391	-2.3788	0.7332	3.9444	23.8300***
SCF	-0.0007	0.0035	0.0085	-0.0111	0.2194	3.4368	3.002
y	0.8030	4.3823	35.3498	-30.9071	0.7855	37.7451	9478.88***
cpi	0.2116	0.3638	1.9130	-0.8510	0.4746	5.8906	72.51***
r	0.3264	18.6257	66.1387	-56.0492	0.3777	5.7578	64.05***

注：***表示在1%的显著性水平上拒绝服从正态分布的原假设。*exc*取值为负表明人民币汇率处于升值状态，后续分析中*exc*负向变动，表示人民币趋于升值，正向变动表示人民币趋于贬值。

① 以2000年1月的居民消费者价格指数为基期，根据环比数据计算样本期内居民消费者价格指数。

2. 实证过程与结果分析

为避免“伪回归”问题，首先对变量序列进行平稳性检验，采用 ADF 检验和 PP 检验，平稳性检验结果如表4-2 所示。除 *EP* 在5%显著性水平拒绝原假设，其他变量在1%显著性水平拒绝原假设，说明在两种检验方法下各变量均不存在单位根，各变量序列为平稳序列，可以进行后续建模分析。

表4-2　　单位根检验结果

变量	ADF 统计量	1%临界值	P 值	PP 统计量	1%临界值	P 值
exc	-7.7777	-3.4654	0.0000	-7.8108	-3.4654	0.0000
MPU	-4.6176	-3.4656	0.0002	-3.4698	-3.4654	0.0099
MPU-us	-6.5027	-3.4654	0.0000	-6.4940	-3.4654	0.0000
EP	-3.7467	-4.0079	0.0217	-3.8503	-4.0079	0.0161
SCF	-4.1927	-3.4658	0.0009	-8.9954	-3.4654	0.0099
y	-12.6122	-3.4658	0.0000	-28.4207	-3.4654	0.0000
cpi	-7.2951	-3.4656	0.0000	-13.3565	-3.4654	0.0000
r	-15.3084	-3.4654	0.0000	-16.4491	-3.4654	0.0000

注：*SCF* 单位根检验类型为（1，1，0），其他变量检验类型为（1，0，0）。

采用 Johansen 协整检验方法检验模型中各变量之间是否具有协整关系，结果如表4-3 所示，根据协整检验结果，在5%显著性水平，变量之间至少存在8个长期协整关系。因此，可以进行 VAR 系列模型的构建与分析。

表4-3　　协整检验结果

零假设	特征值	迹统计量	5%临界值	P 值
不存在协整关系**	0.646993	538.4816	159.5297	0.0000
至多1**	0.488538	344.8057	125.6154	0.0000
至多2**	0.297184	220.0961	95.75366	0.0000
至多3**	0.228897	154.5012	69.81889	0.0000
至多4**	0.211904	106.1536	47.85613	0.0000
至多5**	0.159599	61.86044	29.79707	0.0000
至多6**	0.120692	29.51958	15.49471	0.0002
至多7**	0.029639	5.596232	3.841466	0.0180

注：** 表示在5%的显著性水平上显著。

根据LR、FPE、AIC、SC和HQ信息准则综合判断，确定VAR模型的最优滞后阶数为2，结果如表4－4所示。

表4－4　滞后阶数的确定

滞后阶数	Log－L	LR	FPE	AIC	SC	HQ
0	－1107.91	—	3.35E－05	12.39897	12.54088	12.4565
1	－635.469	897.632	3.6E－07	7.86075	9.93014	8.378608*
2	－540.591	171.8336	2.6E－07*	7.517683*	9.13795*	8.49583
3	－503.282	64.2552	3.47E－07	7.814244	11.36197	9.252696
4	－458.03	73.91194	4.35E－07	8.022553	12.70556	9.921309

注：*表示在该判定准则下确定的滞后阶数。

进一步构建8变量的VAR（2）模型，变量设定顺序为*MPU-us*、*MPU*、*EP*、*SCF*、*y*、*cpi*、*r*和*RV*。通过变量的脉冲响应函数变化图探讨货币政策不确定性对人民币汇率的传导机制。

（1）汇率预期渠道的传导机制检验。图4－5展示了汇率预期渠道的脉冲响应函数变化，给货币政策不确定性1标准单位的正向冲击，汇率预期的响应为负值，在第2期达到负的极值之后开始回升并趋于收敛。从响应强度看，*MPU*冲击的强度显著大于*MPU-us*的冲击。这表明货币政策不确定性的上升会导致人民币汇率贬值预期增加，本国货币政策不确定性对汇率预期的冲击显著大于外部货币政策不确定性的冲击。给汇率预期1标准单位的正向冲击，人民币汇率的初始响应为负的极值，之后开始缓慢上升并趋于收敛。这表明在汇率升值预期冲击下，人民币汇率趋于升值，反之，人民币汇率则趋于贬值。上述分析表明，货币政策不确定性→汇率预期→人民币汇率变动的传导渠道是成立的。

（2）资本流动渠道的传导机制检验。图4－6展示了资本流动渠道的脉冲响应函数变化，给货币政策不确定性1标准单位的正向冲击，短期资本流动的响应为负值，从变化趋势看，*MPU*冲击的响应在第0期达到负的极值，之后波动回升；*MPU-us*冲击的响应在第1期达到负的极值，之后开始回升并趋于收敛。从响应强度看，*MPU-us*冲击的强度大于*MPU*的冲击。这表明货币政策不确定性的上升会导致短期资本流出增加，外部货币政策不确定性对短期资本流动的冲击强度更明显。给短期资本流动 1 标准单位的正向冲击，人民币汇率的初始响应为负，第 1 期达到负的极值，之后开始缓慢上升并趋于收敛。这表明当短期资本流入增加时，人民币汇率趋于升值，反之，人民币汇率则趋于贬值。上述分析表明，货币政策不确定性→资本流动→人民币汇率变动的传导渠道是成立的。

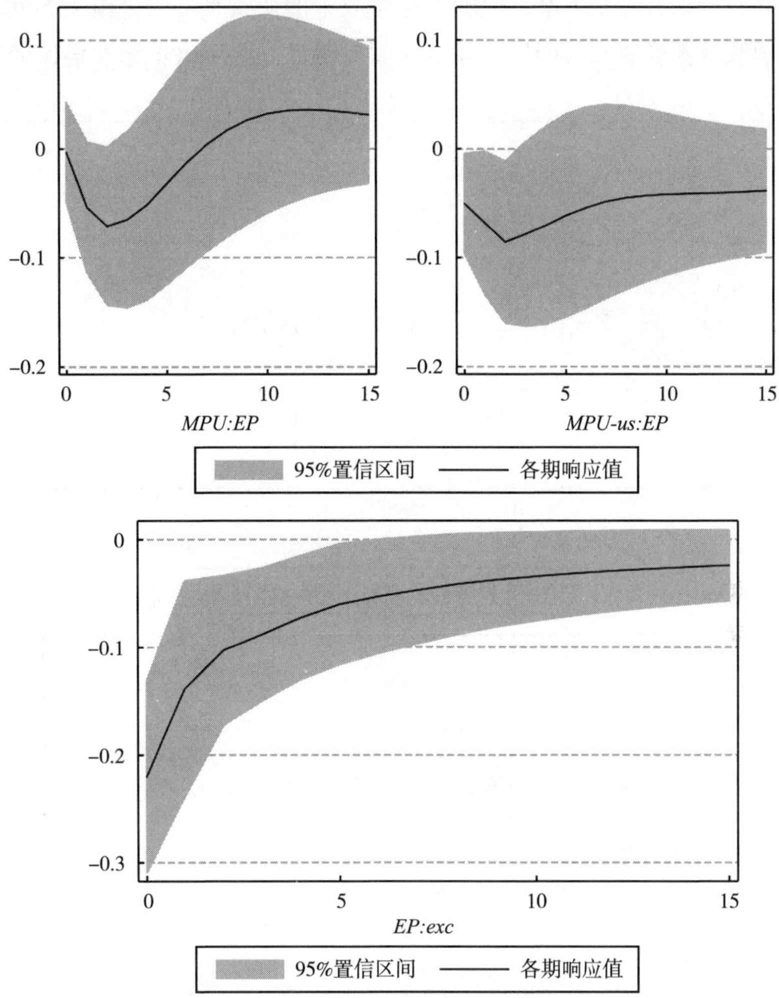

图 4－5　汇率预期渠道的脉冲响应函数

（3）不确定性经济效应渠道的传导机制检验。图 4－7（a）、图 4－7（b）、图 4－7（c）展示了不确定性经济效应渠道的脉冲响应函数变化。

其中，图4-7（a）显示，给货币政策不确定性1标准单位的正向冲击，产出的响应存在一定差异，从变化趋势看，*MPU* 冲击的响应在第0期为正，第1期达到负的极值；*MPU-us* 冲击的响应在第0期为负，第1期达到正的极值，第2期达到负的极值，之后波动并趋于收敛。从响应强度看，*MPU* 冲击的强度显著大于 *MPU-us* 的冲击。这表明货币政策不确定性的上升会导致产出的短期下降，但随着货币政策的调整，产出会趋于上升。本国货币政策不确定性对产出的冲击强度更明显。给产出1标准单位的正向

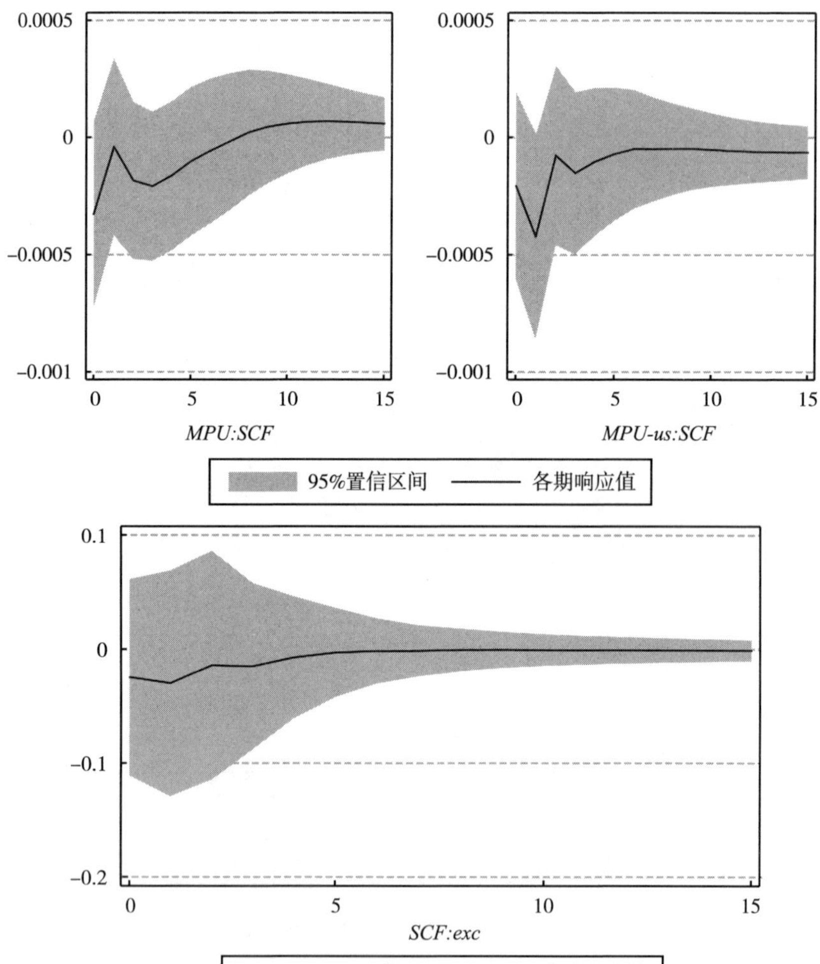

图4-6　资本流动渠道的脉冲响应函数

冲击，人民币汇率的初始响应为负的极值，之后开始缓慢上升并趋于收敛。这表明当产出增加时，人民币汇率趋于升值，反之，人民币汇率则趋于贬值。上述分析表明，货币政策不确定性对产出的冲击短期负向冲击是显著的，但长期而言，要分析导致不确定性背后的原因，而产出变化对人民币汇率变动的传导渠道是成立的。

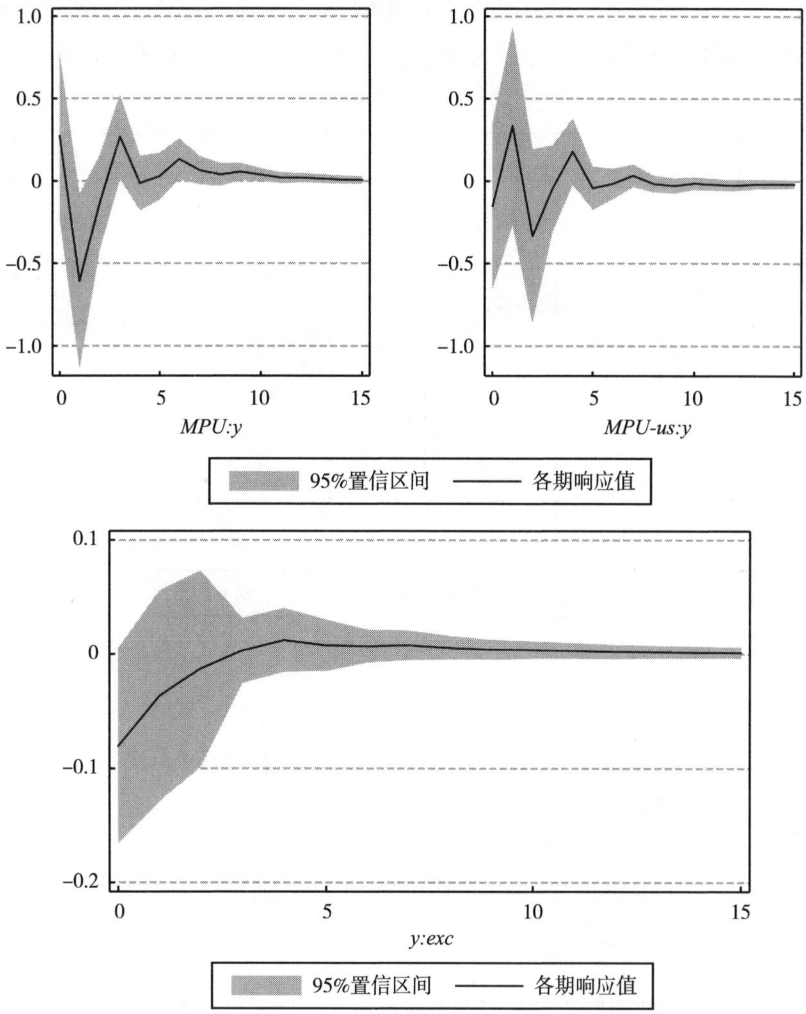

图4-7（a） 不确定性经济效应的脉冲响应函数

图4-7（b）显示，给货币政策不确定性1标准单位的正向冲击，通货膨胀的响应存在一定差异，从变化趋势看，*MPU*冲击的响应在第0期为

正，第1期转为负值，第3期达到负的极值，之后回升并趋于收敛；*MPU-us* 冲击的初始响应为0，第1期达到负的极值，之后回升并趋于收敛。从响应强度看，*MPU-us* 冲击的强度大于 *MPU* 的冲击。这表明货币政策不确定性的上升会导致通货膨胀的短期下降，外部货币政策不确定性对通货膨胀的冲击强度更明显。给通货膨胀1标准单位的正向冲击，人民币汇率的初始响应为正的极值，第2期开始趋于收敛。这表明当通货膨胀上升时，人民币汇率趋于贬值，反之，人民币汇率则趋于升值。上述分析表明，不

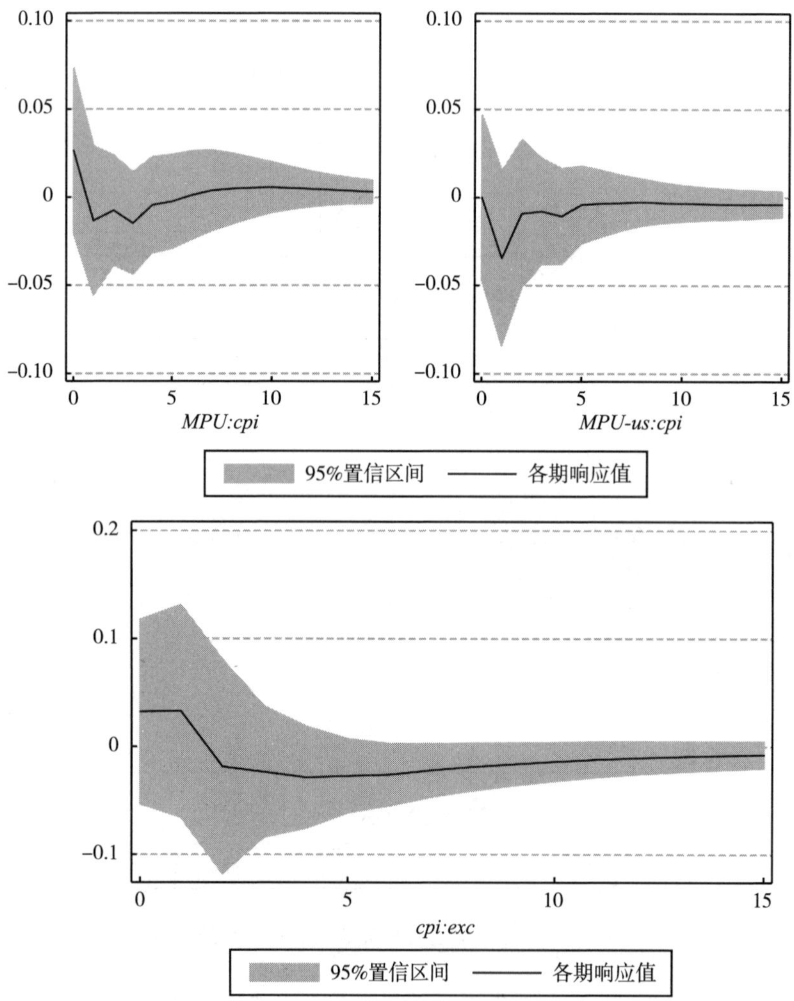

图4-7（b） 不确定性经济效应的脉冲响应函数

确定性的上升会导致减少或推迟消费，导致一般物价水平下降，为刺激消费，央行可能会降低利率，而利率的下降对产出有正向的促进作用，但有可能会引发资本外流。故通货膨胀变动对人民币汇率的影响受制于多重因素博弈的结果。

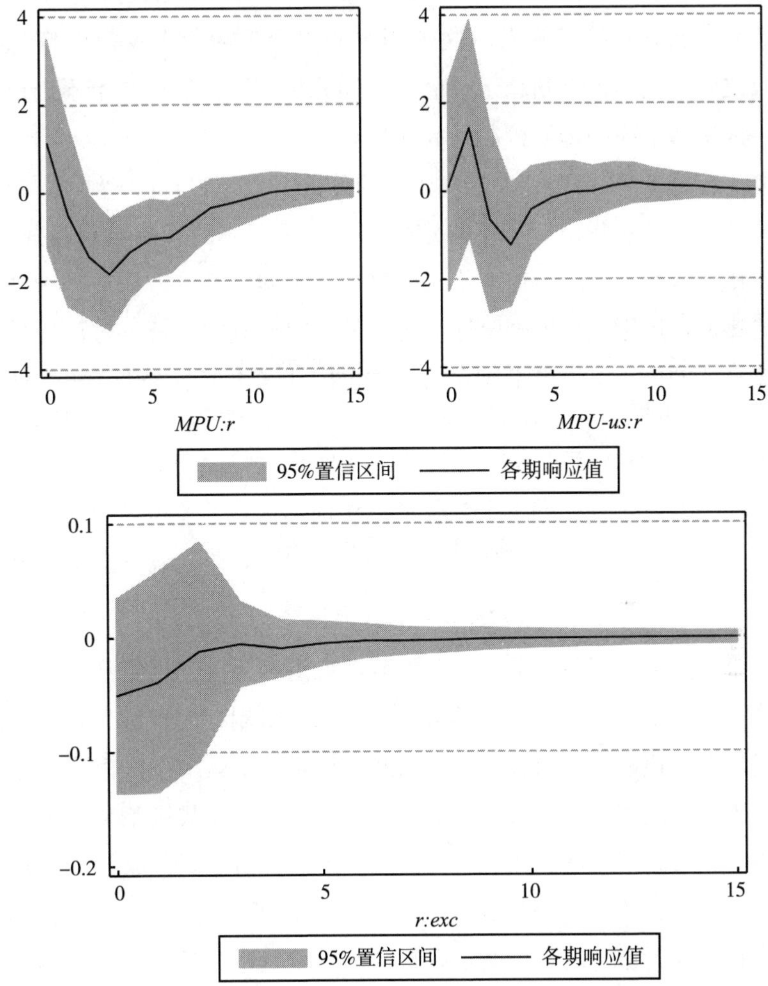

图 4－7（c） 不确定性经济效应的脉冲响应函数

图 4－7（c）显示，给货币政策不确定性 1 标准单位的正向冲击，利率的响应存在一定差异，从变化趋势看，*MPU* 冲击的响应在第 0 期为正，之后转为负值，第 3 期达到负的极值，之后缓慢回升并趋于收敛；*MPU-us*

冲击的初始响应为0，第1期达到正的极值，第2期为负值，第3期达到负的极值，之后回升并趋于收敛。从响应强度看，*MPU*冲击的强度显著大于*MPU-us*的冲击。这表明货币政策不确定性的上升会导致利率下降，但这种负向影响具有一定的持续性，本国货币政策不确定性对利率的冲击强度更明显。给利率1标准单位的正向冲击，人民币汇率的初始响应为负的极值，之后回升并趋于收敛。这表明当利率上升时，人民币汇率趋于升值，反之，人民币汇率则趋于贬值。上述分析表明，货币政策不确定性→利率→人民币汇率的传导机制是成立的。

基于传统VAR模型脉冲响应函数的分析表明，基于汇率预期渠道和短期资本流动渠道的货币政策不确定性对人民币汇率的影响机制是成立的，基于不确定性经济效应渠道的传导机制则受不确定经济效应下哪种理论发挥了更多的作用影响，不确定性上升引发产出和利率下降，进而导致人民币汇率贬值的传导渠道也是成立的。这也印证了4.1节中传导机制的理论分析。

4.3 本章小结

本章首先从汇率预期渠道、资本流动渠道和不确定性经济效应渠道分析了货币政策不确定性影响人民币汇率的传导机制，发现货币政策不确定性通过投资者预期、短期资本流动以及不确定经济效应下产出和利率的变化等对人民币汇率产生冲击。其次，基于拓展的泰勒规则汇率模型分析发现，纳入货币政策不确定性、资本流动和宏观经济变量的泰勒规则汇率模型有助于从动态的角度分析人民币汇率，阐释了人民币汇率的动态变化。由于三种传导渠道之间存在交互影响，因此将货币政策不确定性、汇率预期、短期资本流动、产出、通货膨胀、利率和人民币汇率等变量纳入统一的分析框架或许有助于更好地阐释人民币汇率变动。最后，基于传统的VAR模型脉冲响应函数对传导机制的理论分析进行了实证检验，表明汇率预期渠道、资本流动渠道和不确定性经济效应渠道在货币政策不确定性影响人民币汇率过程中发挥了重要作用。

当货币政策不确定性水平较低时，投资者的预期受不确定性的影响较小，此时宏观基本面因素是汇率变动的主要驱动因素。随着政策不确定性的上升，不确定性的冲击开始显现。特别在金融危机期间，为了救市和恢复经济，各国纷纷出台相关的货币政策、财政政策等以应对危机的冲击，导致货币政策不确定性水平急剧飙升，此时基本面因素对汇率变动的影响开始弱化，政策不确定性成为汇率变动的主要驱动因素（刘强和陶士贵，2021b）。由于货币政策不确定性、汇率制度以及宏观经济变量存在结构性变化特征，货币政策不确定性对人民币汇率影响的传导应该具有动态时变的特征，通常的系数模型往往难以有效描绘变量间的这种结构性突变，而采用动态时变参数模型或许有助于更好地揭示货币政策不确定性对人民币汇率的影响特征。

第5章

货币政策不确定性对人民币汇率收益率的影响

第4章研究发现，货币政策不确定性通过汇率预期渠道、资本流动渠道以及不确定经济效应渠道对人民币汇率产生冲击，纳入货币政策不确定性、资本流动和宏观经济变量的泰勒规则汇率模型有助于从动态的角度分析人民币汇率，阐释人民币汇率的动态变化。本章将从汇率一阶矩出发，采用相关计量模型从动态时变的视角和多样本的视角探讨货币政策不确定性对人民币汇率收益率的影响特征。

5.1 基于TVP－SV－VAR模型的货币政策不确定性对人民币汇率收益率的影响分析

鉴于货币政策不确定性和相关宏观经济变量在不同时点会呈现结构性变化的特征，本节将采用时变参数随机波动向量自回归（TVP－SV－VAR）模型，通过脉冲响应检验货币政策不确定性和其他经济变量对人民币汇率和汇率预期的影响特征，为前述传导机制的理论分析提供实证支持。

5.1.1 TVP－SV－VAR模型简介

向量自回归（VAR）模型能够有效克服变量内生性问题，一经提出便得到了广泛的应用。但传统的VAR模型固定系数和扰动项方程的假设与现实状况不符。现实中政策法规、现实环境、经济结构等多种因素往往随时间的推移而不断变化，模型的参数也很难固定不变。普利米切利（Primiceri，2005）将该模型扩展为系数、方差都随时间变动的带随机波动的时变参数自回归模型，该模型系数可以很好地捕捉模型滞后结构时变性和非线性特征，有效地刻画变量之间的动态作用关系，从而使得实证结果具有更好的说服力。

基本的结构向量自回归模型具体形式为：

$$\boldsymbol{A}\boldsymbol{y}_t = \boldsymbol{F}_1\boldsymbol{y}_{t-1} + \cdots + \boldsymbol{F}_s\boldsymbol{y}_{t-s} + \boldsymbol{\mu}_t,\ t = s+1, \cdots, n \tag{5.1}$$

其中，$\boldsymbol{y}_t$ 是 $k\times1$ 维列向量，$\boldsymbol{A}$、$\boldsymbol{F}_1\cdots$、$\boldsymbol{F}_t$ 均为 $k\times k$ 维系数矩阵，$\boldsymbol{\mu}_t$ 为 $k\times1$ 维不可观察的结构冲击项。

假定 $\boldsymbol{A}$ 为下三角矩阵，$\mu_t \sim \mathrm{N}(0, \sum\sum)$，则式（5.1）就属于递归的结构向量自回归模型，并且可以改写成：

$$\boldsymbol{y}_t = \boldsymbol{B}_1\boldsymbol{y}_{t-1} + \cdots + \boldsymbol{B}_s\boldsymbol{y}_{t-s} + \boldsymbol{A}^{-1}\sum\boldsymbol{\varepsilon}_t,\ \boldsymbol{\varepsilon}_t \sim \mathrm{N}(0, I_k) \tag{5.2}$$

其中，$\boldsymbol{B}_i = \boldsymbol{A}^{-1}\boldsymbol{F}_i$，$i=1$，$\cdots$，$n$。通过将 $\boldsymbol{B}_i$ 中的元素进行堆叠形成 $k^2s\times1$ 维的列向量 $\boldsymbol{\beta}$，且

$$\sum = \begin{bmatrix} \sigma_1 & 0 & \cdots & 0 \\ 0 & \sigma_2 & \cdots & 0 \\ \vdots & \vdots & \ddots & \vdots \\ 0 & 0 & \cdots & \sigma_k \end{bmatrix}$$

则式（5.2）可表示为：

$$\boldsymbol{y}_t = \boldsymbol{X}_t\boldsymbol{\beta} + \boldsymbol{A}^{-1}\sum\boldsymbol{\varepsilon}_t \tag{5.3}$$

其中，$X_t = I_k \otimes (\boldsymbol{y}'_{t-1}, \cdots, \boldsymbol{y}'_{t-s})$，$\otimes$表示克罗内克积。

当式（5.3）中的所有参数随时间而变化，便扩展为TVP-SV-VAR模型。借鉴普利米切利（Primiceri，2005）的做法，将下三角矩阵 $\boldsymbol{A}_l$ 中元素重新堆叠为向量 $\boldsymbol{\alpha}_l = (\alpha_{21}, \alpha_{31}, \alpha_{32}, \alpha_{41}, \cdots, \alpha_{k,k-1})'$，同时令 $\boldsymbol{h}_l = (h_{1l}, \cdots, h_{kl})$，其中，$h_{jl} = \log\sigma_{jl}^2$，假定模型中的时变参数服从随机游走过程，即，

$\beta_{t+1}=\beta_t+\mu_{\beta t}$，$\alpha_{t+1}=\alpha_t+\mu_{\alpha t}$，$h_{t+1}=h_t+\mu_{ht}$，并且满足：

$$\begin{pmatrix}\varepsilon_t\\ \mu_{\beta t}\\ \mu_{\alpha t}\\ \mu_{ht}\end{pmatrix}\sim N\left[0,\begin{bmatrix}I & 0 & 0 & 0\\ 0 & \sum_\beta & 0 & 0\\ 0 & 0 & \sum_\alpha & 0\\ 0 & 0 & 0 & \sum_h\end{bmatrix}\right] \tag{5.4}$$

其中，$\beta_{t+1}\sim N(u_{\beta_0},\sum_{\beta_0})$，$\alpha_{t+1}\sim N(u_{\alpha_0},\sum_{\alpha_0})$，$h_{t+1}\sim N(u_{h_0},\sum_{h_0})$，并且$\sum_{\beta_0}$、$\sum_{\alpha_0}$、$\sum_{h_0}$是正定矩阵，假定各时变参数之间不相关。

时变参数服从随机游走过程的假定与现实更加贴切，通过参数变动，可以有效刻画现实中经济金融现象的结构性突变特征。但参数随机游走的假设容易引起过度参数化问题，导致模型估计极为困难。为此中岛（Nakajima，2011）采用马尔可夫链蒙特卡罗（MCMC）方法进行模型参数的贝叶斯估计，有效解决了 TVP - SV - VAR 模型的参数估计问题，且估计结果较为准确可靠。本节将采用该方法探讨货币政策不确定性等变量对人民币汇率的时变影响特征。

5.1.2 变量选取与数据说明

根据第 4 章的分析，选取经济增长变动、通货膨胀变动、国际收支变动、利率变动、汇率预期和货币政策不确定性等变量作为解释汇率变动的主要因素。

（1）人民币汇率（*exc*）。采用人民币对美元即期汇率（直接标价法下）作为人民币汇率的代理变量。

（2）汇率预期（*EP*）。借鉴张明等（2013）的方法，构造人民币汇率预期：

$$EP=\frac{\text{人民币对美元即期汇率}-\text{NDF 市场 3 个月人民币对美元远期汇率}}{\text{人民币对美元即期汇率}}\times 100\%$$

若 $EP>0$，表明市场对人民币有升值预期；若 $EP<0$，则表明人民币有贬值预期。

（3）货币政策不确定性（*MPU*）。采用第3章构造的中国货币政策不确定性指数作为 *MPU* 的代理变量。

（4）宏观经济发展（*y*）。由于缺乏 GDP 的月度数据，借鉴田拓和马勇（2013）的研究，采用规模以上工业企业增加值定基指数①作为宏观经济发展（产出）的代理变量。

（5）通货膨胀（*cpi*）。采用居民消费者价格指数②作为通货膨胀的代理变量。

（6）国际收支（*jck*）。以对外贸易出口额与进口额的差作为国际收支的代理变量，为消除量纲差异，对数据进行标准化处理。

（7）利率（*r*）。由于银行间质押式回购占据了货币市场交易额的绝大部分，银行间质押式回购利率是中国货币市场的代表性利率，借鉴杨迪川（2016）的研究，选取7日银行间质押式回购利率作为利率的代理变量。

对规模以上工业企业增加值和居民消费者价格指数等具有季节性特征的数据采用 X12 进行季节性处理。为保证数据的平稳性，对宏观经济发展、通货膨胀、利率和人民币汇率等变量取对数差分。样本区间为2005年8月至2021年3月。原始数据来源于 Wind 数据库。

表5-1和表5-2（a）、表5-2（b）给出了上述7个变量的描述性统计结果和变量间的相关系数。J-B 统计量表明，在1%显著性水平，7个变量都不服从正态分布；除 *jck* 外，其他变量的偏度显著大于0，呈现明显的右偏性；峰度显著大于3，表明各变量的分布具有显著的尖峰厚尾特征。

表5-1　　变量的描述性统计分析

变量	均值	标准差	最大值	最小值	偏度	峰度	J-B 统计量
exc	-0.1245	0.7792	3.7667	-2.4221	1.1364	7.7496	217.18***
EP	-0.0742	0.9227	3.5391	-2.3788	0.7332	3.9444	23.8300***
MPU	0.8116	0.1620	1.6210	0.5868	1.4352	6.3764	153.85***

① Wind 数据库提供的规模以上工业企业增加值定基指数始于2011年，对于缺失数据根据工业增加值同比数据折算。

② 以2000年1月的居民消费者价格指数为基期，根据环比数据计算样本期内居民消费者价格指数。

续表

变量	均值	标准差	最大值	最小值	偏度	峰度	J-B 统计量
y	0.8030	4.3823	35.3498	-30.9071	0.7855	37.7451	9478.88 ***
cpi	0.2116	0.3638	1.9130	-0.8510	0.4746	5.8906	72.51 ***
jck	-0.0055	1.0024	2.6143	-4.7172	-0.4237	5.1830	42.96 ***
r	0.3264	18.6257	66.1387	-56.0492	0.3777	5.7578	64.05 ***

注：*** 表示在1%的显著性水平上拒绝服从正态分布的原假设。*exc* 取值为负表明人民币汇率处于升值状态，后续分析中 *exc* 负向变动，表示人民币趋于升值，正向变动表示人民币趋于贬值。

表5-2（a）　　变量间相关系数（全样本）

变量	*exc*	*MPU*	*y*	*cpi*	*jck*	*r*	*EP*
exc	1.0000						
MPU	-0.0468	1.0000					
y	-0.0486	-0.0211	1.0000				
cpi	-0.0599	-9.3E-05	-0.2755	1.0000			
jck	0.0379	0.1050	-0.2402	-0.1416	1.0000		
r	-0.0640	-0.1132	-0.0141	0.0192	-0.0032	1.0000	
EP	-0.3884	0.0416	0.0725	0.3128	-0.4531	0.0955	1.0000

表5-2（b）　　变量间相关系数（子样本：2015年8月至2021年3月）

变量	*exc*	*MPU*	*y*	*cpi*	*jck*	*r*	*EP*
exc	1.0000						
MPU	0.1244	1.0000					
y	-0.0337	-0.0352	1.0000				
cpi	-0.0943	-0.1411	-0.3146	1.0000			
jck	-0.1423	0.0790	-0.4383	-0.0141	1.0000		
r	-0.1825	-0.1352	0.0020	0.0140	0.0963	1.0000	
EP	-0.3416	-0.2886	0.0104	0.0338	-0.1133	0.0163	1.0000

从变量之间的相关系数看（见表5-2（a）和表5-2（b）），全样本下 *exc* 与 *MPU* 之间存在负相关关系，*EP* 与 *MPU* 之间存在正相关关系，可能与样本期内人民币整体处于升值状态有关。2015年“8·11”汇改后 *exc* 与 *MPU* 之间为正相关关系，*EP* 与 *MPU* 之间存在负相关关系，且相关程度显著上升（见表5-2（b）），即当中国货币政策不确定性上升时，汇率贬

值预期上升，人民币趋于贬值。这表明随着人民币汇率市场化形成机制改革的推进，人民币汇率对货币政策不确定性的反应更加敏感。全样本和子样本下，*y*、*cpi* 和 *r* 与 *MPU* 之间存在负相关关系，即当政策不确定性上升时，产出下降，消费减少，利率降低，这可能与不确定性经济效应有关，特别是预防性储蓄效应较金融摩擦效应发挥了更大的作用。*y* 与 *exc* 之间存在负相关关系，即当产出下降时，人民币趋于贬值；*cpi* 与 *exc* 之间存在负相关关系，即当一般物价水平下降时，人民币趋于贬值；*r* 与 *exc* 之间存在负相关关系，即当利率水平降低时，人民币趋于贬值；子样本下 *jck* 与 *exc* 之间存在负相关关系，即当净出口减少时，人民币趋于贬值；“8·11”汇改后，*cpi*、*jck*、*r* 与 *exc* 之间的相关程度显著上升。各经济变量与人民币汇率相关系数分析表明，经济基本面对汇率的影响、购买力平价理论、利率平价理论以及国际收支理论等汇率决定理论具有一定的适用性。*EP* 与 *exc* 之间存在负相关关系，表明随着汇率预期的增加，人民币趋于升值，但“8·11”汇改后，二者之间的负相关程度有所降低，表明随着人民币汇率市场化程度的上升，汇率预期对人民币汇率的影响程度在降低。

5.1.3 实证过程与结果分析

1. 变量平稳性检验

为避免“伪回归”问题，首先对变量序列进行平稳性检验，采用 ADF 检验和 PP 检验，平稳性检验结果如表 5-3 所示。除 *EP* 在 5% 显著性水平拒绝原假设，其他变量在 1% 显著性水平上拒绝原假设，说明在两种检验方法下各变量均不存在单位根，各变量序列为平稳序列，可以进行后续建模分析。

表 5-3　　单位根检验结果

变量	ADF 统计量	1% 临界值	P 值	PP 统计量	1% 临界值	P 值
exc	-7.7777	-3.4654	0.0000	-7.8108	-3.4654	0.0000
EP	-3.7467	-4.0079	0.0217	-3.8503	-4.0079	0.0161

续表

变量	ADF 统计量	1% 临界值	P 值	PP 统计量	1% 临界值	P 值
MPU	-4.6176	-3.4656	0.0002	-3.4698	-3.4654	0.0099
y	-12.6122	-3.4658	0.0000	-28.4207	-3.4654	0.0000
cpi	-7.2951	-3.4656	0.0000	-13.3565	-3.4654	0.0000
jck	-9.0138	-4.0079	0.0000	-9.1090	-4.0079	0.0000
r	-15.3084	-3.4654	0.0000	-16.4491	-3.4654	0.0000

注：*jck* 和 *MPU* 单位根检验类型为（1，1，0），其他变量检验类型为（1，0，0）。

2. 协整检验

采用 Johansen 协整检验方法检验模型中各变量之间是否具有协整关系，结果如表 5-4 所示，根据协整检验结果，在 5% 显著性水平上，变量之间至少存在 7 个长期协整关系。因此，可以进行 VAR 系列模型的构建与分析。

表 5-4　　协整检验结果

零假设	特征值	迹统计量	5% 临界值	P 值
不存在协整关系**	0.436361	275.3257	125.6154	0.0000
至多 1**	0.288084	170.4040	95.75366	0.0000
至多 2**	0.175523	108.2215	69.81889	0.0000
至多 3**	0.152801	72.90142	47.85613	0.0001
至多 4**	0.127925	42.55646	29.79707	0.0010
至多 5**	0.071485	17.50751	15.49471	0.0246
至多 6**	0.021271	3.934679	3.841466	0.0473

注：** 表示在 5% 的显著性水平上显著。

3. 滞后阶数的确定

根据 LR、FPE、AIC、SC 和 HQ 等信息准则综合判断，确定 TVP-SV-VAR 模型的最优滞后阶数为 2，结果如表 5-5 所示。

表5-5　　滞后阶数的确定

滞后阶数	Log-L	LR	FPE	AIC	SC	HQ
0	-915.569	—	6.68E-05	10.25077	10.37494	10.30112
1	-493.159	807.2731	1.05E-06	6.101768	7.095132*	6.504534
2	-408.025	156.0784	7.07E-07*	5.70028*	7.562841	6.45547*
3	-375.988	56.24282	8.59E-07	5.88876	8.620512	6.996367
4	-340.792	59.05236	1.01E-06	6.042129	9.643075	7.502157

注：*表示在该判定准则下确定的滞后阶数。

4. TVP-SV-VAR模型实证结果

本节通过构建7变量的TVP-SV-VAR模型来揭示货币政策不确定性、汇率预期、宏观经济变量与人民币汇率的动态关联特征。变量设定顺序为*MPU*、*y*、*cpi*、*jck*、*rate*、*EP*和*exc*，TVP-SV-VAR模型的滞后阶数设定为2，参考中岛（2011）的方法进行参数设定，利用Oxmetrics 6.2软件对TVP-SV-VAR模型进行处理，MCMC抽样为10000次，放弃前1000次预烧的迭代以使结果更稳健。

表5-6给出TVP-SV-VAR模型部分参数的估计结果，参数的Geweke诊断值均低于5%的临界值1.96，表明在95%的置信度下，无法拒绝参数收敛于后验分布的原假设。无效因子值较低，表明对参数和状态变量进行了有效采样，无效因子最大值为100.78，意味着即使是无效因子最大值的参数亦能抽取99个有效值（10000/100.78），足以进行后验推断，表明模型参数估计是稳健的。

表5-6　　TVP-SV-VAR模型参数估计结果

参数	均值	方差	95%上界	95%下界	Geweke值	无效因子
s_{b1}	0.0228	0.0026	0.0184	0.0288	0.554	10.65
s_{b2}	0.0220	0.0024	0.0179	0.0271	0.017	10.20
s_{a1}	0.0862	0.0337	0.0445	0.1718	0.300	100.78
s_{a2}	0.0944	0.0415	0.0445	0.2073	0.560	87.95
s_{h1}	0.7344	0.1141	0.5322	0.9761	0.244	66.50
s_{h2}	0.8729	0.1331	0.6297	1.1466	0.002	61.69

图5－1为表5－6对应参数的样本自相关系数、模拟路径以及后验分布密度函数，剔除预烧样本后，样本参数的自相关系数趋于收敛，模拟路径具有较为显著的波动集聚特征，后验分布密度函数正态分布的特征较为明显，这表明样本取值方法能够有效产生不相关的样本，MCMC模拟较为有效。

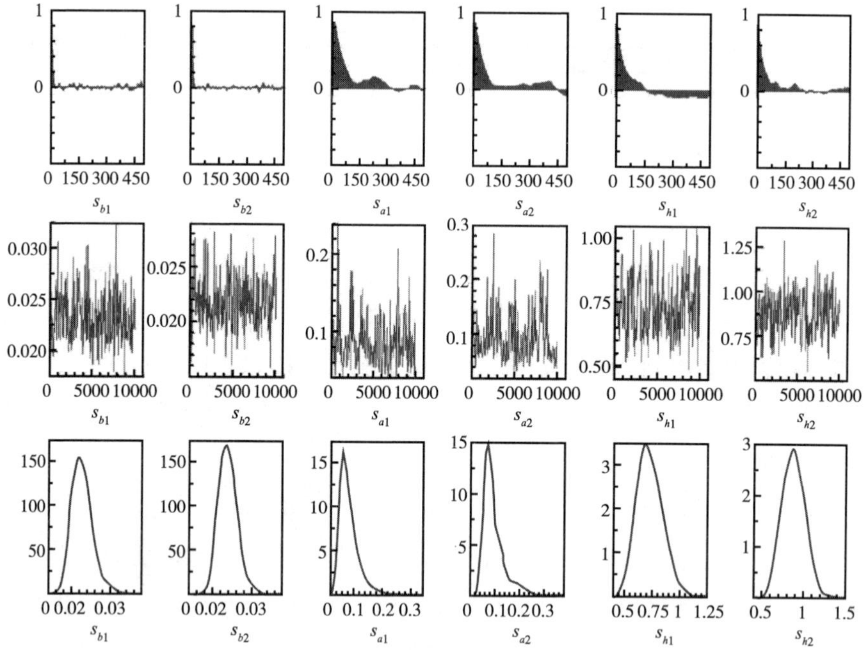

图5－1　样本自相关系数（上）、模拟路径（中）、后验分布密度函数（下）

图5－2反映了货币政策不确定性、宏观经济发展、通货膨胀、国际收支、利率、汇率预期和人民币汇率的后验波动率，从图5－2可以看出，在样本期内，货币政策不确定性出现了几次显著的波动集聚，这与第3章构造的中国货币政策不确定性的几次峰值相吻合。人民币汇率在“8·11”汇改后，波动性显著上升。货币政策不确定性、宏观经济变量与人民币汇率在样本期内的某些时间段（如次贷危机、欧债危机、中美经贸摩擦和新冠疫情大暴发等）也存在或高或低的波动集聚现象，表明各变量之间具有一定的动态关联性。

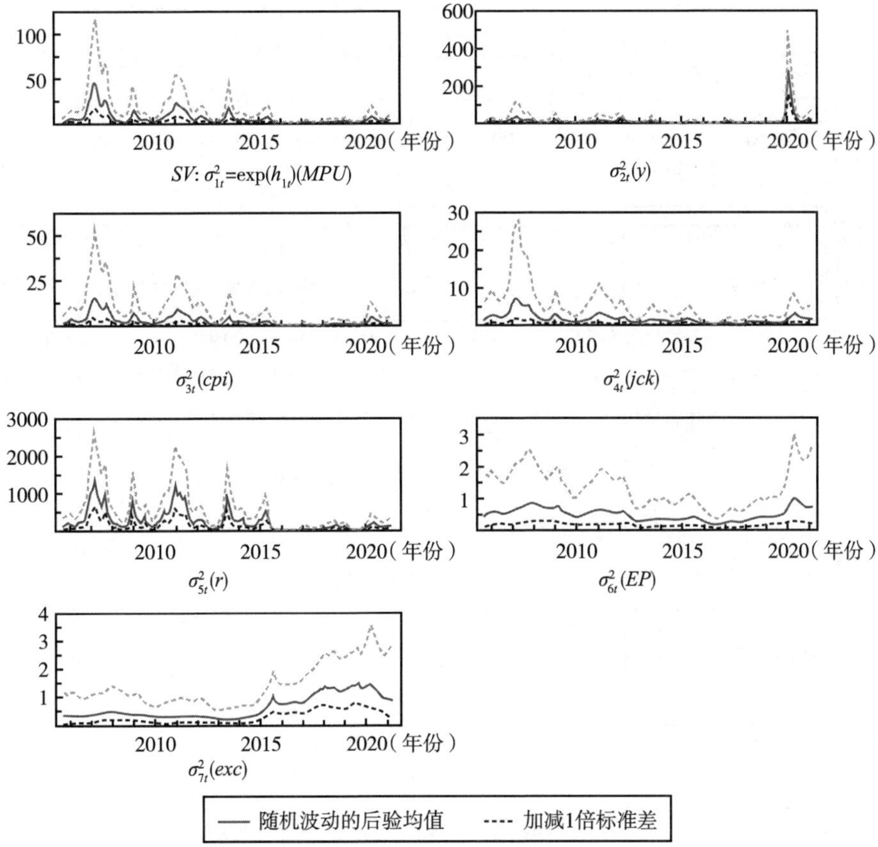

图 5－2　变量的后验波动率

5. 不同滞后期的脉冲响应分析

对不同滞后期的脉冲响应图进行分析。选取 1 期、6 期和 12 期三个滞后期，分别对应着短期（一个月）、中期（半年）和长期（一年），通过不同滞后期的脉冲响应图（见图 5－3），从期限角度考察脉冲响应函数的动态演变过程，验证不确定性经济效应和汇率决定理论的适用性。

图 5－3 中的 $\varepsilon_{MPU}\uparrow\rightarrow exc$ 子图展示了人民币汇率对货币政策不确定性冲击在不同滞后期的响应结果。在样本期内，货币政策不确定性对人民币汇率短期影响为负，且较为稳定，中期影响为正，“8·11”汇改之前，长期影响在 0 值附近波动，之后，中长期影响开始上升，表现出显著的时变

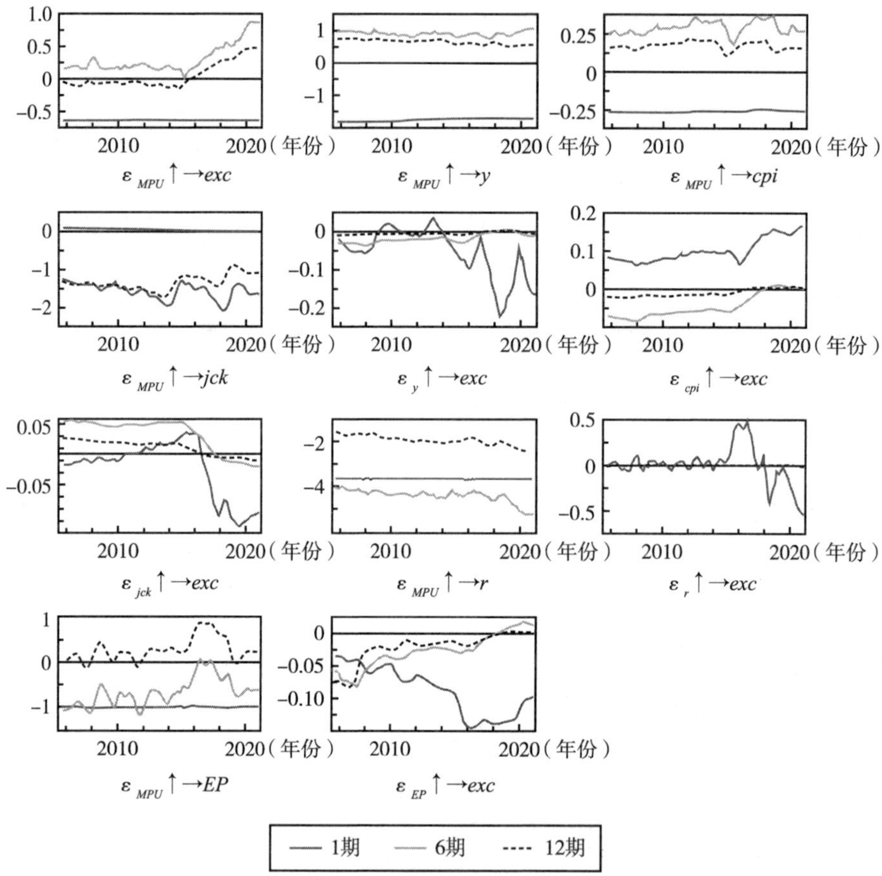

图 5－3　不同滞后期的脉冲响应

特征。不同滞后期的影响方向和程度的差异，表明随着人民币汇率市场化形成机制改革的不断推进，人民币汇率对货币政策不确定性中长期冲击的响应更加敏感，当货币政策不确定性上升时，在投资者预期效应或不确定经济效应的冲击下，中长期人民币趋于贬值。

图 5－3 中的 $\varepsilon_{MPU}\uparrow\rightarrow y$ 子图展示了产出对货币政策不确定性冲击在不同滞后期的响应结果。货币政策不确定性对产出的短期影响为负，且较为稳定，中长期影响为正，中期影响具有一定的时变特征，印证了不确定性冲击会引起产出下降的结论，但这种影响主要体现在短期冲击。随着引致货币政策不确定性的调控政策的实施和生效，中长期产出开始上升。产出的变化对人民币汇率的短期影响具有显著的时变特征，中长期影响并不显

著（$\varepsilon_y\uparrow\rightarrow exc$ 子图所示）。给产出 1 单位的正向冲击，人民币汇率短期内负向变化较为显著，表明随着宏观经济发展的好转，人民币趋于升值。这种变化关系随着人民币汇率市场化的深化而更加显著。

图 5－3 中的 $\varepsilon_{MPU}\uparrow\rightarrow cpi$ 子图展示了通货膨胀对货币政策不确定性冲击在不同滞后期的响应结果。货币政策不确定性对通货膨胀的短期影响为负，且较为稳定，中长期影响为正，中期影响大于长期影响，中长期影响具有一定的时变特征。不确定性的上升会导致消费下降，对短期通货膨胀产生稳定的负向冲击，但对中长期通货膨胀产生显著的正向冲击，可能与引致政策不确定性上升的宏观调控发挥作用有关，随着宏观经济产出好转，居民消费开始恢复。$\varepsilon_{cpi}\uparrow\rightarrow exc$ 子图显示，人民币汇率对通货膨胀冲击的短期响应为正，中期响应为负，长期响应在 0 附近波动。当一般物价水平上升时，人民币汇率短期贬值，中期升值，购买力平价理论在中期具有一定的适用性。

图 5－3 中的 $\varepsilon_{MPU}\uparrow\rightarrow jck$ 子图展示了国际收支对货币政策不确定性冲击在不同滞后期的响应结果。货币政策不确定性对国际收支的短期影响几乎为 0，中长期影响为负，中期负向影响强度大于长期，中长期影响具有一定的时变特征。当货币政策不确定性上升时，短期产出的下降经过一段时滞后，会导致中长期净出口的下降。$\varepsilon_{jck}\uparrow\rightarrow exc$ 子图显示，人民币汇率对国际收支冲击的中短期响应具有显著的时变特征，长期响应在 0 附近波动。“8·11”汇改之前，国际收支对人民币汇率的中期影响为正，短期影响在 0 值附近，中期影响大于短期影响；之后，中期影响趋于 0，短期影响变为负值，且影响程度不断增加。当国际收支上升时，人民币趋于升值。这意味着“8·11”汇改后，国际收支理论在短期内具有一定的适用性。

图 5－3 中的 $\varepsilon_{MPU}\uparrow\rightarrow r$ 子图展示了利率对货币政策不确定性冲击在不同滞后期的响应结果。货币政策不确定性对利率的影响为负，从影响程度看，中期影响最大，短期影响次之，长期影响最小，短期影响较为稳定，中长期影响具有一定的时变特征。当货币政策不确定性上升时，利率趋于下降，表明预防性储蓄效应较金融摩擦效应发挥了更大作用。$\varepsilon_r\uparrow\rightarrow exc$ 子图显示，人民币汇率对利率冲击的中长期响应为 0，“8·11”汇改之前，

短期响应在0附近，之后，短期响应具有显著的时变特征。特别是2018年之后，随着人民币汇率市场化水平的提升，给利率1单位的正向冲击，人民币汇率短期内负向变动，人民币趋于升值，表明利率平价理论在短期内具有一定的适用性。

图5－3中的$\varepsilon_{MPU}\uparrow\rightarrow EP$子图展示了汇率预期对货币政策不确定性冲击在不同滞后期的响应结果。货币政策不确定性对汇率预期的中短期影响为负，长期影响为正。从影响程度看，短期负向影响最大，中期影响次之，长期影响最小，短期影响较为稳定，中长期影响具有一定的时变特征。当货币政策不确定性上升时，短期汇率预期下降，表明不确定性的增加会加剧市场贬值预期。$\varepsilon_{EP}\uparrow\rightarrow exc$子图显示，人民币汇率对汇率预期冲击的响应为负，各期响应均具有显著的时变特征。次贷危机期间，中长期负向响应大于短期，之后，短期响应负向增加，中长期负向响应减小，特别是"8·11"汇改之后，随着汇率市场化程度的上升，汇率预期对人民币汇率的短期负向影响急剧增加，而中长期影响稳定在0附近波动。

6. 不同时点的脉冲响应分析

对不同时点的脉冲响应图进行分析。在样本期内，发生了次贷危机、欧债危机、"股灾"、中美经贸摩擦和新冠疫情的全球大暴发等突发事件，人民币汇率的市场化形成机制改革也在不断推进，本书选取以下四个代表性时点，依次为2008年11月（次贷危机期间，样本期内中国货币政策的最大峰值）、2010年6月（欧债危机爆发期间，重启有管理的浮动汇率制度）、2015年8月（"股灾"期间，实施"8·11"汇改）和2018年5月（中美经贸摩擦期间，汇率市场化机制不断深化）。通过不同时点的脉冲响应图（见图5－4）探讨货币政策不确定性与其他宏观变量对人民币汇率的影响，验证不确定性经济效应和汇率决定理论在传导机制中的适用性。

图5－4的$\varepsilon_{MPU}\uparrow\rightarrow exc$子图展示了人民币汇率对货币政策不确定性冲击在不同时点的响应结果。给货币政策不确定性1单位的正向冲击，不同时点的人民币汇率脉冲响应变化方向和趋势是一致的，在第0期，人民币汇率的响应为0，第1期达到负的最大值，之后脉冲响应开始回升，前3时点在第4期达到正的最大值，之后开始下降并趋于收敛，第4时点在第

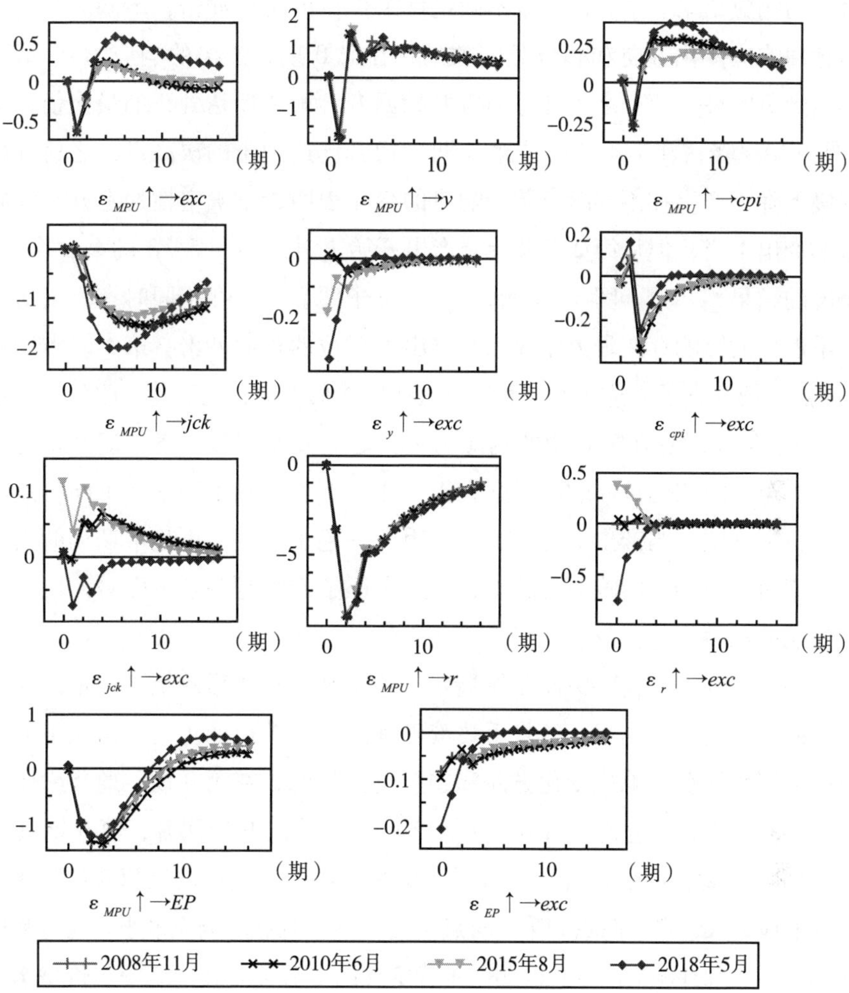

图5－4　不同时点的脉冲响应

5期达到正的最大值，之后缓慢降低。在不同时点短期负向冲击，中长期正向冲击，这与图5－3的 $\varepsilon_{MPU}\uparrow\rightarrow exc$ 子图的结果相一致。这表明，中长期看，货币政策不确定性上升会导致人民币趋于贬值。第4时点的正向响应最大，收敛速度缓慢，一方面表明随着人民币汇率市场化形成机制的深化，人民币汇率对不确定性冲击的反应更加敏感；另一方面也说明中美经贸摩擦引致的政策不确定性对人民币汇率的冲击具有较强的持续性。

图5－4的 $\varepsilon_{MPU}\uparrow\rightarrow y$ 子图展示了产出对货币政策不确定性冲击在不同

时点的响应结果。给货币政策不确定性 1 单位的正向冲击，不同时点的产出脉冲响应变化方向和趋势是一致的，在第 0 期，产出的响应为 0，第 1 期达到负的最大值，之后脉冲响应开始回升，第 2 期达到正的最大值，第 3 期开始下降，在第 4 期（或第 5 期）回升，达到正的次高点，之后开始缓慢下降。产出在不同时点脉冲响应的变化表明，不确定性的上升会导致短期产出下降，但从第 2 期开始，产出开始上升。与图 5 - 3 的 $\varepsilon_{MPU}\uparrow\rightarrow y$ 子图的结果相一致。图 5 - 4 的 $\varepsilon_{y}\uparrow\rightarrow exc$ 子图显示，在不同时点产出对人民币汇率的影响存在较大差异。给产出 1 单位的正向冲击，第 1 时点和第 2 时点在第 0 期的响应为 0，第 2 期达到负的最大值，之后趋于收敛。而第 3 时点和第 4 时点在第 0 期的响应为负，之后开始回升，第 3 期开始趋于收敛，第 4 时点的负向响应强度大于第 3 时点。人民币汇率在不同时点的响应特征表明，当产出上升时，人民币汇率趋于升值；更趋市场化的人民币汇率对产出冲击的响应更趋敏感。这印证了宏观经济基本面对人民币汇率影响的相关理论。

图 5 - 4 的 $\varepsilon_{MPU}\uparrow\rightarrow cpi$ 子图展示了通货膨胀对货币政策不确定性冲击在不同时点的响应结果。给货币政策不确定性 1 单位的正向冲击，不同时点的通货膨胀脉冲响应变化方向和趋势是一致的，在第 0 期，通货膨胀的响应为 0，第 1 期达到负的最大值，之后脉冲响应开始回升，第 3 期（或第 4 期）达到正的最大值，之后开始缓慢下降。从响应的极值看，第 4 时点的响应最大，第 1 时点和第 2 时点次之，第 3 时点的响应最小。通货膨胀在不同时点脉冲响应的变化表明，不确定性的上升会导致短期一般价格水平下降，但从第 2 期开始，通货膨胀的响应开始上升。这与图 5 - 3 的 $\varepsilon_{MPU}\uparrow\rightarrow cpi$ 子图的结果相一致。图 5 - 4 的 $\varepsilon_{cpi}\uparrow\rightarrow exc$ 子图显示，在不同时点通货膨胀对人民币汇率的影响方向和趋势几乎相同。给通货膨胀 1 单位的正向冲击，除第 4 时点外，其他时点人民币汇率在第 0 期的响应为 0，4 个时点的响应均在第 1 期达到正的最大值，第 2 期达到负的最大值，之后趋于收敛。人民币汇率在不同时点的响应特征表明，当一般物价水平上升时，人民币汇率趋于升值（第 2 期开始），印证了购买力平价理论的适用性。

图 5 - 4 的 $\varepsilon_{MPU}\uparrow\rightarrow jck$ 子图展示了国际收支对货币政策不确定性冲击在不同时点的响应结果。给货币政策不确定性 1 单位的正向冲击，不同时

点的国际收支脉冲响应变化方向和趋势是一致的，在第 0 期和第 1 期，国际收支的响应为 0，从第 2 期开始，负向影响开始增加，在第 6 期左右达到负向最大值，之后脉冲响应开始缓慢回升。国际收支在不同时点脉冲响应的变化表明，不确定性的上升对短期国际收支几乎没有影响，但会导致中长期国际收支的下降。这与图 5 - 3 的 $\varepsilon_{MPU}\uparrow\rightarrow jck$ 子图的结果相一致。图 5 -4 的 $\varepsilon_{jck}\uparrow\rightarrow exc$ 子图显示，在不同时点国际收支对人民币汇率的影响存在较大差异。给国际收支 1 单位的正向冲击，在第 1 时点和第 2 时点人民币汇率初始响应为 0，之后缓慢上升，在第 4 期达到正的最大值，之后，脉冲响应开始缓慢下降，并趋于收敛；在第 3 时点人民币汇率初始响应为正的最大值，第 1 期开始下降，第 2 期反弹至正的次高点，之后，脉冲响应开始缓慢下降，并趋于收敛；在第 4 时点人民币汇率初始响应为 0，第 1 期达到负的最大值，之后波动回升，第 4 期开始脉冲响应收敛于 0。人民币汇率在第 4 时点的响应特征表明，当净出口增加时，人民币汇率趋于升值，“8 · 11” 汇改后人民币汇率市场化程度显著深化，人民币汇率对国际收支冲击的脉冲响应也印证了国际收支理论的适用性，但在前 3 个时点人民币汇率的脉冲响应与国际收支理论相左。

图 5 -4 的 $\varepsilon_{MPU}\uparrow\rightarrow r$ 子图展示了利率对货币政策不确定性冲击在不同时点的响应结果。给货币政策不确定性 1 单位的正向冲击，不同时点的利率脉冲响应变化方向和趋势是一致的，在第 0 期，利率的响应为 0，从第 1 期开始，负向影响开始增加，在第 2 期达到负向最大值，之后脉冲响应开始缓慢回升。利率在不同时点脉冲响应的变化表明，不确定性的上升会导致利率的下降，预防性储蓄效应较金融摩擦效应发挥了更大作用。这与图 5 -3 中 $\varepsilon_{MPU}\uparrow\rightarrow r$ 子图的结果相一致。图 5 - 4 中的 $\varepsilon_{r}\uparrow\rightarrow exc$ 子图显示，在不同时点利率对人民币汇率的影响存在较大差异。给利率 1 单位的正向冲击，在第 1 时点和第 2 时点人民币汇率的脉冲响应几乎为 0；在第 3 时点人民币汇率初始响应为正的最大值，第 1 期开始下降，到第 4 期脉冲响应几乎收敛于 0；在第 4 时点人民币汇率初始响应为负的最大值，之后开始回升，到第 3 期脉冲响应也几乎收敛于 0。人民币汇率在第 4 时点的响应特征表明，当本国利率增加时，人民币汇率趋于升值，“8 · 11” 汇改后更趋市场化的人民币汇率对利率冲击的脉冲响应印证了利率平价理论的适

用性，但在前 3 个时点人民币汇率的脉冲响应与利率平价理论相左，这可能与当时所处的宏观经济背景有关。

图 5－4 的 $\varepsilon_{MPU}\uparrow\rightarrow EP$ 子图展示了汇率预期对货币政策不确定性冲击在不同时点的响应结果。给货币政策不确定性 1 单位的正向冲击，不同时点的汇率预期脉冲响应变化方向和趋势是一致的，在第 0 期，汇率预期的响应为 0，从第 1 期开始，负向影响开始增加，在第 3 期达到负向最大值，之后脉冲响应开始缓慢回升。汇率预期在不同时点脉冲响应的变化表明，不确定性的上升会导致汇率贬值预期的上升。图 5－4 的 $\varepsilon_{EP}\uparrow\rightarrow exc$ 子图显示，在不同时点汇率预期对人民币汇率的影响存在较大差异。给汇率预期 1 单位的正向冲击，人民币汇率初始脉冲响应为负的最大值，第 3 时点和第 4 时点的负向响应大于第 1 时点和第 2 时点，第 1 期开始快速回升，从第 2 期开始，脉冲响应逐渐趋于收敛。这表明，当汇率预期正向增加时，人民币汇率趋于升值，“8・11”汇改后更趋市场化的人民币汇率对汇率预期的短期响应更显著。

不同滞后期和不同时点的脉冲响应分析表明：（1）不确定性对其他变量影响具有显著的时变特征，不确定性对产出、消费和汇率预期的负向冲击表明不确定性的宏观经济影响、预防性储蓄效应和预期理论具有一定的适用性；（2）人民币汇率对其他变量冲击的响应具有显著的时变特征，经济基本面对汇率的决定、购买力平价理论、国际收支理论和利率平价理论等汇率决定理论具有一定的适用性；（3）随着人民币汇率市场化改革的深化，人民币汇率对其他变量冲击的响应更敏感，不确定性经济效应和汇率决定理论的适用性更强。因此，持续推进人民币汇率市场化形成机制改革，实现人民币汇率市场化的目标是决策者关注的重要问题。

5.1.4 稳健性检验

首先，改变模型中变量顺序进行稳健性检验。在结构向量自回归模型中，变量的顺序在一定程度上会影响实证结果，为了验证前述实证结果的可靠性，将 5.1.3 节中内生变量调整为如下顺序：y、MPU、cpi、jck、r、exc 和 MPU、r、y、cpi、jck、exc，构造 TVP－SV－VAR 模型，实证结果显示，不同滞后期和不同时点的脉冲响应结果与前文基本一致，这表明前文实证研究的结果是稳健的。

其次，替换关键变量进行稳健性检验。采用基于主成分分析法构造的 *MPU_pca*① 替换前文中基于加权平均法构造的中国货币政策不确定性，用 *MPU*1 表示，与其他变量构建 TVP - SV - VAR 模型。滞后阶数设定为 2，设置与前文相同的滞后期和时点，脉冲响应如图 5 - 5 和图 5 - 6 所示。

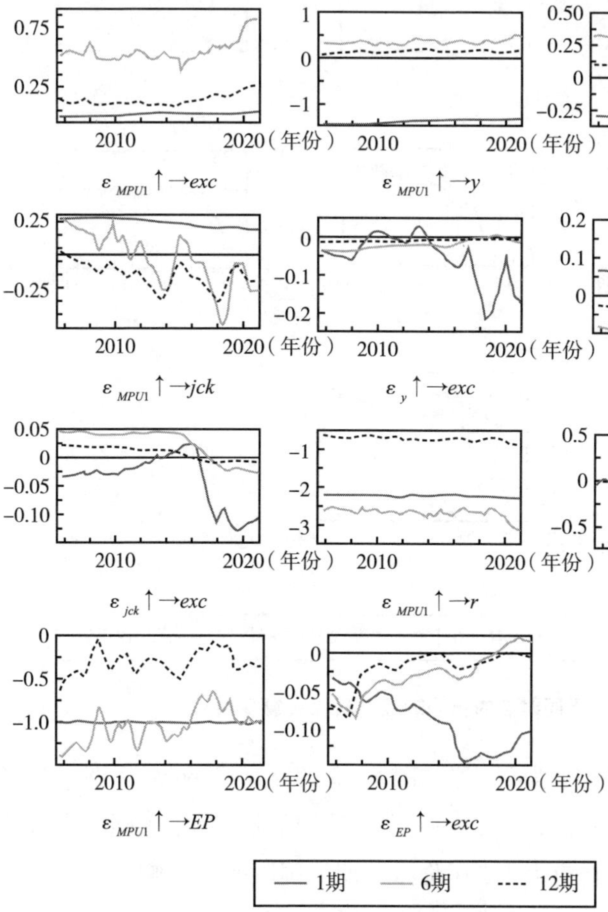

图 5 - 5　不同滞后期的脉冲响应（替换关键变量）

在图 5 - 5 中，$\varepsilon_{MPU1}\uparrow\rightarrow exc$ 子图，1 阶滞后期下人民币汇率对货币政

① *MPU_pca* 来源于第 3 章构造的中国货币政策不确定性指数。

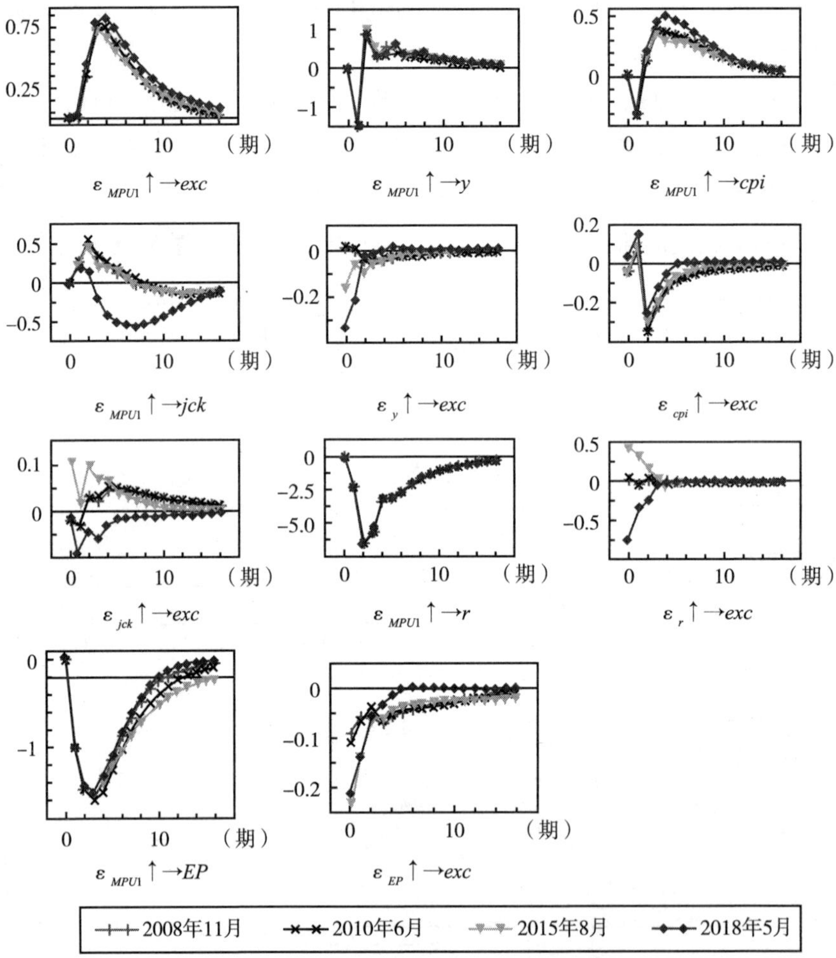

图5－6　不同时点的脉冲响应（替换关键变量）

策不确定性冲击的响应几乎为0，这与图5－3的 $\varepsilon_{MPU}\uparrow\rightarrow exc$ 子图1阶滞后期响应为负值有所差异；$\varepsilon_{MPU1}\uparrow\rightarrow jck$ 子图，1阶滞后期下国际收支对货币政策不确定性冲击的响应为正，6阶滞后期下国际收支的响应在样本期内由正变负，呈现显著的时变特征，这与图5－3的 $\varepsilon_{MPU}\uparrow\rightarrow jck$ 子图有所差异。除此之外，其他变量对货币政策不确定性冲击的响应、人民币汇率对其他变量冲击的响应变化趋势和方向与图5－3几乎一致。在图5－6中，除 $\varepsilon_{MPU1}\uparrow\rightarrow exc$ 和 $\varepsilon_{MPU1}\uparrow\rightarrow jck$ 子图外，其他变量在不同时点的脉冲响应变化趋势和方向与图5－4几乎一致。上述分析表明，5.1.3节实证分析结果较为稳健。

再次，剔除货币政策不确定性这一关键变量进行分析。将中国货币政策不确定性剔除，以 *y*、*cpi*、*jck*、*r*、*EP*、*exc* 变量构造 6 变量的 TVP - SV - VAR 模型，滞后阶数设定为 2，设置与前文相同的滞后期和时点，脉冲响应如图 5 - 7 和图 5 - 8 所示。分别与图 5 - 3 和图 5 - 4 对照分析发现，剔除货币政策不确定性这一变量后人民币汇率的脉冲响应变化方向和趋势与5.1.3 节的分析基本一致，只是在影响程度方面存在一定差异。以图 5 - 3 和图 5 - 7 的 $\varepsilon_{jck}\uparrow\rightarrow exc$ 子图为例，图 5 - 7 的人民币汇率对国际收支的滞后 1 期影响程度显著大于图 5 - 3，表明纳入货币政策不确定性后国际收支对人民币汇率的短期影响程度会降低，以负向冲击为例，当净出口上升时，在货币政策不确定性的冲击下人民币汇率升值幅度会下降。以图 5 - 4 和图 5 - 8 的 $\varepsilon_{r}\uparrow\rightarrow exc$ 子图为例，图 5 - 8 的第 4 时点（2018 年 5 月）人民币汇率对利率冲击的负向响应强度显著大于图 5 - 3，表明纳入货币政策不确定性后利率对人民币汇率的短期负向影响会下降，即当利率上升时，在货币政策不确定性的冲击下人民币汇率升值幅度会下降。这进一步印证了纳入货币政策不确定性的泰勒规则汇率模型对人民币汇率的变动具有一定的解释力。

最后，加入美国货币政策不确定性这一变量进一步分析。考虑到美国货币政策不确定性较强的外溢性，将美国货币政策不确定性指数①（*MPU-us*）纳入分析模型，与 *MPU*、*y*、*cpi*、*jck*、*r*、*EP*、*exc* 变量构造 8 变量的 TVP - SV - VAR 模型，滞后阶数设定为 2，设置与前文相同的滞后期和时点，脉冲响应如图 5 - 9 和图 5 - 10 所示。

在图 5 - 9 中，$\varepsilon_{MPU\text{-}us}\uparrow\rightarrow exc$ 子图显示，美国货币政策不确定性对人民币汇率的中短期影响具有时变特征，长期影响几乎为 0。2015 年之前，短期影响程度较小，之后，正向影响开始上升，出现了两次明显的高点，在样本期内中期影响为负。这表明随着人民币汇率市场化程度的不断提升，美国货币政策不确定性的上升短期内会导致人民币趋于贬值，中期会导致人民币趋于升值。$\varepsilon_{MPU\text{-}us}\uparrow\rightarrow MPU$ 子图显示，在滞后 1 期，美国货币政策

① 美国货币政策不确定性指数由贝克等（Baker et al.，2016）构建。

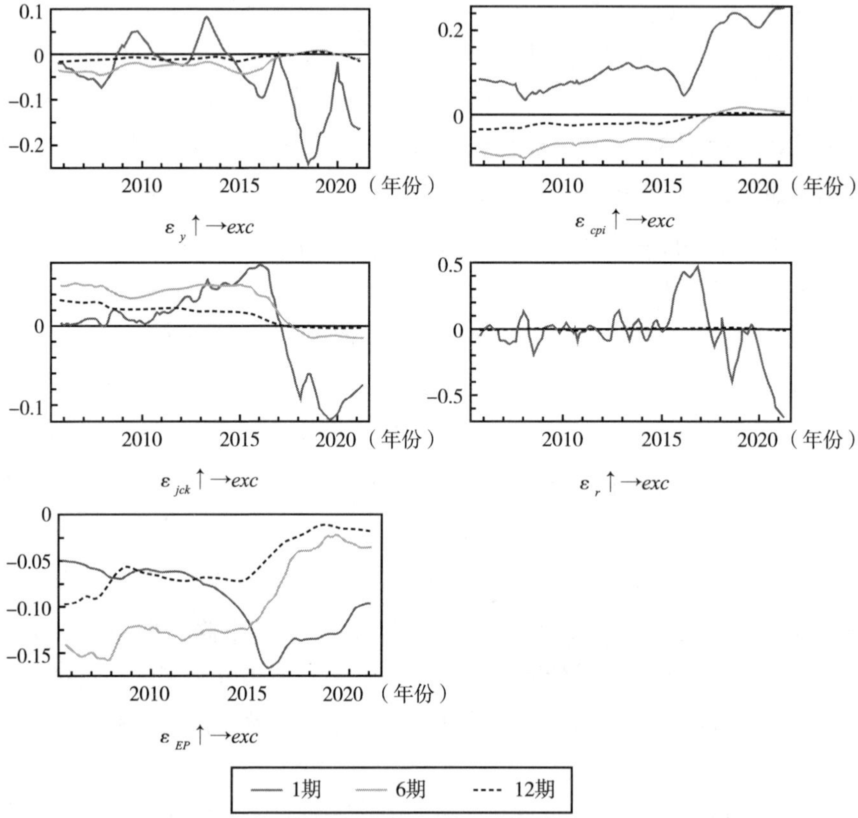

图 5－7　不同滞后期的脉冲响应（剔除关键变量）

不确定性对中国货币政策不确定性的影响为正，危机期间，正相关程度显著上升。在滞后 6 期，美国货币政策不确定性对中国货币政策不确定性产生负向影响，而在长期内，这种负向影响相对较低。$\varepsilon_{MPU\text{-}us} \uparrow \rightarrow y$ 子图显示，在滞后 1 期，2011 年之前，美国货币政策不确定性对宏观经济发展的影响为负，之后，影响为正。在样本期内，中长期影响几乎为 0。在次贷危机前后，美国货币政策不确定性的上升会引起中国产出水平在短期内下降；之后，美国货币政策不确定性的上升则会引起中国产出水平在短期内上升。$\varepsilon_{MPU\text{-}us} \uparrow \rightarrow cpi$ 子图显示，在滞后 1 期，美国货币政策不确定性对通货膨胀的影响为负，中长期影响几乎为 0。这表明当美国货币政策不确定性上升时，在外溢效应影响下，会引起中国一般物价水平在短期内下降。$\varepsilon_{MPU\text{-}us} \uparrow \rightarrow jck$ 子图显示，在滞后 1 期，美国货币政策不确定性对国际收支

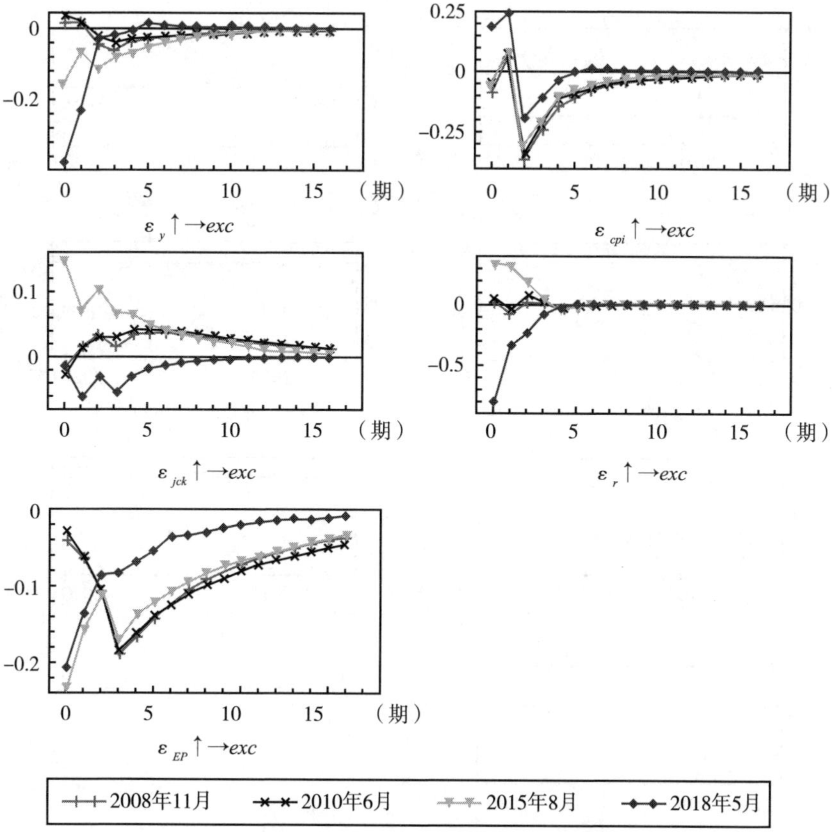

图5－8　不同时点的脉冲响应（剔除关键变量）

的影响为正，中长期影响较小。这表明当美国货币政策不确定性上升时，会引起中国净出口的上升。$\varepsilon_{MPU\text{-}us}\uparrow\rightarrow r$ 子图显示，在滞后1期，美国货币政策不确定性对利率的负向影响较为显著，中长期影响几乎为0。这表明当美国货币政策不确定性上升时，会引起中国利率水平的下降。$\varepsilon_{MPU\text{-}us}\uparrow\rightarrow EP$ 子图显示，美国货币政策不确定性对人民币汇率预期的影响具有显著的时变特征，在2010年重启有管理的浮动汇率制度之前，美国货币政策不确定性对人民币汇率预期的负向冲击较为显著，短期负向影响程度大于中长期影响；2010～2014年，美国货币政策不确定性对人民币汇率预期的冲击在0值附近波动；从2015年开始，美国货币政策不确定性对人民币汇率预期的负向冲击增加，在2016年左右达到负的极值后开始缓慢回升，2018年中期，随着中美经贸摩擦加剧，短期负向冲击增加，在2019年下半年随着

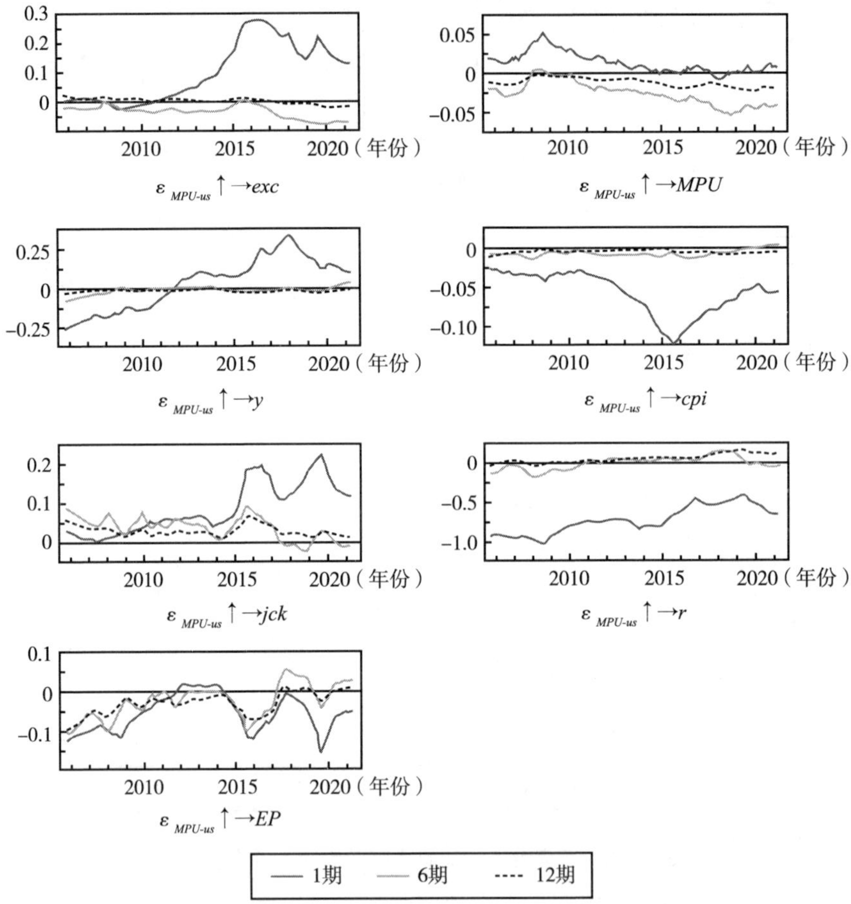

图 5－9　不同滞后期的脉冲响应（加入美国货币政策不确定性）

美联储货币政策转向，美国货币政策不确定性对人民币汇率预期的短期负向冲击达到最大。这表明美国货币政策不确定性的上升会导致人民币汇率贬值预期的增加，当美国货币政策不确定性水平较高时，其对人民币汇率预期的外溢效应较为显著。

在图 5－10 中，$\varepsilon_{MPU\text{-}us}\uparrow\rightarrow exc$ 子图显示，给美国货币政策不确定性 1 单位的正向冲击，人民币汇率在不同时点的响应有所差异，第 1 时点和第 2 时点在第 0 期和第 1 期响应几乎为 0，在第 2 期达到负的极值，之后开始收敛于 0；第 3 时点和第 4 时点在第 0 期正向响应最大，之后开始下降，在第 2 期达到负的极值，之后缓慢回升并收敛于 0。“8·11”汇改以后，

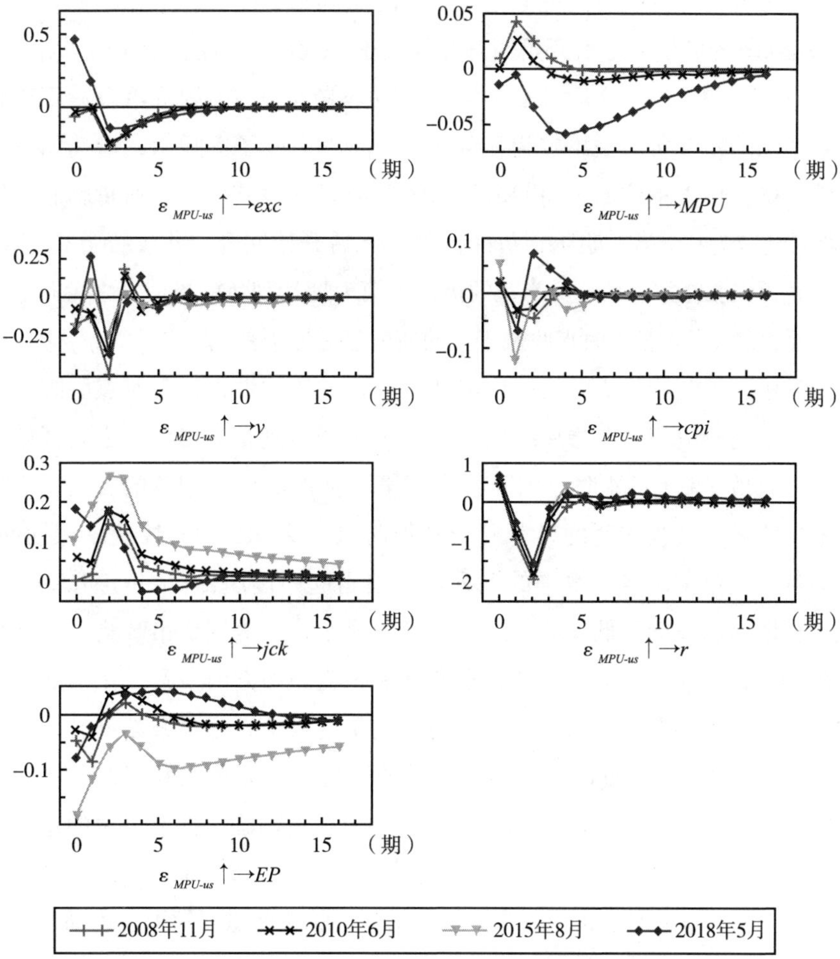

图5－10 不同时点的脉冲响应（加入美国货币政策不确定性）

人民币汇率对美国货币政策不确定性冲击的响应更敏感。$\varepsilon_{MPU\text{-}us}\uparrow\rightarrow MPU$子图显示，给美国货币政策不确定性1单位的正向冲击，货币政策不确定性在不同时点的响应有所差异，第1时点和第2时点在第0期响应几乎为0，在第1期达到正的极值，之后开始收敛于0；第3时点和第4时点在第0期和第1期响应几乎为0，之后开始缓慢下降，在第5期达到负的极值，之后缓慢回升，趋于收敛。次贷危机期间，美国货币政策不确定性对中国货币政策不确定性的短期正向溢出较为显著。$\varepsilon_{MPU\text{-}us}\uparrow\rightarrow y$子图显示，给美国货币政策不确定性1单位的正向冲击，宏观经济发展在第0期的响应为负，之后各时点的响应出现分化，第 1 时点和第 2 时点在第 1 期回升，第 2 期达到负的极值，之后开始回升并收敛于 0；第 3 时点和第 4 时点在第 1 期响应为正的极值，之后开始下降，波动收敛于 0。美国货币政策不确定性对产出的短期负向溢出较为显著。$\varepsilon_{MPU\text{-}us}\uparrow\rightarrow cpi$ 子图显示，给美国货币政策不确定性 1 单位的正向冲击，除第 3 时点外，其他时点通货膨胀在第 0 期的响应为 0，第 1 期达到负的极值，之后开始回升，并收敛于 0。第 3 时点通货膨胀在第 0 期响应为正的极值，第 1 期达到负的极值，之后开始回升，并收敛于 0。第 4 时点收敛于 0 的速度显著慢于其他时点。$\varepsilon_{MPU\text{-}us}\uparrow\rightarrow jck$ 子图显示，给美国货币政策不确定性 1 单位的正向冲击，各时点国际收支在第 0 期的响应为正，之后缓慢上升，第 2 期达到正的极值，之后开始下降，并收敛于 0。第 4 时点国际收支在第 5 期的响应达到负的极值，之后才缓慢收敛，其收敛速度显著慢于其他时点。这表明中美经贸摩擦期间，美国货币政策不确定性水平的上升虽然会引起中国净出口在短期的上升，但中长期净出口会降低。$\varepsilon_{MPU\text{-}us}\uparrow\rightarrow r$ 子图显示，给美国货币政策不确定性 1 单位的正向冲击，各时点利率的响应变化趋势和方向一致。在第 0 期的响应为正，第 1 期响应为负，第 2 期达到负的极值，之后开始回升，并收敛于 0。这表明美国货币政策不确定性的上升会引起中国利率水平在短期下降。$\varepsilon_{MPU\text{-}us}\uparrow\rightarrow EP$ 子图显示，给美国货币政策不确定性 1 单位的正向冲击，人民币汇率预期在不同时点的初始响应为负，第 3 时点负向最大，第 4 时点次之，第 1 时点再次，第 2 时点最小。第 2 时点在第 1 期达到负向极值，之后回升并收敛于 0，第 1 时点和第 4 时点在第 1 期即开始回升并收敛于 0，第 3 时点在第 1 期开始回升，第 3 期之后负向影响又开始增加，第 5 期开始负向影响趋于收敛，这表明在“8·11”汇改初期，由于汇率形成机制不够透明，货币政策不确定性对汇率预期的冲击具有更长的持续性。

上述分析表明，美国货币政策不确定性不仅对人民币汇率产生直接的外溢影响，还会通过影响中国货币政策不确定性、产出、通货膨胀、进出口、利率和汇率预期等变量，改变相关变量对人民币汇率的影响程度。美国货币政策不确定性对上述变量的外溢影响具有显著的动态时变特征。

本节通过改变模型中变量次序、替换关键变量、剔除核心变量和增加美国货币政策不确定性等对 5.1.3 节实证结果进行稳健性检验，并展开了进一步的深入分析。稳健性检验结果表明，货币政策不确定性对人民币汇率的直接影响、货币政策不确定性通过影响其他宏观经济变量进而改变这些变量对人民币汇率的影响程度的间接影响、美国货币政策不确定性的外溢效应等结论验证了 5.1.3 节货币政策不确定性对人民币汇率收益率的影响特征。

基于 TVP – SV – VAR 模型的实证检验表明，货币政策不确定性对人民币汇率的影响具有显著的动态时变特征，印证了货币政策不确定性对人民币汇率传导机制的理论分析，不确定性经济效应和汇率决定理论在样本期内的某些时段会发挥作用。市场化程度不断深化的人民币汇率对货币政策不确定性冲击的响应会更加敏感，实现人民币汇率市场化的目标是决策层必须要重视的问题。

5.2 基于 PVAR 模型的货币政策不确定性对人民币汇率收益率的影响分析

前文以人民币对美元汇率为样本分析了货币政策不确定性对人民币汇率收益率的影响特征。本节将在前述分析的基础上，以人民币对美元、人民币对欧元、人民币对日元和人民币对英镑等人民币汇率为样本，采用面板向量自回归（PVAR）模型从实证的角度探讨货币政策不确定性对人民币汇率收益率的影响特征，以弥补前述采用单一人民币汇率指标研究的不足。

5.2.1 模型设定与变量说明

PVAR 模型是霍尔茨 – 伊金等（Holtz – Eakin et al.，1987）提出，经过不断发展，在经济领域得到较为广泛的应用。该模型综合了时间序列分析和面板数据分析的优点，能够有效克服个体差异带来的估计偏差，较好地把握变量间的内在影响机制。本节采用 PVAR 模型，探讨货币政策不确定性对人民币汇率收益率的影响特征。模型的设定如下：

$$\boldsymbol{Y}_{it} = \alpha_0 + \sum_{j=1}^{p} \beta_j \boldsymbol{Y}_{it-j} + f_i + \eta_i + \varepsilon_{it} \tag{5.5}$$

其中，$\boldsymbol{Y}_{it}$为内生变量构成的列向量，i 表示不同的国家（地区），t 表示不同时间，p 为滞后阶数，α_0 表示截距项，$\boldsymbol{\beta}_j$为滞后变量的参数矩阵，f_i 为个体效应，η_i 为时间效应，ε_{it}为残差项。

本节的研究区间为2006 年第1 季度至2021 年第1 季度①，将中国、美国、欧盟、日本和英国的数据纳入样本。具体变量如下。

（1）人民币汇率（*exc*）：以直接标价法下人民币对美元、欧元、日元和英镑四种主要国际货币的期末汇率计算对数收益率。若 $exc>0$，表示外币升值，人民币贬值，反之，则表示外币贬值，人民币升值。

（2）中国货币政策不确定性（*MPU*）：采用第 3 章基于加权平均法构造的 *MPU_csa* 作为中国货币政策不确定性的代理变量。

（3）外国货币政策不确定性（*fmpu*）：采用贝克等（2016）构造的美国货币政策不确定性指数、阿尔巴特利等（Arbatli et al.，2017）构造的日本货币政策不确定性指数、贝克等（2016）构造的欧盟和英国经济政策不确定性指数②分别作为对应地区的货币政策不确定性指数的代理变量。

（4）宏观经济增长差异（*dgdp*）：以中国与外国（地区）季度 GDP 增速之差来表示。其中，GDP 数据以不变价格表示，并采用 X12 方法进行季节性处理。

（5）通货膨胀差异（*dcpi*）：以中国与外国（地区）季度 CPI 变化率之差来表示，对 CPI 数据采用 X12 方法进行季节性处理。

（6）中国对外国净出口（*jck*）：以中国与外国（地区）进出口差额作为代理变量，为消除量纲，对数据进行标准化处理。

（7）中外利差（*dr*）：以中国与外国（地区）10 年期国债收益率之差作为代理变量。

在上述变量中，*exc*、*dr* 为日数据，*MPU*、*fmpu*、*dcpi*、*jck* 为月数据，对月 *jck* 求和表示季度净出口，其他变量取平均值作为季度数据的代理变量。原始数据来源于 Wind 数据库。

---

① 由于 Wind 数据库中中国与其他国家进出口数据始于 2006 年 1 月，而 GDP 数据为季度数据，故将样本起点定位在 2006 年第 1 季度。

② 由于没有欧盟和英国货币政策不确定性指数，考虑到货币政策不确定性在经济政策不确定性中的重要地位，故以欧盟和英国经济政策不确定性指数代替货币政策不确定性指数。

上述变量的统计性描述如表 5 -7 所示。

表 5 -7　变量的描述性统计

变量	观测值	平均值	标准差	最大值	最小值
exc	244	-0. 4115	3. 4471	11. 5512	-18. 6967
MPU	61	0. 8173	0. 1553	1. 4671	0. 6260
fmpu	244	1. 4763	0. 6151	3. 5974	0. 4121
dgdp	244	2. 7281	5. 7093	33. 5455	-14. 6543
dcpi	244	0. 4307	1. 6604	23. 0980	-1. 9804
jck	244	-1. 49e -07	0. 9938	3. 6811	-2. 6739
dr	244	1. 5266	1. 4209	3. 8905	-2. 0435

注：对外国货币政策不确定性指数除以 100，以降低变量间数量级的差异。

5. 2. 2　实证结果与分析

1. 平稳性检验与确定滞后阶数

为避免伪回归情形的出现，在 PVAR 模型分析前首先对变量序列进行平稳性检验。分别采用相同根单位根假设检验的 LLC 检验和不同根单位根假设检验的 Fisher - ADF 检验，如果两种检验方法均拒绝原假设，则说明该序列是平稳的，反之则为不平稳序列。从表 5 -8 可知，在 5% 的显著性水平上，两种检验方法均拒绝原假设，说明纳入 PVAR 模型的 7 个变量均为平稳序列。

表 5 -8　变量平稳性检验结果

变量	LLC 检验		Fisher - ADF 检验	
	统计量	P 值	统计量	P 值
exc	-8. 7291	0. 0000	-10. 2354	0. 0000
fmpu	-7. 4549	0. 0000	-6. 5309	0. 0000
dgdp	-11. 7388	0. 0000	-10. 7419	0. 0000
dcpi	-15. 5246	0. 0000	-7. 2256	0. 0000
jck	-4. 9233	0. 0000	-2. 4552	0. 0109
dr	-2. 2305	0. 0129	-4. 7868	0. 0000
MPU	-3. 5234	0. 0106	-4. 2071	0. 0014

注：*MPU* 为非面板数据，采用时间序列单位根检验的 ADF 检验和 PP 检验进行平稳性分析。

面板单位根检验完成后，还需确定 PVAR 模型的最优滞后阶数，PVAR 模型较 VAR 模型对数据要求有所放宽，假定 T 为时间序列的长度，n 为滞后阶数，只要 $T \geqslant n+3$，就可以进行 PVAR 模型的参数估计，当 $T \geqslant 2(n+1)$ 则可以获得稳定状态下滞后项的参数估计。PVAR 模型滞后阶数的检验结果如表 5－9 所示。

表 5－9　　最优滞后阶数的确定

阶数	CD	J	J－Pvalue	MBIC	MAIC	MQIC
1	0.9752	185.9783	0.01631	－609.5337 *	－108.0217 *	－310.4564 *
2	0.9925	141.7524	0.0026	－388.5889	－54.2476	－189.2040
3	0.9957	64.9302	0.0633	－200.2405	－33.0698	－100.5481

注：＊表示在 10% 的显著性水平上显著。

表 5－9 结果显示，根据 MBIC、MAIC 和 MQIC 最小化原则以及 Hansen 的 J 统计量和对应的 P 值大于 0.01 的要求下，可以确定 PVAR 模型的最优滞后阶数为 1，同时也满足上述不等式的要求。

2. PVAR 模型估计

在 PVAR 模型估计前，还需通过 Helmert 变换消除样本的时间和个体固定效应，以防止由于个体效应的影响而出现的参数有偏估计。将自变量的滞后项作为工具变量，采用广义矩估计法对模型参数进行有效估计。但由于 PVAR 模型参数估计值的正负、大小和显著性缺乏实际经济意义（游士兵和蔡远飞，2017；何文海和张永姣，2021），本节只给出估计结果（见表 5－10），分析重点放在其后的脉冲响应、方差分解和格兰杰因果检验。

表 5－10　　PVAR 模型估计结果

变量	*exc*	*MPU*	*fmpu*	*dgdp*	*dcpi*	*jck*	*dr*
L. *exc*	0.4851 *** (0.1206)	－0.006 *** (0.0021)	0.0092 (0.0094)	0.1633 ** (0.0814)	0.0548 *** (0.0167)	0.0260 (0.0275)	0.0111 (0.0100)
L. *MPU*	17.205 *** (4.1068)	0.7950 *** (0.0717)	0.6721 (0.4219)	4.9225 (4.1294)	－1.2421 * (0.6796)	4.3082 *** (0.9874)	1.6033 *** (0.4265)

续表

变量	*exc*	*MPU*	*fmpu*	*dgdp*	*dcpi*	*jck*	*dr*
L. *fmpu*	1.9447 ** (0.7853)	-0.0050 (0.0142)	0.6084 *** (0.0802)	4.8966 *** (0.9490)	-0.3258 * (0.1691)	0.1844 (0.1879)	0.2037 ** (0.0791)
L. *dgdp*	-0.0527 (0.0541)	-0.0002 (0.0006)	-0.010 *** (0.0036)	-0.315 *** (0.0902)	-0.0060 (0.0109)	-0.0103 (0.0098)	-0.008 *** (0.0030)
L. *dcpi*	-0.1463 (0.1878)	-0.007 *** (0.0025)	0.0226 (0.0244)	0.2133 (0.1517)	0.0475 ** (0.0241)	-0.0769 (0.0565)	-0.0216 (0.0208)
L. *jck*	-1.781 *** (0.4646)	-0.0190 (0.0123)	0.0507 (0.0419)	-1.0347 * (0.5997)	0.3152 *** (0.1078)	0.2633 ** (0.1084)	-0.0414 (0.0429)
L. *dr*	1.4354 *** (0.4919)	0.0069 (0.0099)	-0.0098 (0.0421)	-0.5622 (0.4588)	-0.2321 ** (0.1009)	0.3834 *** (0.1061)	0.9398 *** (0.0390)

注：括号内为参数标准误，***、** 和 * 分别表示在1%、5%、10%的显著性水平上显著。

PVAR 模型稳定是进行脉冲响应分析的前提。因此需要对 PVAR 模型的稳定性进行检验，采用鲁特科波尔（Lutkepohl，2005）模型稳定性的判断方法，只有当伴随矩阵中所有特征根的模值都小于1的时候，模型才是稳定的。稳定性检验结果（见图5-11）显示，所有的特征根模值都小于1，位于单位圆之内，说明 PVAR 模型是稳定的，可以进行后续的脉冲响应函数分析。

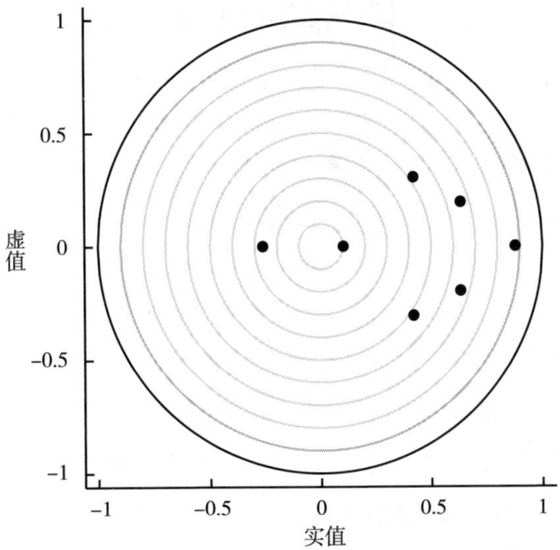

图5-11 PVAR 模型稳定性判断

注：图为 PVAR 模型伴随矩阵的根。

3. 脉冲响应分析

脉冲响应函数可以考察冲击变量的变化对响应变量当期值和未来值的影响。基于本节的研究目的，以其他变量为脉冲变量，以 *exc* 为响应变量，将冲击设定为 10 期，通过 200 次蒙特卡罗（MCMC）模拟得到 *MPU*、*fmpu*、*dgdp*、*dcpi*、*jck* 和 *dr* 等变量冲击下 *exc* 的脉冲响应（见图 5 – 12）。图 5 – 12 中横坐标表示冲击变量冲击发生的滞后期数，纵坐标代表 *exc* 变量对冲击变量的响应程度。

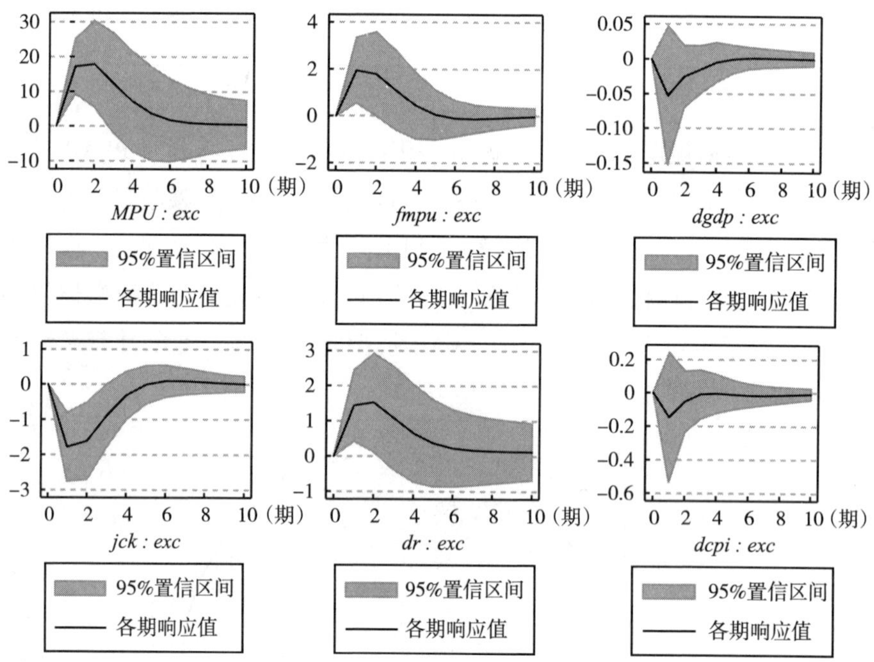

图 5 – 12　PVAR 模型脉冲响应

图 5 – 12 中 *exc* 对 *MPU* 冲击的响应（*MPU*：*exc*）显示，给 *MPU* 1 单位的正向冲击，*exc* 的初始响应为 0，第 1 期响应达到正的 17.2054，第 2 期达到正的最大值 17.8818，之后开始缓慢下降，从第 6 期开始趋于收敛。这表明中国货币政策不确定性对人民币汇率的影响较大，随着 *MPU* 的上升，人民币趋于贬值。*exc* 对 *fmpu* 冲击的响应（*fmpu*：*exc*）显示，给 *fmpu* 1 单位的正向冲击，*exc* 的初始响应为 0，第 1 期响应达到正的最大值

1.9448，之后开始缓慢下降，从第4期开始趋于收敛。这表明外国（地区）货币政策不确定性对人民币汇率存在一定影响，随着 *fmpu* 的上升，人民币趋于贬值，但中国货币政策不确定性的影响显著大于外国（地区）货币政策不确定性的影响，这与5.1节货币政策不确定性对人民币汇率影响的结论相一致。*exc* 对 *jck* 冲击的响应（*jck*：*exc*）显示，给 *jck* 1单位的正向冲击，*exc* 的初始响应为0，第1期响应达到负的极值 -1.7812，之后开始回升，从第5期开始趋于收敛。中国对外国（地区）的净出口对人民币汇率存在一定影响，随着 *jck* 的上升，人民币趋于升值，符合汇率决定的国际收支理论的内容。*exc* 对 *dr* 冲击的响应（*dr*：*exc*）显示，给 *dr* 1单位的正向冲击，*exc* 的初始响应为0，第1期响应为1.4354，第2期达到正的最大值1.5254，之后开始下降，从第5期开始趋于收敛。中外利差对人民币汇率存在一定影响，随着 *dr* 的上升，人民币趋于贬值，这与何慧刚（2008）研究结论相一致，但却与传统的利率平价理论相违背。究其原因有二：其一，在资本管制的情形下，货币间的国际套利行为受到很多限制，即使存在一定的套利空间，往往也很难展开；其二，样本期内中国利率并没有完全市场化，国内货币量的增减并没有完全反映在利率上，利差与人民币汇率多数情形下走势是利差扩大，人民币贬值，利差缩小，人民币升值。*exc* 对 *dgdp* 冲击的响应（*dgdp*：*exc*）显示，给 *dgdp* 1单位的正向冲击，*exc* 的初始响应为0，第1期响应达到负的极值 -0.0527，之后开始回升，从第3期开始趋于收敛。宏观经济发展差异对人民币汇率的影响相对较小，但脉冲响应的方向表明，随着 *dgdp* 的上升，人民币趋于升值，体现了宏观经济发展对人民币汇率的影响特征。*exc* 对 *dcpi* 冲击的响应（*dcpi*：*exc*）显示，给 *dcpi* 1单位的正向冲击，*exc* 的初始响应为0，第1期响应达到负的极值 -0.1463，之后开始回升，从第3期开始趋于收敛。通货膨胀差异对人民币汇率的影响相对较小，但脉冲响应的方向表明，随着 *dcpi* 的上升，人民币趋于升值，这与购买力平价理论相吻合。

从各变量对人民币汇率影响的强度看，*MPU* 影响最大，*fmpu* 影响次之，*jck* 和 *dr* 再次，*dgdp* 和 *dcpi* 的影响最小。从影响方向看，*MPU*、*fmpu* 和 *dr* 与人民币汇率正相关，*jck*、*dgdp* 和 *dcpi* 与人民币汇率负相关。总之，在人民币对主要国际货币的样本中，中国货币政策不确定性对人民币汇率存在较大的持续性影响。

4. 方差分解

采用 PVAR 模型方差分解具体分析各变量贡献度，以更加准确地衡量各变量对人民币汇率的影响程度，结果如表 5－11 所示。

表 5－11　方差分解结果　单位：%

期数	*exc*	*MPU*	*fmpu*	*dgdp*	*dcpi*	*jck*	*dr*
1	100	0	0	0	0	0	0
2	77.10	12.38	1.53	0.60	0.15	7.38	0.86
4	58.21	25.09	2.76	0.64	0.11	11.44	1.74
6	56.98	26.53	2.77	0.63	0.11	11.13	1.85
8	56.88	26.60	2.76	0.63	0.11	11.16	1.86
10	56.84	26.62	2.76	0.63	0.11	11.17	1.87
20	56.79	26.65	2.76	0.63	0.11	11.17	1.89

注：基于本书研究目的，只列出 *exc* 为响应变量的方差分解结果。

表 5－11 显示，在第 1 期，人民币汇率的变化仅来自自身，随着滞后期的增加，人民币汇率的变化来自自身冲击的贡献在 56.79%～77.10%，自第 6 期开始基本稳定在 56.98%。从第 2 期开始，其他变量对人民币汇率的贡献开始显现，其中，中国货币政策不确定性对人民币汇率变化的冲击最大，贡献度在 12.38%～26.65%，自第 8 期开始基本稳定在 26.60%左右。净出口对人民币汇率变化的冲击次之，贡献度在7.38%～11.13%，自第 4 期开始基本稳定在 11%左右。外国（地区）货币政策不确定性对人民币汇率变化的冲击再次之，贡献度在 1.53%～2.76%，自第 4 期开始基本稳定在 2.76%。中外利差对人民币汇率变化的冲击再次，贡献度在 0.86%～1.89%，自第 6 期开始基本稳定在 1.85%。中外宏观经济发展差与通货膨胀差对人民币汇率变化的冲击较小，不到 1%。

上述分析表明，人民币汇率变化初期受自身影响较大，之后，受自身冲击的影响开始下降，其他变量的影响开始上升。在稳定阶段，虽然自身冲击的贡献最大，但中国货币政策不确定性、净出口、外国（地区）货币政策不确定性对人民币汇率的影响也较为显著，特别是中国货币政策不确定性。

5. 格兰杰因果检验

在 PVAR 模型的基础上进行格兰杰因果检验，以验证各变量与人民币汇率是否存在时间因果关系，结果如表 5－12 所示。

表 5－12　　格兰杰因果检验结果

原假设：前变量不是后变量的格兰杰原因	统计量	P 值	是否拒绝原假设
$MPU \nrightarrow exc$	17.551	0.000	是
$fmpu \nrightarrow exc$	6.134	0.013	是
$dgdp \nrightarrow exc$	0.948	0.330	否
$dcpi \nrightarrow exc$	0.607	0.436	否
$jck \nrightarrow exc$	14.697	0.000	是
$dr \nrightarrow exc$	8.514	0.004	是

表 5－12 显示，在 1% 的显著性水平下，*MPU*、*jck* 和 *dr* 是 *exc* 的格兰杰原因，在 5% 显著性水平下，*fmpu* 是 *exc* 的格兰杰原因。*dgdp* 和 *dcpi* 不是 *exc* 的格兰杰原因。这表明中国货币政策不确定性、净出口、中外利差和外国（地区）货币政策不确定性是影响人民币汇率收益率变化的重要原因，而中外宏观经济发展差与通货膨胀差则不是影响人民币汇率收益率变化的重要原因，这验证了前文的分析结果。

6. 稳健性检验

为进一步保证实证结果的可靠性，采用替换核心变量的方法进行稳健性检验。以基于主成分分析构造的 *MPU_pca* 替换前文中使用的中国货币政策不确定性（记为 *MPU*1），重新进行 PVAR 模型估计与分析。在通过数据平稳性检验、最优滞后阶数确定（设定为 1）和 PVAR 模型稳定性检验后，人民币汇率对各变量冲击的响应如图 5－13 所示，各变量与人民币汇率格兰杰因果检验结果如表 5－13 所示。

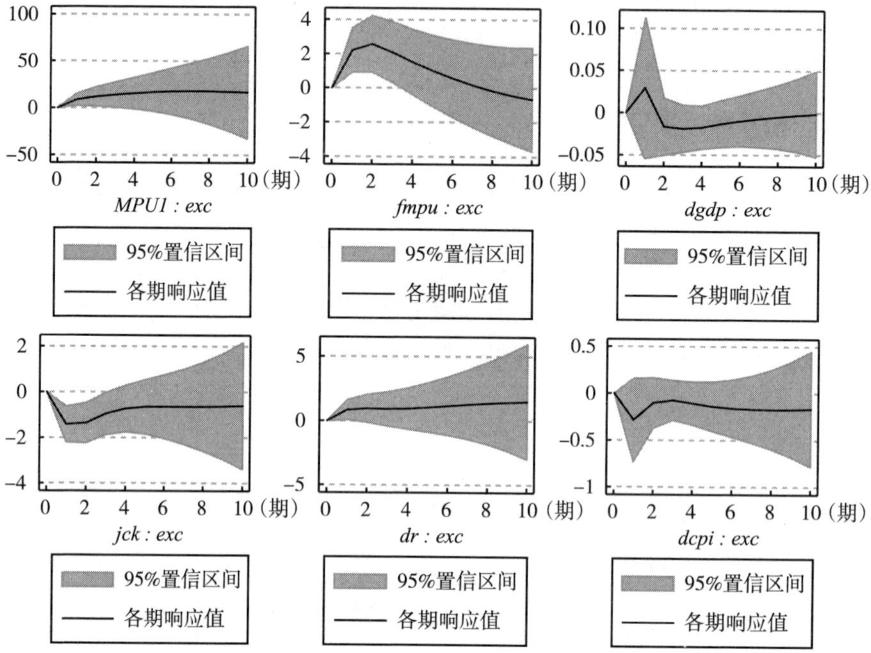

图 5-13　PVAR 模型脉冲响应（稳健性检验）

表 5-13　　　　　　格兰杰因果检验（稳健性检验）

原假设：前变量不是后变量的格兰杰原因	统计量	P 值	是否拒绝原假设
$MPU1 \nrightarrow exc$	7.778	0.005	是
$fmpu \nrightarrow exc$	11.289	0.001	是
$dgdp \nrightarrow exc$	0.442	0.506	否
$dcpi \nrightarrow exc$	1.743	0.187	否
$jck \nrightarrow exc$	12.194	0.000	是
$dr \nrightarrow exc$	4.616	0.032	是

对比表 5-12 和表 5-13 不难发现，中国货币政策不确定性、净出口、中外利差和外国（地区）货币政策不确定性是影响人民币汇率收益率变化的格兰杰原因，中外宏观经济发展差与通货膨胀差则不是影响人民币汇率收益率变化的重要原因。对比图 5-13 和图 5-12 不难发现，除个别变量的影响程度和收敛程度存在一定差异外，货币政策不确定性、净出口和中外利差等变量对人民币汇率的影响并未发生实质性改变，说明前文中

PVAR 模型的实证分析过程和结论是稳健的。

5.2.3 实证研究结论

本节以 2006 年第 1 季度至 2021 年第 1 季度中国、美国、欧盟、日本和英国的面板数据为样本，运用 PVAR 模型，实证研究了货币政策不确定性、净出口、中外利差等变量对人民币汇率收益率影响。

第一，货币政策不确定性是人民币汇率收益率变动的重要影响因素，是人民币汇率的格兰杰原因。中外货币政策不确定性对人民币汇率变化的方差贡献度最高可达 26.65% 和 2.76%，货币政策不确定性的上升会导致人民币贬值，中国货币政策不确定性对人民币汇率的影响显著大于外国（地区）货币不确定性。在研究人民币汇率变动时，中国货币政策不确定性是必须要考虑的重要因素。

第二，净出口和中外利差也是人民币汇率收益率变动的重要影响因素，二者都是人民币汇率的格兰杰原因。净出口和中外利差对人民币汇率变化的贡献度最高可达 11.44% 和 1.89%，净出口的上升会导致人民币升值，印证了国际收支理论；中外利差的扩大却会导致人民币汇率贬值，与传统的利率平价理论相违背。

第三，中外宏观经济发展差与通货膨胀差对人民币汇率的影响并不显著，二者均不是人民币汇率的格兰杰原因。中外宏观经济发展差与通货膨胀差对人民币汇率变化的最高贡献度均不足 1%。

5.3 本章小结

本章首先采用 TVP－SV－VAR 模型，从动态时变的视角探讨了货币政策不确定性对人民币对美元汇率收益率的影响特征，然后以人民币对主要国际货币为样本，基于 PVAR 模型，探讨了货币政策不确定性和宏观经济变量对人民币汇率收益率的影响。

（1）货币政策不确定性对人民币汇率收益率的影响具有显著的时变特

征。当货币政策不确定性水平较低时，宏观基本面因素是汇率变动的主要驱动因素。随着货币政策不确定性的上升，不确定性的冲击开始显现。此外，发达经济体货币政策不确定性的外溢性，也会对新兴经济体货币产生冲击。不确定性对产出、消费和汇率预期的负向冲击，表明不确定性的宏观经济影响、预防性储蓄效应和预期理论具有一定的适用性。

（2）基于 TVP - SV - VAR 模型的实证检验表明，货币政策不确定性对人民币汇率的影响具有显著的动态时变特征，印证了货币政策不确定性对人民币汇率传导机制的理论分析，不确定性经济效应和汇率决定理论在样本期内的某些时段会发挥作用。市场化程度不断深化的人民币汇率对货币政策不确定性冲击的响应会更加敏感，实现人民币汇率市场化的目标是决策层必须要重视的问题。

（3）基于人民币对主要国际货币汇率的样本分析表明，货币政策不确定性是人民币汇率收益率变动的重要影响因素，是人民币汇率的格兰杰原因。货币政策不确定性的上升会导致人民币贬值，中国货币政策不确定性对人民币汇率的影响显著大于外国（地区）货币不确定性。在研究人民币汇率变动时，中国货币政策不确定性是必须要考虑的重要因素。净出口和中外利差也是人民币汇率收益率变动的重要影响因素，二者都是人民币汇率的格兰杰原因。净出口的上升会导致人民币升值，印证了国际收支理论；中外利差的扩大却会导致人民币汇率贬值，与传统的利率平价理论相违背。中外宏观经济发展差与通货膨胀差对人民币汇率收益率的影响并不显著。

第6章

货币政策不确定性对人民币汇率波动率的影响

第5章研究表明，货币政策不确定性上升会引发人民币贬值，对人民币汇率收益率存在显著的影响。除了汇率升贬值的变化，人们更关注汇率风险的变化。因此，本章从汇率的二阶矩出发，通过构建人民币汇率已实现波动率，采用时变参数模型和关联网络技术从动态时变的视角探讨货币政策不确定性对人民币汇率波动率的影响特征。

6.1 变量选取与数据说明

6.1.1 变量选取

根据第4章的影响机制理论分析，选取人民币汇率波动、货币政策不确定性、汇率预期、短期资本流动、产出、通货膨胀和利率等变量构建模型。

（1）人民币汇率波动（*RV*）。借鉴巴恩多夫－尼尔森和谢泼德（Barndorff－Nielsen & Shephard，2002）提出的已实现方差来构造人民币汇率波动率指数。将人民币汇率按时间［0，t］分为 n 等份，产生 p_0，p_1，…，p_n 共 $n+1$ 个对数价格，则收益 $r_i=p_i-p_{i-1}$。当 $n\to\infty$ 时，已实现方差近似收敛于二次变差，即：

$$RV = \sum_{i=1}^{n} r_i^2 = \sum_{i=1}^{n} (p_i - p_{i-1})^2 \tag{6.1}$$

巴恩多夫-尼尔森等（Barndorff-Nielsen et al.，2010）根据收益率的正负进一步将已实现方差分解为已实现正半方差 $RS^+ = \sum_{i=1}^{n} r_i^2 I(r_i > 0)$ 和已实现负半方差 $RS^- = \sum_{i=1}^{n} r_i^2 I(r_i < 0)$，即好的波动和坏的波动。其中，$I(r_i > 0)$ 和 $I(r_i < 0)$ 为示性函数，$RV = RS^+ + RS^-$。二次变差理论保证了在一定条件下，已实现波动率是收益波动率的一个无偏、高效的估计（Andersen et al.，2001；Barndorff-Nielsen & Shephard，2002）。由于已实现波动率包含了更多高频数据信息，基于已实现波动率的模型具有较好的预测能力。选取直接标价法下人民币对美元即期汇率，将数据的抽样频率设定为日数据，根据公式（6.1）计算月度汇率已实现波动率。

（2）中国货币政策不确定性（*MPU*）。采用第3章基于加权平均法构造的 *MPU_csa* 作为中国货币政策不确定性的代理变量。

（3）外国货币政策不确定性（*MPU-us*）。采用贝克等（2016）构造的美国货币政策不确定性指数作为外部货币政策不确定性指数的代理变量。

（4）汇率预期（*EP*）。借鉴张明等（2013）的方法，构造人民币汇率预期：

$$EP = \frac{\text{人民币对美元即期汇率} - \text{NDF 市场 3 个月人民币对美元远期汇率}}{\text{人民币对美元即期汇率}} \times 100\%$$

若 $EP > 0$，表明市场对人民币有升值预期；若 $EP < 0$，则表明人民币有贬值预期。

（5）短期资本流动（*SCF*）。参考张明（2011）的研究构建衡量短期资本流动的指标：短期资本流动 = 外汇储备增加额 - 进出口增加额 - 净FDI 流入，并将计算结果除以 M2 以消除货币流通量的影响。$SCF > 0$ 表示短期资本流入，$SCF < 0$ 表示短期资本流出，*SCF* 绝对值越大表明流入（流出）的规模越大。

（6）产出（y）。由于缺乏 GDP 的月度数据，借鉴田拓和马勇（2013）

的研究，采用规模以上工业企业增加值定基指数[①]作为产出（宏观经济发展）的代理变量。

（7）通货膨胀（*cpi*）。居民消费者价格指数[②]是衡量一个经济体通货膨胀程度的重要标准，采用其作为通货膨胀的代理变量。

（8）利率（*r*）。由于银行间质押式回购占据了货币市场交易额的绝大部分，银行间质押式回购利率是中国货币市场的代表性利率，借鉴杨迪川（2016）的研究，选取7日银行间质押式回购利率作为利率的代理变量。

对规模以上工业企业增加值和居民消费者价格指数等具有季节性特征的数据采用X12进行季节性处理。为保证数据的平稳性，对产出、通货膨胀、利率等变量取对数差分。样本区间为2005年8月至2021年3月。原始数据来源于Wind数据库。

6.1.2 数据说明

表6－1和表6－2（a）、表6－2（b）给出了上述8个变量的描述性统计结果和变量间的相关系数。J－B统计量表明，在给定的显著性水平，除*SFC*外，其他变量都不服从正态分布；各变量的偏度显著大于0，呈现明显的右偏性；峰度显著大于3（*SCF*除外），表明变量的分布具有显著的尖峰厚尾特征。

表6－1　变量的描述性统计分析

变量	均值	标准差	最大值	最小值	偏度	峰度	J－B统计量
RV	0.5905	0.8213	4.5361	0.0007	2.4680	9.3106	502.80***
MPU	0.8116	0.1620	1.6210	0.5868	1.4352	6.3764	153.85***
MPU-us	1.4321	0.7327	4.9106	0.4487	1.6176	6.4220	173.71***
EP	－0.0742	0.9227	3.5391	－2.3788	0.7332	3.9444	23.8300***
SCF	－0.0007	0.0035	0.0085	－0.0111	0.2194	3.4368	3.002

① Wind数据库提供的规模以上工业企业增加值定基指数始于2011年，对于缺失数据根据工业增加值同比数据折算。

② 以2000年1月的居民消费者价格指数为基期，根据环比数据计算样本期内居民消费者价格指数。

续表

变量	均值	标准差	最大值	最小值	偏度	峰度	J－B 统计量
y	0.8030	4.3823	35.3498	－30.9071	0.7855	37.7451	9478.88 ***
cpi	0.2116	0.3638	1.9130	－0.8510	0.4746	5.8906	72.51 ***
r	0.3264	18.6257	66.1387	－56.0492	0.3777	5.7578	64.05 ***

注：*** 表示在1%的显著性水平上拒绝服从正态分布的原假设。

表6－2(a)　　变量间相关系数（全样本）

变量	*RV*	*MPU*	*MPU-us*	*EP*	*SCF*	*y*	*cpi*	*r*
RV	1.000							
MPU	0.028	1.000						
MPU-us	0.435	0.104	1.000					
EP	－0.362	0.042	－0.215	1.000				
SCF	－0.187	－0.072	－0.190	0.585	1.000			
y	－0.048	－0.021	0.063	0.073	0.062	1.000		
cpi	－0.068	－0.0003	－0.104	0.313	0.185	－0.276	1.000	
r	－0.081	－0.113	0.011	0.096	0.044	－0.014	0.019	1.000

表6－2(b)　变量间相关系数（子样本：2015年8月至2021年3月）

变量	*RV*	*MPU*	*MPU-us*	*EP*	*SCF*	*y*	*cpi*	*r*
RV	1.000							
MPU	0.193	1.000						
MPU-us	0.319	0.173	1.000					
EP	－0.017	－0.289	－0.229	1.000				
SCF	0.099	－0.300	－0.063	0.606	1.000			
y	－0.017	－0.035	0.141	0.010	－0.128	1.000		
cpi	－0.035	－0.141	－0.094	0.034	0.020	－0.315	1.000	
r	－0.254	－0.135	0.046	0.016	－0.097	0.002	0.014	1.000

从变量之间的相关系数看（见表6－2（a）和表6－2（b）），全样本下，*RV*与*MPU*之间存在正相关关系，2015年“8·11”汇改后，*RV*与*MPU*之间的正相关程度显著上升，*EP*与*MPU*之间变为负相关关系，且相关程度显著上升（见表6－2（b）），表明当中国货币政策不确定性上升时，汇率波动增加，汇率贬值预期上升，人民币趋于贬值。*EP*与*RV*之间为负相关关系，表明当人民币升值预期上升时，汇率波动趋于下降。这表明随着人民币汇率

市场化形成机制改革的不断推进，人民币汇率对货币政策不确定性的反应更加敏感，更趋市场化的汇率能降低汇率预期对人民币汇率波动的冲击。*MPU* 与 *SCF* 为负相关关系，汇改后相关性显著上升，表明货币政策不确定性上升会导致短期资本流入减少。全样本下，*SCF* 与 *RV* 之间存在负相关关系，即当短期资本流入减少时，汇率波动会增加。全样本和子样本下，*y*、*cpi* 和 *r* 与 *MPU* 之间存在负相关关系，即当货币政策不确定性上升时，产出下降，消费减少，利率降低，这可能与不确定性经济效应有关，特别是预防性储蓄效应较金融摩擦效应发挥了更大的作用。*y* 与 *RV* 之间存在负相关关系，即当产出下降时，人民币汇率波动上升；*cpi* 与 *RV* 之间存在负相关关系，即当一般物价水平下降时，人民币汇率波动上升；*r* 与 *RV* 之间存在负相关关系，即当利率水平降低时，人民币汇率波动上升。“8·11”汇改后，*r* 与 *RV* 之间的相关程度显著上升。各经济变量与人民币汇率波动的相关系数分析表明，经济基本面对汇率的影响、购买力平价理论、利率平价理论以及国际收支理论等汇率决定理论具有一定的适用性。*EP* 与 *RV* 之间的负相关程度在“8·11”汇改后有所降低，表明随着人民币汇率市场化程度的上升，汇率预期对人民币汇率的影响程度有所降低。

6.2 基于时变脉冲响应的影响特征分析

6.2.1 模型设定

本节将采用时变参数随机波动向量自回归（TVP－SV－VAR）模型，通过时变脉冲响应检验货币政策不确定性对人民币汇率波动率的影响特征。模型简介见第5章。

6.2.2 平稳性检验与协整关系分析

1. 变量平稳性检验

为避免“伪回归”问题，首先对变量序列进行平稳性检验，采用ADF

检验和PP检验，平稳性检验结果如表6－3所示。除*EP*在5%显著性水平拒绝原假设，其他变量在1%显著性水平拒绝原假设，说明在两种检验方法下各变量均不存在单位根，各变量序列为平稳序列，可以进行后续建模分析。

表6－3　　单位根检验结果

变量	ADF统计量	1%临界值	P值	PP统计量	1%临界值	P值
RV	－10.8887	－4.0079	0.0000	－10.8004	－4.0079	0.0000
MPU	－4.6176	－3.4656	0.0002	－3.4698	－3.4654	0.0099
MPU-us	－6.5027	－3.4654	0.0000	－6.4940	－3.4654	0.0000
EP	－3.7467	－4.0079	0.0217	－3.8503	－4.0079	0.0161
SCF	－4.1927	－3.4658	0.0009	－8.9954	－3.4654	0.0099
y	－12.6122	－3.4658	0.0000	－28.4207	－3.4654	0.0000
cpi	－7.2951	－3.4656	0.0000	－13.3565	－3.4654	0.0000
r	－15.3084	－3.4654	0.0000	－16.4491	－3.4654	0.0000

注：*RV*和*SCF*单位根检验类型为（1，1，0），其他变量检验类型为（1，0，0）。

2. 协整关系检验

采用Johansen协整检验方法检验模型中各变量之间是否具有协整关系，结果如表6－4所示，根据协整检验结果，在5%显著性水平，变量之间至少存在8个长期协整关系。因此，可以进行VAR系列模型的构建与分析。

表6－4　　协整检验结果

零假设	特征值	迹统计量	5%临界值	P值
不存在协整关系**	0.5291	400.1700	159.5300	0.0000
至多1**	0.3923	260.8500	125.6200	0.0000
至多2**	0.2575	168.7100	95.7540	0.0000
至多3**	0.1841	113.6300	69.8190	0.0000
至多4**	0.1381	75.9820	47.8560	0.0000
至多5**	0.1246	48.4830	29.7970	0.0001
至多6**	0.1011	23.8550	15.4950	0.0022
至多7**	0.0221	4.1353	3.8415	0.0420

注：**表示在5%的显著性水平上显著。

6.2.3 TVP－SV－VAR模型构建

首先根据LR、FPE、AIC、SC和HQ等信息准则综合判断，确定TVP－SV－VAR模型的最优滞后阶数为2，结果如表6－5所示。本节通过构建8变量的TVP－SV－VAR模型分析货币政策不确定性对人民币汇率的传导机制。变量设定顺序为*MPU-us*、*MPU*、*EP*、*SCF*、*y*、*cpi*、*r*和*RV*，参考中岛（Nakajima，2011）的方法进行参数设定，利用Oxmetrics 6.2软件对TVP－SV－VAR模型进行处理，MCMC抽样为10000次，放弃前1000次预烧的迭代以使结果更稳健。

表6－5　　滞后阶数的确定

滞后阶数	Log－L	LR	FPE	AIC	SC	HQ
0	－1943.854	NA	6.1167	21.6762	21.8003	21.7265
1	－1508.252	832.4834	0.0834	17.3806	18.3740*	17.7834
2	－1423.735	154.9480	0.0563*	16.9860*	18.8485	17.7411*
3	－1393.622	52.8653	0.0699	17.1958	19.9276	18.3034
4	－1367.203	44.3251	0.0908	17.4467	21.0477	18.9067

注：*表示在该判定准则下确定的滞后阶数。

表6－6给出TVP－SV－VAR模型部分参数的估计结果，参数的Geweke诊断值均低于5%的临界值1.96，表明在95%的置信度下，无法拒绝参数收敛于后验分布的原假设。无效因子值较低，表明对参数和状态变量进行了有效采样，无效因子最大值为95.24，意味着即使是无效因子最大值的参数亦能抽取104个有效值（10000/95.24），足以进行后验推断，表明模型参数估计是稳健的。

表6－6　　TVP－SV－VAR模型参数估计结果

参数	均值	方差	95%上界	95%下界	Geweke值	无效因子
s_{b1}	0.0227	0.0027	0.0183	0.0289	0.000	9.28
s_{b2}	0.0228	0.0027	0.0183	0.0289	0.327	16.84
s_{a1}	0.0822	0.0284	0.0432	0.1548	0.378	63.96

续表

参数	均值	方差	95%上界	95%下界	Geweke 值	无效因子
s_{a2}	0.0889	0.0334	0.0465	0.1734	0.895	95.24
s_{h1}	0.6386	0.1108	0.4486	0.8844	0.012	61.63
s_{h2}	0.7378	0.1118	0.5444	0.9803	0.007	81.72

图6－1为表6－6对应参数的样本自相关系数、模拟路径以及后验分布密度函数，剔除预烧样本后，样本参数的自相关系数趋于收敛，模拟路径具有较为显著的波动集聚特征，后验分布密度函数正态分布的特征较为明显，这表明样本取值方法能够有效产生不相关的样本，MCMC模拟较为有效。

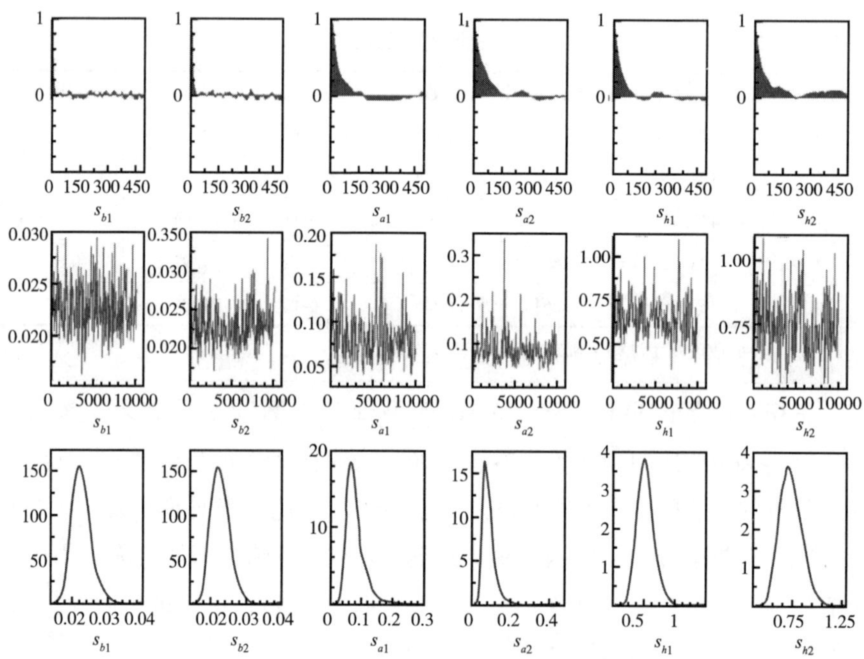

图6－1　样本自相关系数（上）、模拟路径（中）、后验分布密度函数（下）

6.2.4　时变脉冲响应结果分析

选取1期、3期和6期三个滞后期，分别对应着短期（1个月）、中期

(3 个月）和长期（半年），在样本期内，发生了次贷危机、欧债危机、“股灾”、中美经贸摩擦和新冠疫情的全球大暴发等突发性事件，人民币汇率的市场化形成机制改革也在不断推进，本书选取以下 4 个代表性时点：2008 年 11 月（第 1 时点，次贷危机期间，样本期内中国货币政策的最大峰值）、2010 年 6 月（第 2 时点，欧债危机爆发期间，重启有管理的浮动汇率制度）、2015 年 8 月（第 3 时点，“股灾”期间，实施“8・11”汇改）和 2018 年 4 月（第 4 时点，中美经贸摩擦期间，汇率市场化机制不断深化）。通过不同滞后期和不同时点的脉冲响应图对货币政策不确定性影响人民币汇率的传导机制进行实证检验。

1. 货币政策不确定性对汇率波动的直接冲击

首先探讨货币政策不确定性对人民币汇率波动的直接影响以及外部货币政策不确定性对中国货币政策不确定性的溢出影响，如图 6－2 和图 6－3 所示。

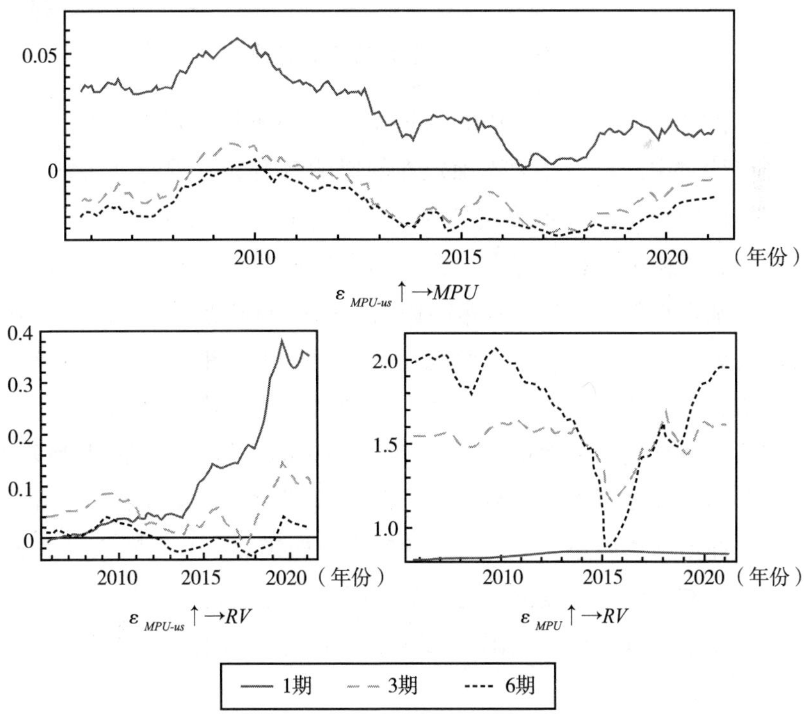

图 6－2　不同滞后期的脉冲响应

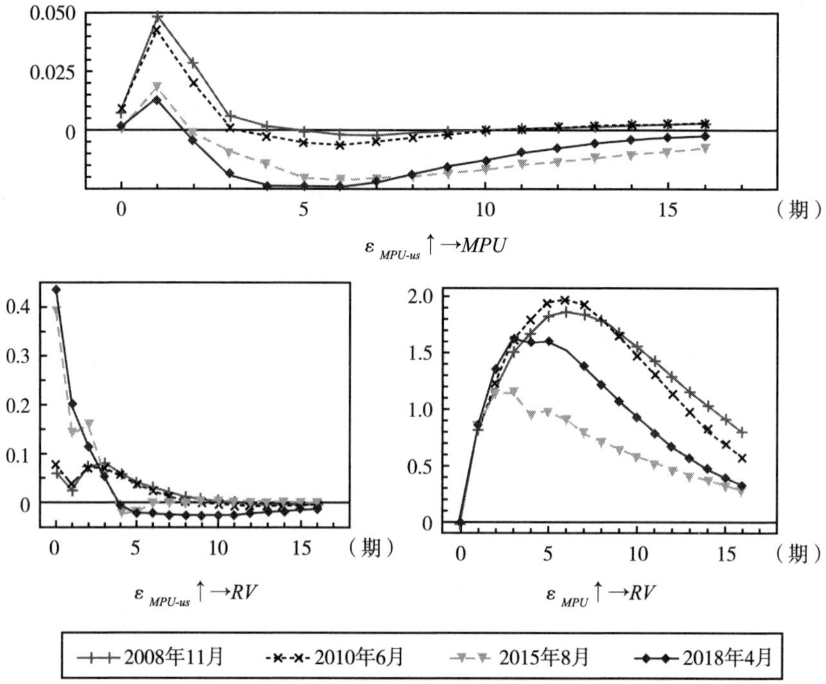

图 6－3　不同时点的脉冲响应

图 6－2 中，$\varepsilon_{MPU\text{-}us}\uparrow\rightarrow MPU$ 子图显示，在不同滞后期，外国货币政策不确定性对中国货币政策不确定性的影响具有显著的时变特征。在滞后 1 期，外国货币政策不确定性对中国货币政策不确定性的影响为正，危机期间，正向冲击程度显著上升。当滞后期为 3 期和 6 期时，外国货币政策不确定性对中国货币政策不确定性的影响显著下降。结合图 6－3 中对应的 $\varepsilon_{MPU\text{-}us}\uparrow\rightarrow MPU$ 子图发现，给外国货币政策不确定性 1 单位的正向冲击，中国货币政策不确定性在不同时点的响应方向和趋势几乎一致，在第 0 期响应几乎为 0，在第 1 期达到正的极值，第 1 时点和第 2 时点的正向冲击强度较大，之后开始下降并趋于收敛；第 3 时点和第 4 时点的正向冲击强度较小，第 2 期滞后转为负向影响，之后开始缓慢下降，在第 5 期左右达到负的极值，之后缓慢回升，趋于收敛。上述分析表明，外国货币政策不确定性对中国货币政策不确定性的正向冲击主要体现在短期。

图 6－2 中，$\varepsilon_{MPU\text{-}us}\uparrow\rightarrow RV$ 子图显示，在不同滞后期，外国货币政策不

确定性对人民币汇率波动的影响具有显著的时变特征。2011 年之前，中期影响显著大于短期和长期影响。2011 年之后，短期影响显著上升，短期影响大于中期影响，长期影响在 0 附近波动。结合图 6－3 中对应的 $\varepsilon_{MPU\text{-}us}\uparrow\rightarrow RV$ 子图发现，给外国货币政策不确定性 1 单位的正向冲击，人民币汇率波动在不同时点的响应存在较大差异，各时点在第 0 期响应为正的极值，第 3 时点和第 4 时点的正向冲击强度较大，之后开始下降并于第 4 期收敛于 0；第 1 时点和第 2 时点的正向冲击强度较小，第 1 期有所降低，第 2 期回升，第 3 期后开始下降，于第 7 期左右收敛于 0。上述分析表明，外国货币政策不确定性对人民币汇率波动的冲击具有显著的时变特征，外国货币政策不确定性的上升会导致人民币汇率波动增加。

图 6－2 中，$\varepsilon_{MPU}\uparrow\rightarrow RV$ 子图显示，中国货币政策不确定性对人民币汇率波动的影响为正，短期影响显著小于中长期影响，中长期影响具有显著的时变特征。结合图 6－3 中对应的 $\varepsilon_{MPU}\uparrow\rightarrow RV$ 子图发现，给中国货币政策不确定性 1 单位的正向冲击，人民币汇率波动在不同时点的响应方向和趋势几乎一致，各时点在第 0 期响应为 0，之后开始快速上升，第 3 时点和第 4 时点在第 3 期达到正的极值，之后缓慢下降，第 1 时点和第 2 时点在第 6 期达到正的极值，之后缓慢下降。第 3 时点和第 4 时点的响应强度小于第 1 时点和第 2 时点。上述分析表明，中国货币政策不确定性的上升会导致人民币汇率波动增加，且这种正向影响具有较强的持续性。而市场化的汇率在一定程度上则可以对冲不确定性的影响。对比 $\varepsilon_{MPU\text{-}us}\uparrow\rightarrow RV$ 子图和 $\varepsilon_{MPU}\uparrow\rightarrow RV$ 子图发现，中国货币政策不确定性对人民币汇率波动的冲击显著大于外国货币政策不确定性的冲击，后续将以中国货币政策不确定性为例，对货币政策不确定性影响人民币汇率的传导机制进行检验。

2. 汇率预期渠道的脉冲结果分析

图 6－4 中，$\varepsilon_{MPU}\uparrow\rightarrow EP$（左）子图显示，中国货币政策不确定性对汇率预期的影响为负，中长期冲击强度显著大于短期冲击，中长期冲击具有显著的时变特征。结合 $\varepsilon_{MPU}\uparrow\rightarrow EP$（右）子图发现，给中国货币政策不确定性 1 单位的正向冲击，汇率预期在不同时点的响应方向和趋势几乎一致，各时点在第 0 期响应为 0，之后开始快速下降，各时点在第 4 期或第 5 期

达到负的极值，之后开始缓慢回升。第1时点和第2时点的冲击强度大于第3时点和第4时点。这表明中国货币政策不确定性的上升会引发人民币汇率的贬值预期，且这种负向影响具有较强的持续性。$EP\uparrow\rightarrow RV$（左）子图显示，汇率预期对人民币汇率波动的短期冲击为正，中长期冲击为负。$EP\uparrow\rightarrow RV$（右）子图显示，给汇率预期1单位的正向冲击，人民币汇率波动在不同时点的响应方向和趋势几乎一致，各时点在第0期响应在0附近，第1期达到正的最大值，之后开始下降，并变为负向响应。第4时点的负向冲击强度最大。这表明汇率升值预期在短期内会导致人民币汇率波动上升，但影响强度较小，中长期会导致人民币汇率波动下降。反之，汇率的贬值预期在中长期会导致人民币汇率波动上升，因此更应该关注贬值预期对汇率波动的冲击。这验证了汇率预期渠道下货币政策不确定性上升会引发贬值预期，进而导致人民币汇率波动增加。

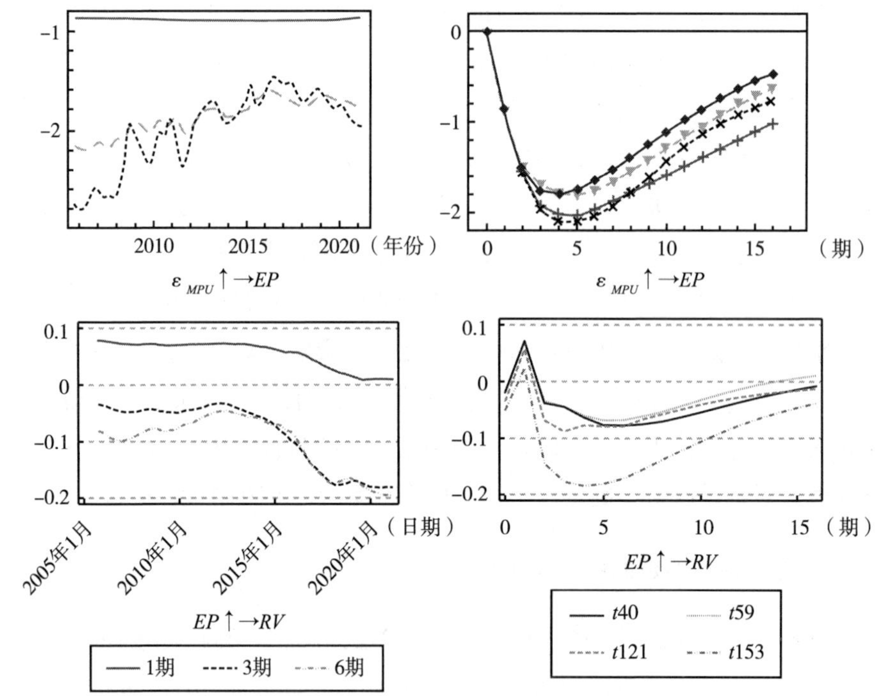

图6-4　汇率预期渠道的脉冲响应

注：因Oxmetrics 6.2软件下8变量的TVP-SV-VAR模型脉冲响应图太多，无法全部显示，第二行的脉冲响应图为作者根据脉冲响应数据自行绘制。t40、t59、t121、t153分别对应着2008年11月、2010年6月、2015年8月和2018年4月4个时点。

3. 资本流动渠道的脉冲结果分析

图6－5中，ε_{MPU}↑→*SCF*（左）子图显示，中国货币政策不确定性对短期资本流动的影响具有显著的动态时变特征，中国货币政策不确定性对短期资本流动的冲击为负，短期冲击强度最大，中长期冲击强度较小。结合ε_{MPU}↑→*SCF*（右）子图发现，给中国货币政策不确定性1单位的正向冲击，短期资本流动在不同时点的响应方向和趋势几乎一致，各时点在第0期响应在0附近，第1期达到负的极值，之后开始回升并趋于收敛。第4时点的收敛速度最慢。这表明中国货币政策不确定性的上升会引发短期资本流入下降，资本流出上升，且这种负向影响强度在不同时点具有较大差异。*SCF*↑→*RV*（左）子图显示，短期资本流动对人民币汇率波动的冲击为负，短期冲击强度大于中长期冲击（2016年12月之后，中期冲击强度大于短期冲击）。*SCF*↑→*RV*（右）子图显示，

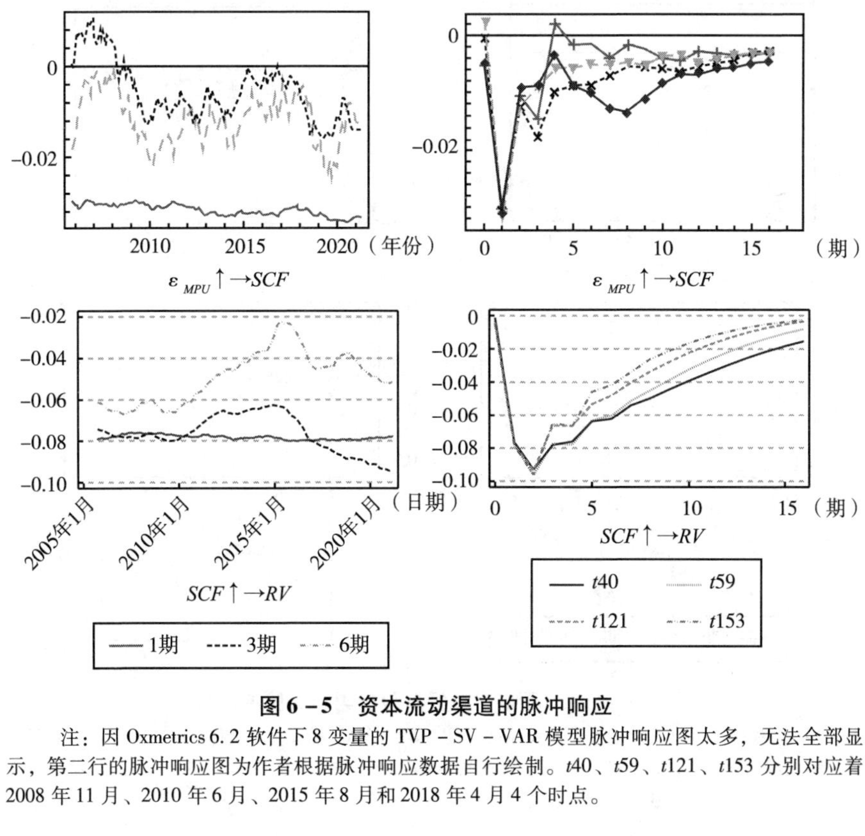

图6－5 资本流动渠道的脉冲响应

注：因Oxmetrics 6.2软件下8变量的TVP－SV－VAR模型脉冲响应图太多，无法全部显示，第二行的脉冲响应图为作者根据脉冲响应数据自行绘制。t40、t59、t121、t153分别对应着2008年11月、2010年6月、2015年8月和2018年4月4个时点。

给短期资本流动 1 单位的正向冲击，RV 在不同时点的响应方向和趋势几乎一致，各时点在第 0 期响应在 0 附近，之后开始下降，于第 2 期达到负的极值，然后开始缓慢回升。这表明短期资本流入增加会导致人民币汇率波动下降。反之，短期资本流出增加则会导致人民币汇率波动上升，因此更应该关注资本流出对汇率波动的冲击。这验证了在资本流动渠道下货币政策不确定性上升会导致短期资本流出增加，进而冲击人民币汇率波动。

4. 不确定性经济效应渠道的脉冲结果分析

图 6－6(a)中，$\varepsilon_{MPU}\uparrow\rightarrow y$（左）子图显示，中国货币政策不确定性对产出的短期负向冲击最大，中长期冲击在 0 值附近波动。结合 $\varepsilon_{MPU}\uparrow\rightarrow y$（右）子图发现，给中国货币政策不确定性 1 单位的正向冲击，产出在不同时点的响应方向和趋势几乎一致，各时点在第 0 期响应在 0 附近，第 1

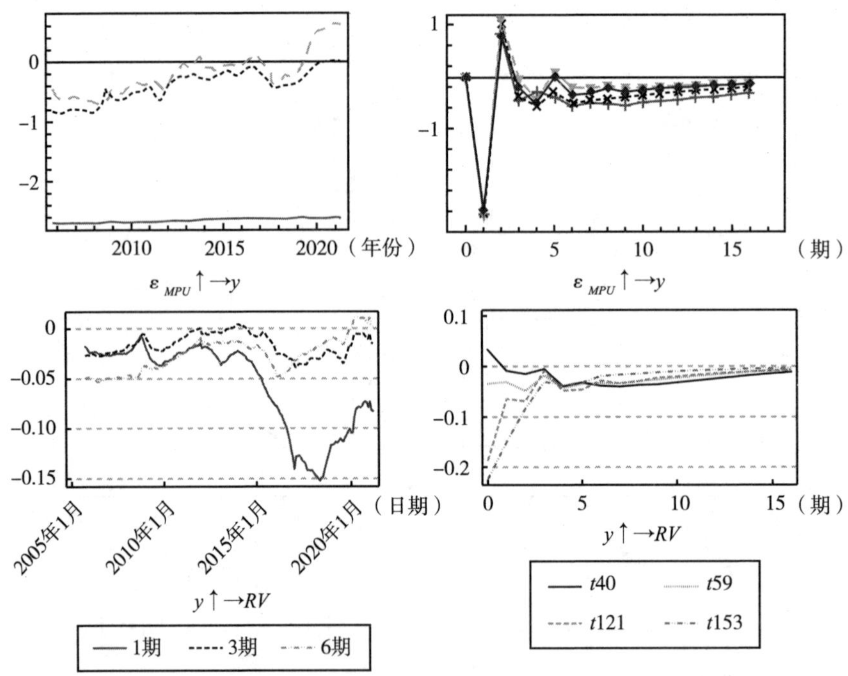

图 6－6(a)　不确定性经济效应渠道的脉冲响应

注：因 Oxmetrics 6.2 软件下 8 变量的 TVP－SV－VAR 模型脉冲响应图太多，无法全部显示，第二行的脉冲响应图为作者根据脉冲响应数据自行绘制。$t40$、$t59$、$t121$、$t153$ 分别对应着 2008 年 11 月、2010 年 6 月、2015 年 8 月和 2018 年 4 月 4 个时点。

期达到负的极值，之后开始回升并趋于收敛。这表明中国货币政策不确定性的上升在短期内会引发产出下降。$y\uparrow\rightarrow RV$（左）子图显示，产出对人民币汇率波动的冲击为负，“8·11”汇改后，短期负向冲击强度显著增加。$y\uparrow\rightarrow RV$（右）子图显示，给产出1单位的正向冲击，人民币汇率波动在不同时点的响应方向和趋势存在较大差异，第1时点和第2时点的初始响应在0值附近波动，第3时点和第4时点在第0期取得负的极值，之后开始回升并趋于收敛。这表明当产出上升时，人民币汇率波动下降。反之，产出下降则会导致人民币汇率波动上升，因此更应该关注产出下降对汇率波动的冲击。这印证了不确定性经济效应渠道下货币政策不确定性的上升导致短期产出下降，进而导致汇率波动上升。

图6-6（b）中，$\varepsilon_{MPU}\uparrow\rightarrow r$（左）子图显示，中国货币政策不确定性对利率的影响为负，中期影响大于长期影响，短期影响最小，中长期影响具有显著的动态时变特征。结合$\varepsilon_{MPU}\uparrow\rightarrow r$（右）子图发现，给中国货币政策不确定性1单位的正向冲击，利率在不同时点的响应方向和趋势几乎一致，各时点在第0期响应为0，第1期开始下降，第2期达到负的极值，之后开始缓慢回升并趋于收敛。这表明中国货币政策不确定性的上升会导致利率水平下降，与金融摩擦效应相比，预防性储蓄效应发挥了更大的作用。$r\uparrow\rightarrow RV$（左）子图显示，在2015年之前，利率对人民币汇率波动的冲击在0值附近波动，之后随着中国利率市场化的不断深化，短期冲击强度显著增加。$r\uparrow\rightarrow RV$（右）子图显示，给利率1单位的正向冲击，人民币汇率波动在不同时点的响应方向和趋势存在较大差异，第1时点和第2时点的响应在0值附近波动，第3时点初始响应为负，之后开始上升，在第2期取得正的极值，之后开始回落并趋于收敛，第4时点的初始响应为负的极值，之后开始回升，第2期开始趋于收敛。这表明当利率水平上升时，人民币汇率波动下降。反之，利率水平下降则会导致人民币汇率波动上升，因此更应该关注利率下降对汇率波动的冲击。

此外，通货膨胀水平是泰勒规则汇率模型中的重要变量，也是汇率变动的重要影响因素，本书进一步探讨货币政策不确定性对通货膨胀以及通货膨胀对人民币汇率波动的影响（见图6-7）。

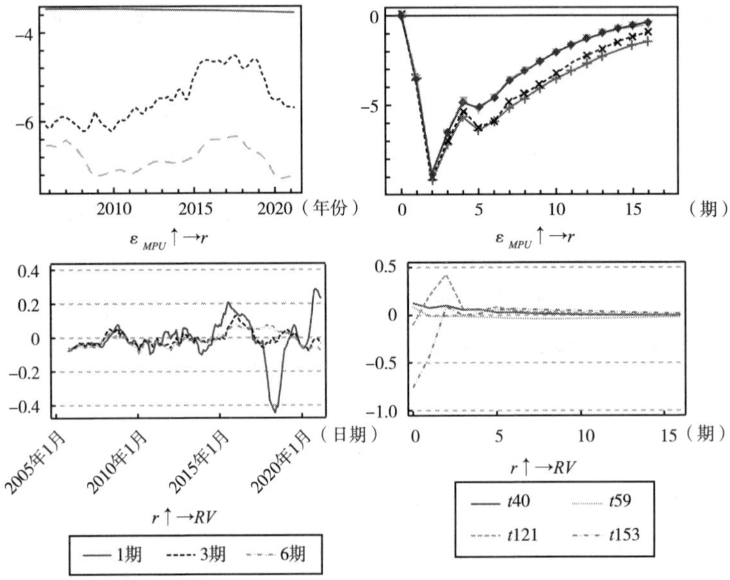

图 6－6(b)　不确定性经济效应渠道的脉冲响应

注：因 Oxmetrics 6.2 软件下 8 变量的 TVP－SV－VAR 模型脉冲响应图太多，无法全部显示，第二行的脉冲响应图为作者根据脉冲响应数据自行绘制。t40、t59、t121、t153 分别对应着 2008 年 11 月、2010 年 6 月、2015 年 8 月和 2018 年 4 月 4 个时点。

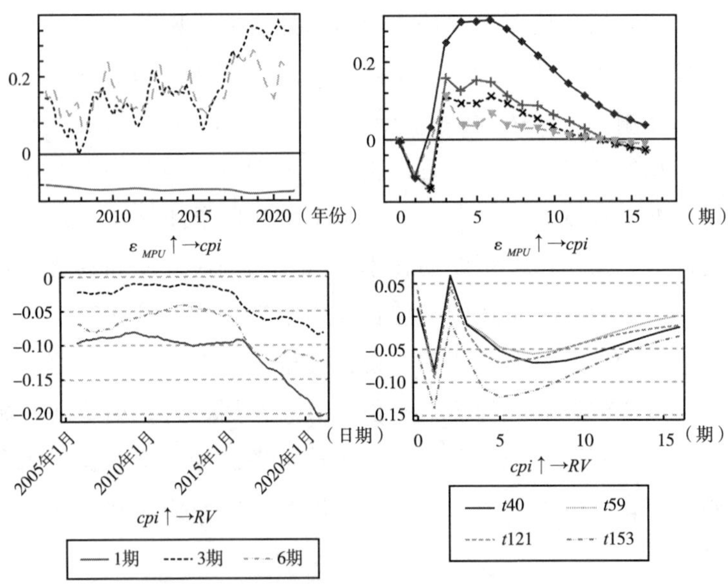

图 6－7　*MPU→cpi* 和 *cpi→RV* 的脉冲响应

注：因 Oxmetrics 6.2 软件下 8 变量的 TVP－SV－VAR 模型脉冲响应图太多，无法全部显示，第二行的脉冲响应图为作者根据脉冲响应数据自行绘制。t40、t59、t121、t153 分别对应着 2008 年 11 月、2010 年 6 月、2015 年 8 月和 2018 年 4 月 4 个时点。

图 6－7 中，$\varepsilon_{MPU} \uparrow \rightarrow cpi$（左）子图显示，中国货币政策不确定性对通货膨胀的短期影响为负，中期影响为正，中长期影响具有显著的动态时变特征。结合 $\varepsilon_{MPU} \uparrow \rightarrow cpi$（右）子图发现，给中国货币政策不确定性 1 单位的正向冲击，通货膨胀在不同时点的响应方向和趋势较为接近，各时点在第 0 期响应为 0，第 3 时点和第 4 时点在第 1 期达到负的极值，第 1 时点和第 2 时点在第 2 期达到负的极值，之后开始缓慢回升转为正向影响。这表明中国货币政策不确定性的上升在短期内会导致通货膨胀水平下降，不确定性上升会减少当前消费，导致通货膨胀水平趋于下降。$cpi \uparrow \rightarrow RV$（左）子图显示，通货膨胀对汇率波动的影响为负，短期影响强度显著大于中长期影响。$cpi \uparrow \rightarrow RV$（右）子图显示，给通货膨胀水平 1 单位的正向冲击，人民币汇率波动在不同时点的响应方向和趋势几乎一致，在第 1 期达到负的极值，其中，第 4 时点的负向响应强度最大，第 2 期回升，其中第 1 时点、第 2 时点和第 3 时点在第 2 期的响应变为正值，之后各时点的响应开始下降并趋于收敛。这表明当通货膨胀水平上升时，人民币汇率波动短期波动下降。反之，通货膨胀下降则会导致人民币汇率波动上升，因此，货币政策不确定性上升在短期内会导致通货膨胀水平下降，进而导致人民币汇率波动上升。

不同滞后期和不同时点的脉冲响应分析可以得出以下结论。（1）从直接影响看，货币政策不确定性上升会导致人民币汇率波动增加，中国货币政策不确定性对人民币汇率波动的影响大于美国货币政策不确定性的影响，但美国货币政策不确定性的外溢效应会导致中国货币政策不确定性在短期内上升。（2）汇率预期渠道下货币政策不确定性上升会引发贬值预期，进而导致人民币汇率波动增加；资本流动渠道下货币政策不确定性上升会导致短期资本流出增加，进而冲击人民币汇率波动；不确定性经济效应渠道下货币政策不确定性的上升导致短期产出下降、利率水平下降，进而导致汇率波动上升。此外，货币政策不确定性上升在短期内会导致通货膨胀水平下降，进而导致人民币汇率波动上升。上述结论从实证的角度验证了第 4 章影响机制理论分析的准确性。（3）不同传导渠道下货币政策不确定性对人民币汇率波动的影响具有显著的时变特征，随着人民币汇率市场化改革的深化，人民币汇率对不同传导渠道下各变量冲击的响应更敏感，市场化功能的深化在一定程度上可以对冲不确定性的冲击。因此，持续推进人民币汇率市场化形成机制改革，实现人民币汇率市场化的目标是决策者关注的重要问题。

6.2.5 稳健性检验

首先，改变 TVP－SV－VAR 模型中变量顺序进行稳健性检验。在结构向量自回归模型中，变量的顺序在一定程度上会影响实证结果，为了验证前述实证结果的可靠性，将 6.2.3 节中内生变量调整为如下顺序：*MPU-us*、*MPU*、*y*、*cpi*、*r*、*EP*、*SCF*、*RV* 和 *MPU*、*MPU-us*、*EP*、*y*、*cpi*、*r*、*SCF*、*RV*，构造 TVP－SV－VAR 模型，实证结果显示，不同滞后期和不同时点的脉冲响应结果与前文基本一致，这表明前文实证研究的结果是稳健的。

其次，替换关键变量进行稳健性检验。采用基于主成分分析法构造的 *MPU_pca*① 替换前文中基于加权平均法构造的中国货币政策不确定性，用 *MPU*1 表示，与其他变量构建 TVP－SV－VAR 模型。滞后阶数设定为 2，替换变量的 TVP－SV－VAR 模型部分参数的估计结果如表 6－7 所示，与表 6－6 相比参数估计的均值变化不大。设置与前文相同的滞后期和时点，脉冲响应如图 6－8 至图 6－11 所示。

表 6－7　　TVP－SV－VAR 模型参数估计结果（替换关键变量）

参数	均值	方差	95% 上界	95% 下界	Geweke 值	无效因子
s_{b1}	0.0226	0.0025	0.0183	0.0282	0.334	13.39
s_{b2}	0.0227	0.0026	0.0183	0.0283	0.854	12.64
s_{a1}	0.0795	0.0269	0.0429	0.1460	0.196	54.47
s_{a2}	0.0896	0.0360	0.0432	0.1905	0.017	90.82
s_{h1}	0.6391	0.1200	0.4252	0.9102	0.021	66.77
s_{h2}	0.7156	0.1222	0.4844	0.9673	0.993	91.64

① *MPU_pca* 来源于第 3 章构造的中国货币政策不确定性指数。

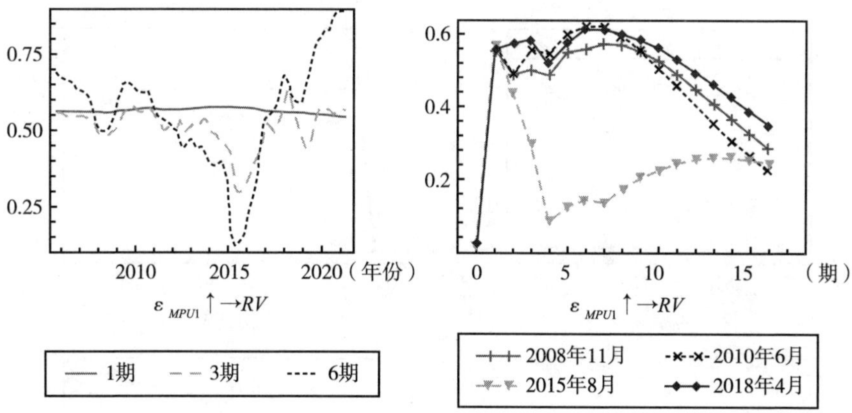

图 6－8 ***MPU*1→*RV*** 脉冲响应

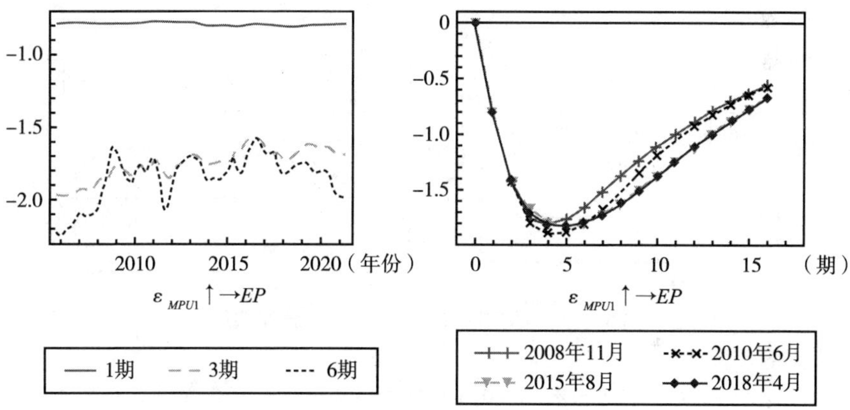

图 6－9 ***MPU*1→*EP*** 脉冲响应

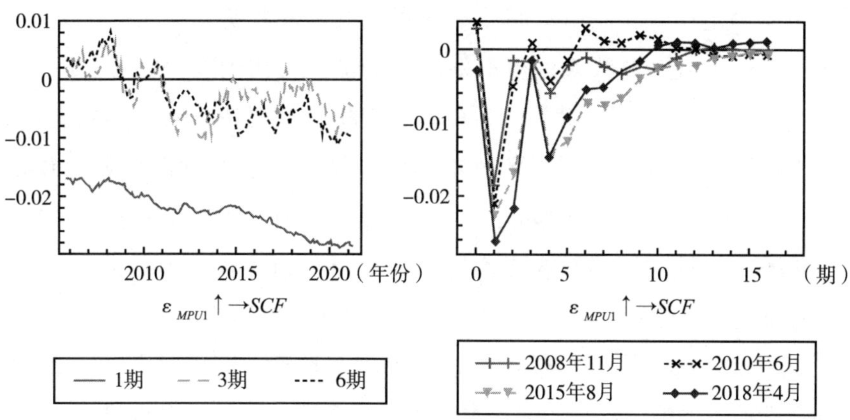

图 6－10 ***MPU*1→*SCF*** 脉冲响应

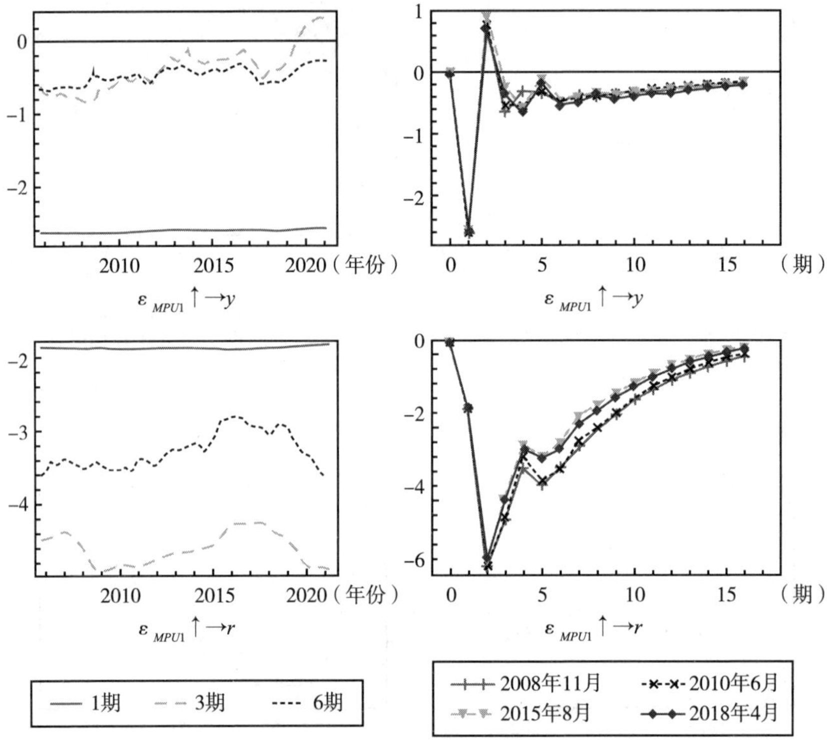

图 6-11　$MPU1\rightarrow y$ 和 $MPU1\rightarrow r$ 脉冲响应

对比图 6-8 与图 6-2、图 6-3 中 $\varepsilon_{MPU}\uparrow\rightarrow RV$ 子图发现，虽然替换关键变量后货币政策不确定性对人民币汇率波动的影响程度有所变化，但货币政策不确定性对人民币汇率波动的影响方向和趋势是一致的。货币政策不确定性上升会导致人民币汇率波动增加。对比图 6-9 和图 6-4 中 $\varepsilon_{MPU}\uparrow\rightarrow EP$ 子图发现，替换变量前后，汇率预期对货币政策不确定性冲击的响应几乎一致，中国货币政策不确定性上升会引发汇率贬值预期。对比图 6-10 和图 6-5 中 $\varepsilon_{MPU}\uparrow\rightarrow SCF$ 子图发现，替换变量前后中国货币政策不确定性对短期资本流动的影响方向和趋势较为接近，只是影响程度有所差异，货币政策不确定性上升会引发短期资本外流。对比图 6-11 和图 6-6a 中 $\varepsilon_{MPU}\uparrow\rightarrow y$ 子图发现，替换变量前后，产出对中国货币政策不确定性冲击的响应几乎一致，中国货币政策不确定性上升会导致产出下降。对比图 6-11 和图 6-6b 中 $\varepsilon_{MPU}\uparrow\rightarrow r$ 子图发现，替换变量前后，利率对中国货币政策不确定性冲击的响应几乎一致，中国货币政策不确定性上升会导致利率水平下降。这表明中国货币政策不确定性通过汇率预期渠道、资本流动渠道和不确定性经济效应渠道影响人民币汇率的实证检验是稳健的。

本节通过改变模型中变量次序和替换关键变量等对前述实证结果进行稳健性检验，结果表明，前文关于中国货币政策不确定性对人民币汇率的直接影响和中国货币政策不确定性通过汇率预期渠道、资本流动渠道和不确定性经济效应渠道的间接影响的结论是稳健的，进一步验证了中国货币政策不确定性对人民币汇率的传导机制。

6.3 基于波动溢出指数的影响特征分析

前文脉冲响应分析仅从定性的角度分析了变量之间影响的方向和趋势，难以反映变量之间信息溢出强度的动态变化。基于此，本节进一步利用 D－Y 波动溢出指数方法（Diebold & Yilmaz，2012；2014）和关联网络技术，通过平均波动溢出指数和定向动态溢出指数量化货币政策不确定性和宏观经济变量对人民币汇率已实现波动率的溢出效应，从定量的角度探讨货币政策不确定性对人民币汇率波动率的影响特征。

6.3.1 模型设定与变量说明

1. 模型设定

迪勃德和伊尔马兹（Diebold & Yilmaz，2012；2014）提出的基于广义方差分解构建波动溢出指数的方法，能够避免 Cholesky 方差分解对变量顺序的依赖，可以较好地刻画不同变量之间风险溢出的强度和方向。具体模型如下。

首先，构建一个具有平稳协方差的 N 变量 VAR（p）模型：

$$y_t = \sum_{i=1}^{p} A_i y_{t-i} + \varepsilon_t \tag{6.2}$$

其中，$\boldsymbol{y}_t$ 为 N 维列向量，$\boldsymbol{A}_i$ 为 $N\times N$ 系数矩阵，$\boldsymbol{\varepsilon}_t \sim (\boldsymbol{0},\Sigma)$ 为独立同分布的误差向量，Σ 为协方差矩阵。然后将模型（6.2）转化为移动平均形式：

$$\boldsymbol{y}_t = \sum_{i=0}^{\infty} \boldsymbol{B}_i \boldsymbol{\varepsilon}_{t-i} \tag{6.3}$$

其中，系数矩阵 $\boldsymbol{B}_i = \boldsymbol{A}_1\boldsymbol{B}_{i-1} + \boldsymbol{A}_2\boldsymbol{B}_{i-2} + \cdots + \boldsymbol{A}_p\boldsymbol{B}_{i-p}$，$\boldsymbol{A}_i$ 为 VAR 模型的 $N\times N$ 系数矩阵，$\boldsymbol{B}_0$ 为 N 阶单位矩阵，并且对于 $i<0$，有 $\boldsymbol{B}_i = \boldsymbol{0}$。

其次，进行广义方差分解，度量 VAR 系统中每个变量受到其他变量或自身冲击的影响程度。变量 i 向前 H 期的广义预测误差方差中由变量 j 引起的比例为 $\theta_{ij}(H)$，定义如下：

$$\theta_{ij}(H) = \frac{\sigma_{jj}^{-1}\sum_{h=0}^{H-1}(e'_i B_h \Sigma e_j)^2}{\sum_{h=0}^{H-1}(e'_i B_h \Sigma B'_h e_i)} \tag{6.4}$$

其中，Σ 为误差向量 $\boldsymbol{\varepsilon}_t$ 的协方差矩阵，σ_{jj}^{-1} 为 Σ 对角线上的第 j 个元素；e_i 表示第 i 个元素为 1，其余元素为 0 的 $N\times 1$ 维列向量；H 表示预测期，$\boldsymbol{B}_h$ 为移动平均式（6.3）的系数。由于广义方差分解未对误差项的信息进行正交化处理，式（6.4）计算的方差分解结果有可能不满足方差分解表中各行元素之和为 1 的要求。为计算波动溢出指数值，对 $\theta_{ij}(H)$ 进行标准化处理，即：

$$\tilde{\theta}_{ij}(H) = \frac{\theta_{ij}(H)}{\sum_{j=1}^{N}\theta_{ij}(H)} \tag{6.5}$$

其中，N 为变量的个数，$\tilde{\theta}_{ij}(H)$ 表示变量 j 对变量 i 的溢出，易知 $\sum_{j=1}^{N}\tilde{\theta}_{ij}(H) = 1$ 和 $\sum_{i,j=1}^{N}\tilde{\theta}_{ij}(H) = N$。

最后，基于广义方差分解结果计算波动溢出指数。由变量 j 到变量 i 两两交互的溢出效应可以表示为：

$$S_{i\leftarrow j}(H) = \tilde{\theta}_{ij}(H) \tag{6.6}$$

两两交互的净波动溢出效应为：

$$NS_{i\leftarrow j}(H) = S_{i\leftarrow j}(H) - S_{j\leftarrow i}(H) \tag{6.7}$$

变量 i 接收（*from*）自其他所有变量溢出效应的总和为：

$$S_{i\leftarrow\cdot}(H)=\sum_{j=1,i\neq j}^{N}\tilde{\theta}_{ij}(H) \tag{6.8}$$

变量 i 输出（*to*）到其他所有变量溢出效应的总和为：

$$S_{\cdot\leftarrow i}(H)=\sum_{j=1,i\neq j}^{N}\tilde{\theta}_{ji}(H) \tag{6.9}$$

变量 i 对其他变量的净溢出指数表示为：

$$NS_i(H)=S_{\cdot\leftarrow i}(H)-S_{i\leftarrow\cdot}(H) \tag{6.10}$$

VAR（p）系统的总波动溢出指数为：

$$S(H)=\frac{\sum_{i,j=1,i\neq j}^{N}\tilde{\theta}_{ji}(H)}{\sum_{i,j=1}^{N}\tilde{\theta}_{ij}(H)}\times 100=\frac{\sum_{i,j=1,i\neq j}^{N}\tilde{\theta}_{ji}(H)}{N}\times 100 \tag{6.11}$$

波动溢出指数越大，表示各变量间的波动溢出效应或关联性越高。本节将根据变量间的波动溢出指数从定量的角度对前文的传导机制进行检验。

2. 变量说明

基于前文分析，选取中国货币政策不确定性（*MPU*）、美国货币政策不确定性（*MPU-us*）、汇率预期（*EP*）、短期资本流动（*SCF*）、产出（*y*）、通货膨胀（*cpi*）、利率（*r*）等变量，分析其对人民币汇率已实现波动率（*RV*）的溢出效应。相关变量的说明和处理见 6.1.1 节，此处不再赘述。样本区间为 2005 年 8 月至 2021 年 3 月。

6.3.2 平均波动溢出指数分析

本节将采用滚动时间窗口技术估计 VAR 模型，将滚动时间窗口设定为 36 个月。滚动时间起点为 2008 年 10 月，终点为 2021 年 3 月，共计 150 个月。

借鉴梁琪等（2015）的研究思路，根据 AIC 准则确定 VAR 模型的滞后阶数为 2。向前预测步数 H 从 1 ~ 12 依次计算总波动溢出指数，发现当

H=10 时，总波动溢出指数趋于稳定值。表 6-8 展示了 H=10 时各时点平均波动溢出指数矩阵，其中主对角线元素表示来自变量自身的波动效应，非主对角线元素表示变量间交互的方向性溢出效应。*from* 列（*to* 行）表示对应变量接收（输出）到其他变量的波动溢出效应，*net* 表示净效应，等于同一变量的输出效应减去接收效应。表 6-8 右下角的元素衡量了系统的总波动溢出指数，等于 *from* 列（to 行）的平均值。

表 6-8　　平均波动溢出指数矩阵　　单位：%

变量	*MPU-us*	*MPU*	*EP*	*SCF*	*y*	*cpi*	*r*	*RV*	*from*
MPU-us	45.1	7.2	8.0	8.0	4.8	8.0	5.7	13.1	54.9
MPU	10.1	43.2	12.0	12.3	5.6	5.0	4.9	6.9	56.8
EP	5.4	12.8	34.5	13.9	5.5	10.1	5.5	12.3	65.5
SCF	7.0	9.6	13.0	39.2	8.2	7.4	5.1	10.5	60.8
y	5.1	6.2	12.9	7.1	37.1	11.9	6.5	13.3	62.9
cpi	4.9	7.6	11.9	7.9	15.7	35.8	5.0	11.2	64.2
r	7.5	8.3	8.5	10.5	7.9	7.6	41.5	8.0	58.5
RV	10.3	9.0	9.7	7.2	6.3	7.6	8.1	41.9	58.1
to	50.3	60.7	76.0	66.9	54.0	57.8	40.8	75.2	60.2
net	-4.6	3.9	10.5	6.1	-8.9	-6.4	-17.7	17.1	

表 6-8 显示，在样本期内，VAR 系统内波动溢出效应较为显著，总波动溢出指数达到 60.2%，说明除自身冲击外，系统中的极端波动有 60.2% 来源于变量间的波动溢出效应。具体而言，一是从各变量对 *RV* 的溢出效应看，*MPU-us*、*EP* 和 *MPU* 对 *RV* 的波动溢出排在前三，考虑到 *RV* 对 *MPU-us* 的溢出更多，因此更应该关注 *MPU*、*EP* 和 *SCF* 等净溢出效应为正的变量。二是 *MPU-us* 对 *MPU* 的溢出显著大于 *MPU* 对 *MPU-us* 的溢出，表明美国货币政策不确定性对中国货币政策不确定性有较强的溢出效应。*MPU* 对 *RV* 的溢出大于 *RV* 对 *MPU* 的溢出（9% >6.9%），表明中国货币政策不确定性对人民币汇率波动具有较显著的溢出效应。三是从汇率预期渠道看，*MPU* 对 *EP* 的溢出为 12.8%，*EP* 对 *RV* 的溢出为 9.7%。从资本流动渠道看，*MPU* 对 *SCF* 的溢出为 9.6%，*SCF* 对 *RV* 的溢出为 7.2%，从不确定性经济效应渠道看，*MPU* 对 *y* 的溢出为 6.2%，*y* 对 *RV*

的溢出为6.3%，*MPU* 对 *r* 的溢出为8.3%，*r* 对 *RV* 的溢出为8.1%，综合对比发现，汇率预期渠道的波动溢出最大，资本流动渠道次之。四是除 *MPU-us* 和 *SCF* 外，*MPU* 对其他变量的溢出显著大于其他变量对 *MPU* 的溢出，表明中国货币政策不确定性对其他变量具有较强的净溢出效应。五是除 *MPU* 和 *r* 外，*RV* 对其他变量的溢出大于其他变量对 *RV* 的溢出，汇率波动与这些变量间具有较强的交互影响。

为了直观地呈现各变量之间的波动溢出强度和方向，绘制波动溢出效应的网络关联图，将 VAR 系统内各变量看作网络中的节点，以变量间波动溢出关系作为网络连接的边，以广义方差分解计算的方差贡献度作为波动溢出网络的邻接矩阵，构建 VAR 系统的波动溢出网络。溢出网络可以更加直观形象地呈现各变量之间的波动溢出强度、方向和系统重要性节点。本书仅保留溢出水平大于平均值的边，得到各变量的波动溢出网络图（见图6－12）。图中节点表示系统中的变量，节点的大小表示该变量向外溢出程度。节点间的有向连线表示两变量间波动溢出的方向和强度，箭头代表溢出的方向，线条越粗，则变量之间的波动溢出强度越大（下同）。

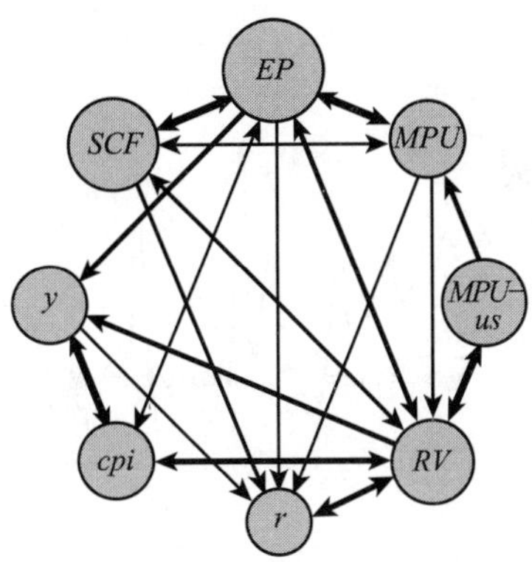

图6－12　平均波动溢出指数关联网络

图6－12显示，在 VAR 系统中，*RV*、*MPU*、*EP* 和 *SCF* 对外溢出较为显著，从直接溢出看，*MPU-us*→*RV* 大于 *MPU*→*RV*，但 *MPU-us* 与 *RV* 之间双向溢出显著。从 *MPU* 对汇率波动的传导渠道看，*MPU*→*EP*→*RV* 最显著，*MPU*→*SCF*→*RV* 次之，*MPU*→*r*→*RV* 再次之，*MPU*→*y* 和 *MPU*→*cpi* 则不显著。此外，*EP*、*SCF* 和 *RV* 三者之间的交互影响较为显著，进一步加

剧了汇率波动。关联网络图更加形象地揭示了不同渠道下货币政策不确定性影响人民币汇率的传导机制。

6.3.3 定向动态波动溢出指数分析

首先绘制 VAR 系统总波动溢出指数图，如图 6－13 所示，VAR 系统总指数的变动范围为［44.92%，77.82%］，在样本期内的总波动溢出指数具有显著的动态时变特征。受次贷危机影响，总波动溢出指数在 2009 年 1 月飙升至 77.82%，此外受欧债危机、“股灾”、英国脱欧、中美经贸摩擦、新冠疫情暴发等突发事件影响，VAR 系统的总溢出指数在 2011 年 1 月、2015 年 9 月、2017 年 4 月、2019 年 4 月和 2020 年 3 月均出现了脉冲式上升，总溢出指数的上升表明在对应的时点 VAR 系统的风险增加。结合本章的研究目的，从定向波动溢出指数的视角探究不同渠道下货币政策不确定性对人民币汇率影响机制的动态变化。

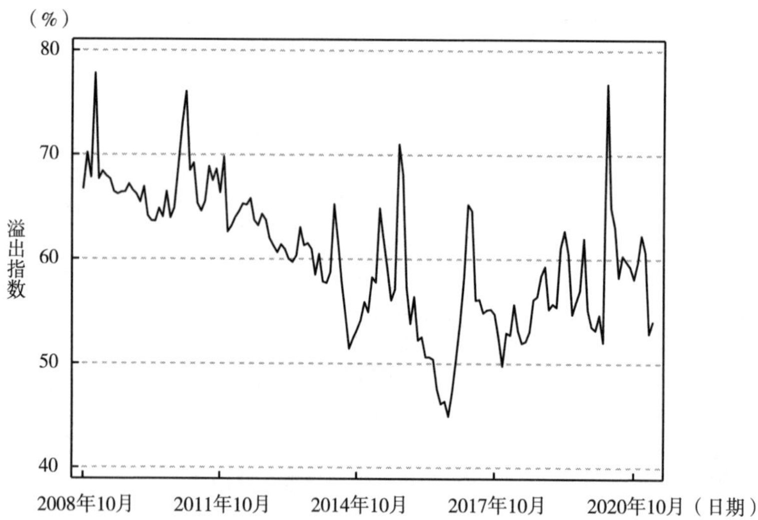

图 6－13　VAR 系统的动态总波动溢出指数

1. 货币政策不确定性对汇率波动的定向溢出

首先，考察货币政策不确定性对 *RV* 的定向动态溢出效应，图 6－14 左图显示，*MPU* 对 *RV* 的溢出最大值出现在 2008 年 12 月，达到了 33.13%，在2010年5月至2010年10月、2011年2月至2012年9月、2015年5月、2018年10月至2019年12月和2020年3月至4月 *MPU* 对 *RV* 的定向净溢出较为显著。特别是2011年上半年，面对经济过热引发的通货膨胀压力，央行连续多次上调存款准备金率，中国货币政策不确定性水平上升，对人民币汇率波动的定向溢出较为显著。图6－14右图显示，*MPU-us* 对 *RV* 的溢出极值出现在2012年4月，达到了27.04%，在2011年6月至2013年12月、2015年1月至7月、2016年3月至2017年9月以及2019年9月 *MPU-us* 对 *RV* 的定向溢出较为显著。特别是次贷危机后美国量化宽松货币政策实施与调整推升了美国货币政策不确定性，期间 *MPU-us* 对人民币汇率波动的溢出较强，且具有较长的持续性。二者对比发现，*MPU* 和 *MPU-us* 对 *RV* 的定向溢出效应具有显著的动态时变特征，在货币政策不确定性水平较高的时间段，二者均对 *RV* 存在较强定向溢出效应，从对 *RV* 的定向溢出强度看，*MPU* 大于 *MPU-us*。

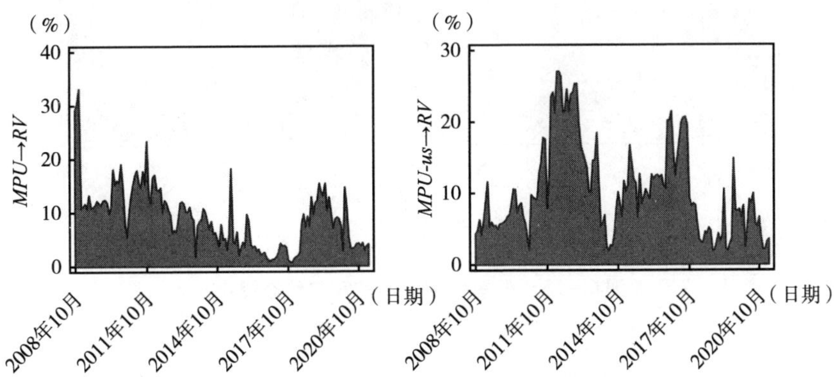

图6－14　货币政策不确定性对 *RV* 的定向动态溢出

2. 汇率预期渠道的定向溢出

其次，从汇率预期渠道考察货币政策不确定性对 *RV* 的定向动态溢出效应，图6－15左图显示，*MPU* 对 *EP* 的溢出最大值出现在2015年4月，达到了30.46%，在2008年11月至12月、2009年3月至2010年8月、2011年3月至6月、2011年10月至11月、2012年1月至7月、2013年6月至10月、2015年3月至2016年1月、2016年3月至2018年5月、2020年3月和6月 *MPU* 对 *EP* 的定向净溢出较为显著。特别是中国货币政策不确定性水平上升以及次贷危机、“股灾”、新冠疫情暴发等“黑天鹅”事件冲击期间，*MPU* 对 *EP* 的定向溢出较为显著。图 6－15 右图显示，*EP* 对 *RV* 的溢出极值出现在 2015 年 10 月，达到了 25.49%，在 2008 年 11 月至 2010 年 10 月、2011 年 2 月至 11 月、2013 年 9 月至 10 月、2015 年 1 月至 5 月、2015 年 9 月至 2016 年 3 月、2019 年 10 月至 2020 年 2 月以及 2020 年 4 月至 2021 年 3 月 *EP* 对 *RV* 的定向溢出较为显著。特别是“8·11”汇改后汇率贬值预期对 *RV* 的定向溢出格外突出。上述分析表明，*MPU*→*EP* 和 *EP*→*RV* 的定向溢出效应具有显著的动态时变特征，在货币政策不确定性水平较高和“黑天鹅”事件爆发的时间段，*MPU* 对 *EP* 具有较强的溢出效应，*EP* 对汇率波动也具有较为突出的定向溢出。

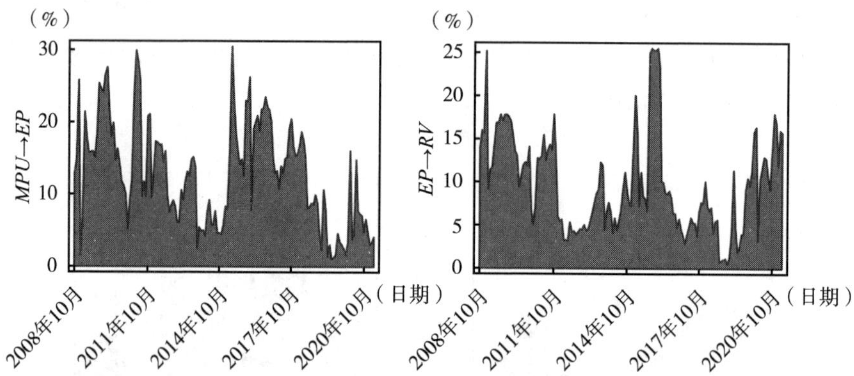

图 6－15　汇率预期渠道的定向动态溢出

3. 资本流动渠道的定向溢出

再次，从资本流动渠道考察货币政策不确定性对 *RV* 的定向动态溢出效应，图 6－16 左图显示，*MPU* 对 *SCF* 的溢出最大值出现在 2018 年 2 月，达到了 24.05%，在 2008 年 10 月至 12 月、2009 年 3 月至 2011 年 4 月、2014 年 6 月至 11 月、2015 年 9 月至 2016 年 1 月、2016 年 3 月至 2018 年 6 月和 2020 年 3 月 *MPU* 对 *SCF* 的定向净溢出较为显著。特别是中美经贸摩擦升级前后，*MPU* 对 *SCF* 的定向溢出较为显著。图 6－16 右图显示，*SCF* 对 *RV* 的溢出极值出现在 2021 年 1 月，达到了 19.3%，在 2008 年 10 月至 2010 年 10 月、2013 年 12 月至 2014 年 2 月、2015 年 3 月至 8 月、

2018 年 8 月至 12 月以及 2019 年 4 月至 2021 年 3 月 *SCF* 对 *RV* 的定向溢出较为显著。特别是次贷危机、“股灾”前后以及新冠疫情暴发期间，短期资本流动对人民币汇率波动的溢出较强，且具有一定的持续性。上述分析表明，*MPU*→*SCF* 和 *SCF*→*RV* 的定向溢出效应具有显著的动态时变特征，在货币政策不确定性水平较高和“黑天鹅”事件爆发的时间段，*MPU* 对 *SCF* 具有较强的溢出效应，*SCF* 对汇率波动也具有较为突出的定向溢出。

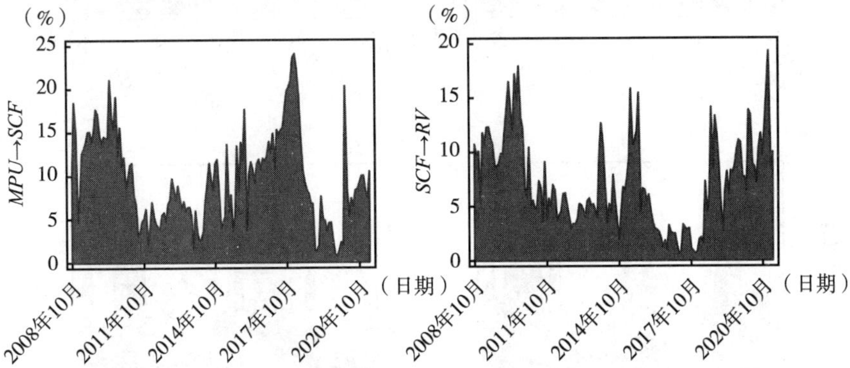

图 6-16 资本流动渠道的定向动态溢出

4. 不确定性经济效应渠道的定向溢出

最后，从不确定性经济效应渠道考察货币政策不确定性对 *RV* 的定向动态溢出效应，图 6-17 第一行左图显示，*MPU* 对 *y* 的溢出最大值出现在 2011 年 10 月，达到了 21.84%，在 2009 年 2 月至 2011 年 11 月、2015 年 3 月至 4 月和 2020 年 3 月至 2021 年 3 月 *MPU* 对 *y* 的定向净溢出较为显著。特别是次贷危机、欧债危机以及新冠疫情暴发期间，*MPU* 对 *y* 的定向溢出较为显著。图 6-17 第一行右图显示，*y* 对 *RV* 的溢出极值出现在 2020 年 3 月，达到了 44.13%，在 2009 年 5 月至 2010 年 6 月、2011 年 11 月至 12 月、2013 年 6 月至 2014 年 2 月、2014 年 7 月至 8 月、2015 年 4 月至 8 月、2017 年 2 月至 5 月、2018 年 3 月至 2019 年 5 月以及 2021 年 3 月至 5 月，*y* 对 *RV* 的定向溢出较为显著。特别是新冠疫情暴发导致经济暂时停摆，产出对人民币汇率波动的定向溢出达到了极值。上述分析表明，*MPU*→*y* 和 *y*→*RV* 的定向溢出效应具有显著的动态时变特征，在货币政策不确定性水平较高和“黑天鹅”事件爆发的时间段，*MPU* 对 *y* 具有较强的溢出效应，产出的急剧下滑对汇率波动也具有显著的定向溢出。

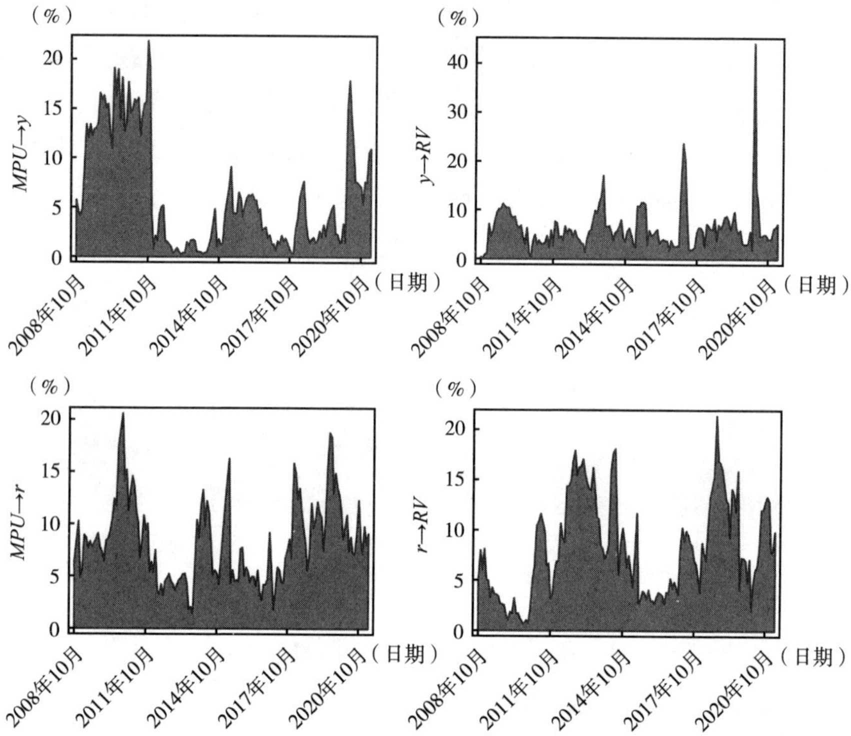

图 6－17　不确定性经济效应渠道的定向动态溢出

图 6－17 第二行左图显示，*MPU* 对 *r* 的溢出最大值出现在 2010 年 10 月，达到了 20.59%，在 2008 年 12 月、2009 年 3 月至 4 月、2009 年 10 月、2010 年 3 月至 2011 年 11 月、2013 年 12 月至 2014 年 7 月、2015 年 1 月至 4 月、2018 年 1 月至 6 月、2018 年 10 月至 2020 年 4 月和 2020 年 9 月至 2021 年 3 月 *MPU* 对 *r* 的定向净溢出较为显著。特别是 2010 年至 2011 年期间，货币政策的频繁调整导致 *MPU* 对 *r* 的定向溢出格外突出。图 6－17 第二行右图显示，*r* 对 *RV* 的溢出极值出现在 2018 年 9 月，达到了 21.4%，在 2011 年 3 月至 7 月、2012 年 3 月至 2013 年 12 月、2014 年 4 月至 7 月、2014 年 10 月至 11 月、2015 年 5 月、2017 年 4 月至 9 月、2018 年 5 月至 2019 年 8 月以及 2020 年 8 月至 12 月，*r* 对 *RV* 的定向溢出较为显著。特别是几次“钱荒”期间，利率对人民币汇率波动的定向溢出格外突出。上述分析表明，*MPU*→*r* 和 *r*→*RV* 的定向溢出效应具有显著的动态时变特征，在货币政策不

确定性水平较高和“黑天鹅”事件爆发的时间段，*MPU* 对 *y* 具有较强的溢出效应，“钱荒”导致的利率飙升对汇率波动也具有显著的定向溢出。

综上所述，在不同传导渠道下，*MPU* 对汇率波动的定向溢出具有显著的动态时变特征。从 *MPU* 对不同渠道的定向溢出看，*MPU* 对汇率预期的溢出强度最大，对资本流动的溢出强度次之，对产出和利率的溢出强度最小。从各渠道对 *RV* 的定向溢出看，*y* 对 *RV* 的定向溢出强度最大（新冠疫情期间），其次是 *EP*，*r* 和 *SCF* 的溢出强度最小。

考虑到不同传导渠道下定向溢出的动态时变特征，本章进一步选取 2011 年 4 月（*MPU* 水平较高）、2015 年 9 月（“8 · 11”汇改后）、2018 年 4 月（中美经贸摩擦）和 2020 年 3 月（新冠疫情暴发）4 个时点，通过绘制关联网络图（见图 6 – 18），以更加形象地揭示变量之间的溢出效应。

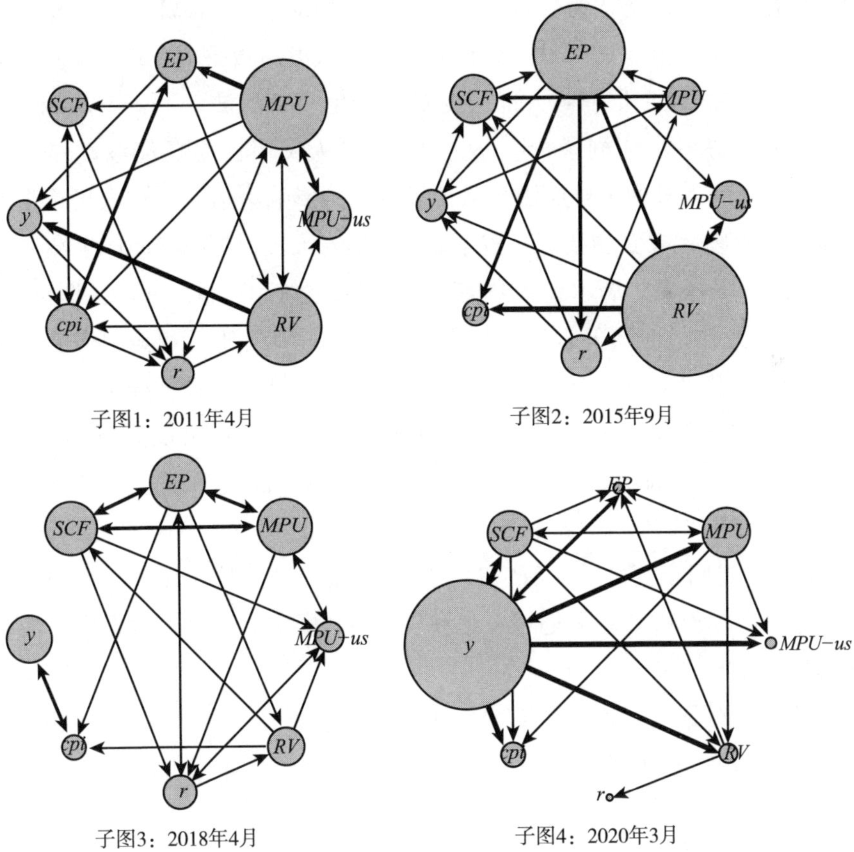

图 6 – 18　几个特殊时点的关联网络

图 6－18 子图 1 展示了 2011 年 4 月 VAR 系统中变量之间的关联网络。由于全球经济增速放缓，欧洲主权债务危机持续升级，国内通货膨胀压力上升，央行连续上调法定存款准备金率和存贷款基准利率，国内货币政策不确定性显著上升。在 VAR 系统中，*MPU* 的溢出指数最大，*MPU* 几乎对大部分变量都产生较大的波动冲击。从传导机制的影响渠道看，*MPU* 不仅直接对 *RV* 产生较为显著的定向溢出，还通过 *EP*、*SCF*、*r* 和 *y* 等渠道对 *RV* 产生定向溢出，其中，对 *EP* 的波动冲击最大。上述分析表明，在货币政策不确定性水平较高阶段，*MPU* 主要通过汇率预期渠道对人民币汇率波动产生冲击。

图 6－18 子图 2 展示了 2015 年 9 月 VAR 系统中变量之间的关联网络。2015 年“股灾”引发金融市场大幅动荡，“8・11”汇改突然袭来，汇改之初的汇率形成机制“易贬难升”，导致人民币汇率大幅贬值，甚至引发周边货币竞相贬值。在 VAR 系统中，*RV* 的溢出指数最大，*EP* 和 *SCF* 的溢出指数次之，*RV* 几乎对大部分变量都产生较大的波动冲击，*EP* 和 *RV* 相互影响，进一步加剧了 *RV* 的波动冲击，人民币汇率贬值波动是导致 *VAR* 系统风险上升的主要原因。从传导机制的影响渠道看，在人民币汇率大幅贬值阶段，*MPU* 主要通过资本流动渠道对人民币汇率波动产生冲击。

图 6－18 子图 3 展示了 2018 年 4 月 VAR 系统中变量之间的关联网络。2018 年 4 月初，美国公布对华加征关税清单，中国随后对美国商品加征 25% 关税予以回击。[①] 2018 年 4 月 25 日，央行下调法定存款准备金 1 个百分点，受中美经贸摩擦和央行货币政策调整影响，*MPU* 出现上升。在 *VAR* 系统中，*MPU* 的溢出指数最大，*EP* 和 *SCF* 的溢出指数次之，从传导机制的影响渠道看，*MPU* 对 *EP* 和 *SCF* 的定向溢出最大，对 *r* 的定向溢出次之，*EP* 和 *SCF* 之间交互影响，*EP* 和 *r* 对 *RV* 的定向溢出较为显著。在中美经贸摩擦冲击下，*MPU* 主要通过汇率预期渠道和资本流动渠道对人民币汇率波动产生冲击。

图 6－18 子图 4 展示了 2020 年 3 月 VAR 系统中变量之间的关联网络。2020 年初新冠疫情的全球大暴发对我国宏观经济产生了巨大冲击，GDP 同

① 中华人民共和国商务部。

比下降6.8%[①]，不仅消费和投资出现断崖式下跌，新冠疫情还严重冲击中国经济供给侧，制造业显著萎缩。在VAR系统中，*y*的溢出指数最大。*y*几乎对所有变量都产生较大的波动冲击。断崖式下跌的宏观经济直接加剧了人民币汇率贬值的波动，汇率预期的影响显著降低。此外，为应对疫情，货币政策趋于宽松，货币政策不确定性水平上升进一步加剧了人民币汇率的波动，从传导机制的影响渠道看，在产出断崖式下跌阶段，*MPU*主要通过资本流动渠道对人民币汇率波动产生冲击。

不同时点的关联网络分析表明，不同渠道下货币政策不确定性对人民币汇率已实现波动率的溢出效应具有显著的时变特征。在货币政策不确定性水平较高的时点，*MPU*主要通过汇率预期渠道对人民币汇率波动产生冲击；在"8·11"汇改后人民币贬值阶段，*MPU*主要通过资本流动渠道对人民币汇率波动产生冲击；在中美经贸摩擦升级时点，*MPU*主要通过汇率预期渠道和资本流动渠道对人民币汇率波动产生冲击；在宏观经济出现断崖式下跌时，宏观经济的变化不仅直接加剧人民币汇率贬值的波动，还会导致*MPU*上升，*MPU*通过资本流动渠道对人民币汇率波动产生冲击。

6.3.4 稳健性检验

首先，采用改变滚动时间窗口的方法进行稳健性检验。分别将滚动时间窗口设定为30个月和40个月，构建滚动VAR（2）模型，进行广义误差方差分解，计算VAR系统的时变波动溢出总指数，分别记为*V*30和*V*40，前文分析中滚动时间窗口设定为36个月计算的波动溢出总指数记为*V*36，具体结果如图6-19所示。

其次，采用替换关键变量的方法，用基于主成分分析构建的中国货币政策不确定性替换前文中采用的中国货币政策不确定性指数，将时间窗口设定为36个月，计算波动溢出总指数，记为*VMPU*1，前文计算的波动溢出总指数记为*VMPU*，具体结果如图6-20所示。

---

① 国家统计局。

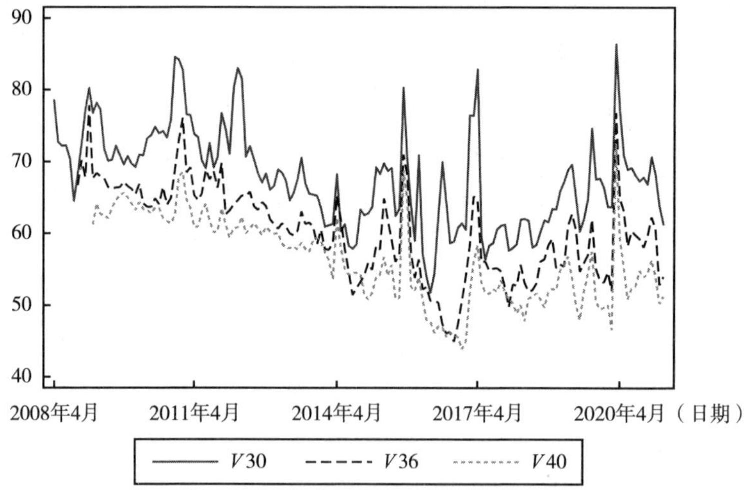

图 6－19　稳健性检验（改变滚动时间窗口）

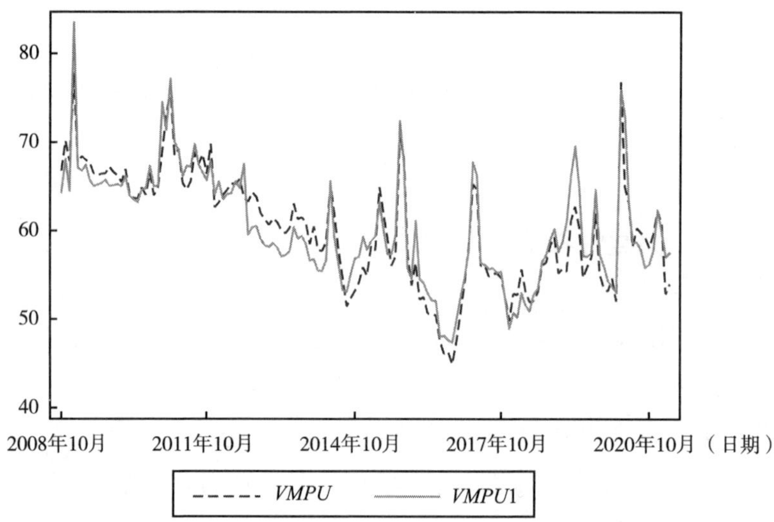

图 6－20　稳健性检验（替换关键变量）

图 6－19 显示，改变滚动时间窗口后，VAR 系统的总波动溢出指数变化方向和趋势较为接近。图 6－20 显示，替换关键变量后，VAR 系统的总波动溢出指数变化方向和趋势几乎一致。这表明前文实证分析结果较为稳健。

6.4 本章小结

本章综合运用 TVP - SV - VAR 模型脉冲响应函数和滚动 VAR 模型波动溢出指数方法探讨了货币政策不确定性对人民币汇率波动率的影响特征。

(1) TVP - SV - VAR 模型脉冲响应函数从影响方向和趋势的角度探讨了货币政策不确定性对人民币汇率波动率的影响特征。第一，从直接影响看，货币政策不确定性上升会导致人民币汇率波动增加，中国货币政策不确定性对人民币汇率波动的影响大于美国货币政策不确定性的影响，但美国货币政策不确定性的外溢效应会导致中国货币政策不确定性在短期内上升。第二，从不同渠道的传导机制看，汇率预期渠道下货币政策不确定性上升会引发贬值预期，进而导致人民币汇率波动增加；资本流动渠道下货币政策不确定性上升会导致短期资本流出增加，进而冲击人民币汇率波动；不确定性经济效应渠道下货币政策不确定性的上升导致短期产出下降、利率水平下降，进而导致汇率波动上升。此外，货币政策不确定性上升在短期内会导致通货膨胀水平下降，进而导致人民币汇率波动上升。第三，不同渠道下货币政策不确定性对人民币汇率的影响机制具有显著的动态时变特征，随着人民币汇率市场化改革的深化，人民币汇率对不同传导渠道下各变量冲击的响应更加敏感，市场化功能的深化在一定程度上可以对冲不确定性的冲击。因此，持续推进人民币汇率市场化机制改革，实现人民币汇率市场化的目标是决策者关注的重要问题。

(2) 滚动 VAR 波动溢出指数则量化了不同渠道下货币政策不确定性对人民币汇率波动的溢出效应。平均波动溢出指数分析表明，汇率预期渠道的溢出最显著，资本流动渠道次之，利率渠道再次之，产出渠道则不显著，此外，*EP*、*SCF* 和 *RV* 三者之间的交互影响较为显著，进一步加剧了汇率波动。定向动态波动溢出分析显示，不同渠道下货币政策不确定性对人民币汇率波动的溢出效应具有显著的动态时变特征。从定向溢出强度看，*MPU* 对汇率预期的溢出强度最大，对资本流动的溢出强度次之，对产出和利率的溢出强度最小。从各渠道对 *RV* 的定向溢出看，*y* 对 *RV* 的定向溢出强度最大（新冠疫情期间），其次是 *EP*，*r* 和 *SCF* 的溢出强度最小。关联网络分析进一步验证了不同渠道下波动溢出效应的时变特征。在 *MPU* 较高的时点，*MPU* 主要通过汇率预期渠道对人民币汇率波动产生冲击；在“8·11”汇改后人民币贬值阶段，*MPU* 主要通过资本流动渠道对人民币汇率波动产生冲击；在中美经贸摩擦升级时点，*MPU* 主要通过汇率预期渠道和资本流动渠道对人民币汇率波动产生冲击；在宏观经济出现断崖式下跌时，宏观经济的变化不仅直接加剧人民币汇率贬值的波动，还会导致 *MPU* 上升，*MPU* 通过资本流动渠道对人民币汇率波动产生冲击。

第7章

货币政策不确定性对人民币汇率风险防范的影响

本书第3章探究了货币政策不确定性与人民币汇率的典型事实特征，第4章从理论和实证两个角度分析了货币政策不确定性对人民币汇率的影响机制，第5章和第6章分别从收益率、波动率的视角探讨了货币政策不确定性对人民币汇率的影响特征。那么，在厘清影响机制和影响特征的基础上，是否可以通过货币政策不确定性助力于人民币汇率风险防范？基于此，本章将在前文研究的基础上，探讨货币政策不确定性对人民币汇率风险防范的影响，从波动预测和风险预警两个方面探讨货币政策不确定性对人民币汇率风险防范的影响，以期为监管部门更好地防范外汇市场系统性金融风险，维护国家的金融安全和稳定提供实证参考。

7.1 货币政策不确定性对人民币汇率波动预测的影响研究

有效的波动预测在一定程度上可以降低汇率风险的冲击，本节在恩格尔等（Engle et al.，2013）提出的GARCH－MIDAS模型中加入货币政策不确定性等指标，分析货币政策不确定性等指标对人民币汇率波动率长期趋势和短期成分的影响。同时比较纳入不同指标的GARCH－MIDAS模型在人民币汇率波动拟合上的有效性以及各模型的预测性能力，从波动预测的角度探讨货币政策不确定性对人民币汇率风险防范的影响。

7.1.1 GARCH - MIDAS 模型简介

由于宏观经济变量大多为低频数据，如果将日数据转换为月度数据进行估计，则会损失其中的高频有效信息，导致参数估计和波动预测出现偏误，无法有效评估宏观经济信息对高频变量的影响（Engel et al.，2013）。吉赛尔斯等（Ghysels et al.，2007）首先引入混频抽样（MIDAS）模型对非同频率样本估计进行优化。在此基础上，恩格尔等（2013）将 MIDAS 模型运用于广义自回归条件异方差（GARCH）模型中，评估低频宏观经济变量对股票波动率的影响，提高了模型参数估计的有效性，并可以分离出低频变量对波动率长期趋势和短期成分的影响。

本节将采用 GARCH - MIDAS 模型研究货币政策不确定性等变量对人民币汇率波动率的影响，并对模型预测能力进行比较分析。人民币汇率收益率和波动率设定为：

$$r_{it}=\mu_t+\sqrt{\tau_t g_{it}\varepsilon_t},\ \varepsilon_t|\Phi_{i-1,t}\sim N(0,1) \tag{7.1}$$

$$\sigma_{it}^2=\tau_t g_{it} \tag{7.2}$$

其中，$\Phi_{i-1,t}$为收益率在 t 月中第 $i-1$ 天的信息集，波动率 σ_{it}^2被分解为长期趋势 τ_t 和短期成分 $g_{i,t}$，短期波动服从 GARCH（1，1）过程，即：

$$g_{i,t}=(1-\alpha-\beta)+\alpha\frac{(r_{i-1,t}-\mu)^2}{\tau_t}+\beta g_{i-1,t} \tag{7.3}$$

其中，$\alpha>0$，$\beta\geqslant0$，$\alpha+\beta<1$。长期趋势 τ_t 受已实现波动率（RV）和货币政策不确定性等宏观变量（X）的影响，可以表示为：

$$\tau_t = m+\theta_1\sum_{k=1}^{K}\varphi(\omega_{11},\omega_{12})RV_{t-k}+\theta_2\sum_{k=1}^{K}\varphi(\omega_{21},\omega_{22})X_{t-k} \tag{7.4}$$

$$RV_t = \sum_{i}^{N}r_{it}^2 \tag{7.5}$$

其中，θ_1、θ_2 分别为月已实现波动率和宏观变量对波动率长期趋势的影响，K 为 Beta 权重函数最大滞后阶数，N 表示第 t 月有 N 天。Beta 权重函数为：

$$\varphi_k(\omega_1,\omega_2) = \frac{(k/K)^{\omega_1-1}(1-k/K)^{\omega_2-1}}{\sum_{j=1}^{K}(j/K)^{\omega_1-1}(1-j/K)^{\omega_2-1}} \tag{7.6}$$

式（7.1）至式（7.6）构成了 GARCH – MIDAS 模型。根据收益率的分布函数和模型设定，采用极大似然法估计模型参数，对数极大似然函数表示为：

$$LLF = -\frac{1}{2}\sum_{t=1}^{T}\left[\log(2\pi) + \log g_t(\Phi)\tau_t(\Phi) + \frac{(r_t-\mu)^2}{g_t(\Phi)\tau_t(\Phi)}\right] \tag{7.7}$$

恩格尔等（2013）、夏婷和闻岳春（2018）的相关研究表明，选取 3 年的宏观信息来拟合模型效果最好。而刘凤根等（2020）认为，GARCH – MIDAS 模型的最佳 MIDAS 滞后期为 2 年。本章选取的低频数据为月度数据，设定 $K=24$ 进行实证分析，并以 $K=12$、$K=36$ 进行稳健性分析。

7.1.2 变量选取和数据说明

鉴于 2010 年 6 月 19 日，中国人民银行重启有管理的浮动汇率制度，选定人民币对美元即期汇率作为人民币汇率的代理变量，样本期间为 2010 年 7 月 1 日至 2021 年 3 月 31 日，人民币汇率日数据共计 2369 组。人民币汇率收益率（*exc*）为人民币对美元即期汇率的自然对数差分并扩大 100 倍。

本章选取中国货币政策不确定性（*MPU*）、中国经济政策不确定性（*EPU*）和美国货币政策不确定性（*MPU-us*）作为不确定性的代理变量。其中，以本书构造的中国货币政策不确定性指数作为 *MPU* 的代理变量，以黄和陆（Huang & Luk，2020）构造的中国经济政策不确定性指数作为 *EPU* 的代理变量，以贝克等（Baker et al.，2016）构造的美国货币政策不确定性指数作为 *MPU-us* 的代理变量。选取工业企业增加值（*y*）和宏观经济景气指数（*EPI*）作为宏观经济基本面的代理变量。借鉴安德森等（Andersen et al.，2007）、龚玉婷等（2016）的研究思路，选取工业增长率作为实体经济运行状况的代理变量，考虑到工业企业增加值难以全面刻画宏观经济运行特征，而宏观经济景气指数可以较好地反映中国经济的变化趋势（郑挺国和王霞，2013），本章综合上述学者的研究思路，选取工业企业增加值和经济景气指数作为宏观经济基本面的代理变量。不确定性指标和宏观经济变量为月数据，样本期为2010年7月至2021年3月，共计129组。具体的指标说明如表7－1所示。

表7－1　　变量说明

变量	指标	说明
不确定性变量	*MPU*	中国货币政策不确定性指数变动率，反映中国货币政策的不确定性
	EPU	中国经济政策不确定性指数变动率，反映中国经济政策的不确定性
	MPU-us	美国货币政策不确定性指数变动率，反映美国货币政策的不确定性
宏观经济变量	*y*	季节性处理后规模以上工业企业增加值的增速，反映实体经济运行状况
	EPI	宏观经济景气一致指数减去基数100，反映宏观经济运行状况
人民币汇率	*exc*	人民币对美元即期汇率对数收益率，并扩大100倍

表7－2描述了人民币汇率收益率的基本统计特征，人民币汇率收益率的偏度大于0，数据分布不对称，左侧尾部较短，具有右偏性。峰度为13.2964，远大于3，人民币汇率收益率具有尖峰厚尾的特征。ADF检验表明，人民币汇率收益率为平稳序列。Ljung－Box自相关检验的Q统计量值在1%显著性水平上显著，人民币汇率收益率序列存在很强的自相关性。ARCH检验表明，人民币汇率收益率具有显著的异方差性。从图7－1可以看出，人民币汇率收益率具有显著的波动集聚特征，特别是“8·11”汇改后，随着人民币汇率市场化程度的不断深化，波动集聚现象更加显著。图7－2显示，在样本期内，人民币汇率波动率表现出较强的自相关性。如果波动率的自相关系数具有较强的持续性，且无显著的平滑衰减趋势时，传统的GARCH模型将无法有效拟合其波动率的变化（Ding & Granger，1996）。原因在于波动率可能存在显著的期限特征，即受到长、短期不同构成的影响（夏婷和闻岳春，2018）。因此，采用GARCH－MIDAS模型将波动率分解为长期趋势和短期成分，或许有助于人民币汇率波动率的拟合和预测。

表 7－2　　人民币汇率收益率的基本统计特征

变量	均值	最大值	最小值	标准差	偏度	峰度	J－B
exc	1. 90E－05	0. 0181	－0. 0115	0. 0019	0. 6569	13. 2964	10630***
ADF 检验			－47. 2449***				
ARCH 检验			114. 7293***				
Q（24）			62. 015***				

注：*** 表示在 1% 的显著性水平上显著。

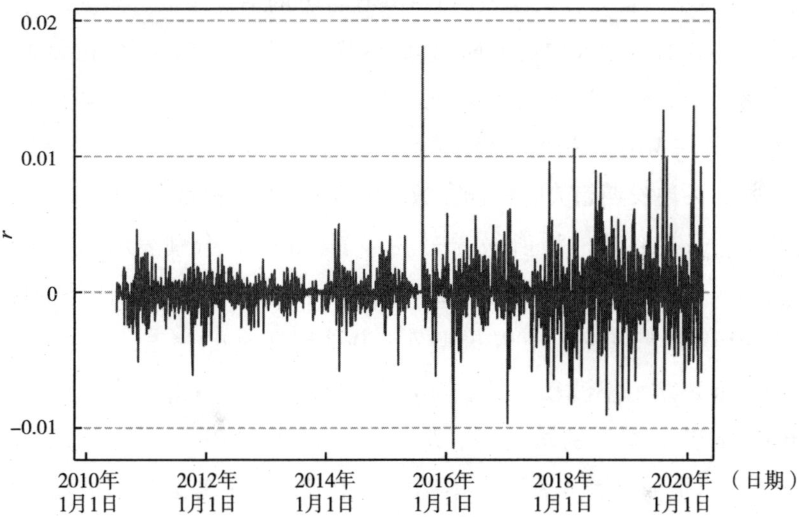

图 7－1　人民币汇率收益率

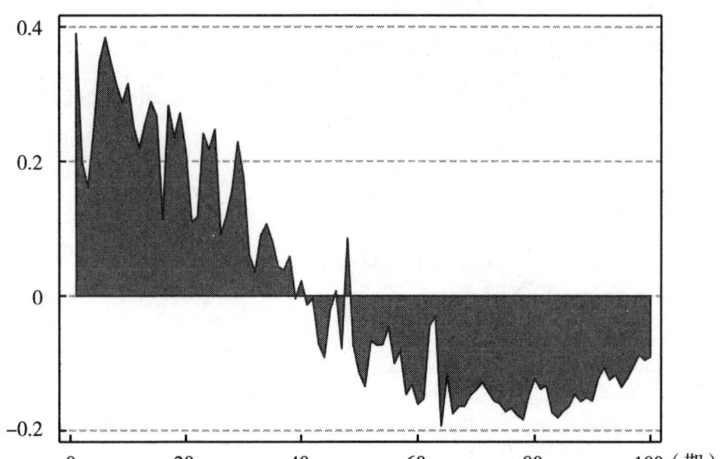

图 7－2　人民币汇率波动率自相关性

7.1.3 实证过程和结果分析

1. 模型估计

为对比分析各外生变量的冲击作用，首先估计基准的 GARCH－MIDAS 模型，再与加入货币政策不确定性等宏观变量的模型进行比较。估计结果如表7－3所示。首先，关注短期 GARCH 部分的估计参数。短期成分的均值μ大都不显著，除RV模型外，其他模型中α和β参数在1%的显著性水平上显著，所有模型中$\alpha+\beta<1$，表明人民币汇率波动趋于收敛，本章构建的 GARCH－MIDAS 模型是稳定的。

其次，关注长期趋势的估计参数。除$RV+MPU$模型和$RV+y$模型外，其他模型中长期趋势的均值m都较为显著，θ_1、θ_2分别表示已实现波动率、货币政策不确定性等宏观变量对人民币汇率波动率长期趋势的影响。除$RV+MPU$模型和$RV+EPI$模型外，其他模型的θ_1为正，表明当月RV上升时，下一期汇率波动率的长期趋势也会提高。纳入不确定性指标的 GARCH－MIDAS 模型的θ_2为正，$RV+MPU$模型和$RV+EPU$模型的θ_2在1%显著性水平上显著，表明当不确定性上升时，下一期汇率波动率的长期趋势也会提高，其中，中国货币政策不确定性的影响最大，中国经济政策不确定性的影响次之，美国货币政策不确定性的影响最小。纳入宏观经济基本面指标的 GARCH－MIDAS 模型的θ_2为负，且在1%显著性水平上显著，表明当宏观经济基本面向好时，下一期汇率波动率的长期成分会降低，其中实体经济运行状况的y影响程度最大，宏观经济发展状况的EPI影响次之。

表7－3　　GARCH－MIDAS 估计结果

指标	RV	$RV+MPU$	$RV+EPU$	$RV+MPU\text{-}us$	$RV+y$	$RV+EPI$
μ	0.0002 (0.0040)	－0.0057 (0.0069)	－0.0023 (0.0027)	0.0003 (0.0038)	－0.0061* (0.0033)	－0.0045 (0.0091)
α	0.2386*** (0.0776)	0.0410*** (0.0076)	0.2332*** (0.0668)	0.2342*** (0.0618)	0.2750*** (0.0805)	0.0296*** (0.0057)

续表

指标	RV	$RV+MPU$	$RV+EPU$	$RV+MPU\text{-}us$	$RV+y$	$RV+EPI$
β	0.4093* (0.2187)	0.9588*** (0.0076)	0.6603*** (0.0848)	0.4505*** (0.1410)	0.5101*** (0.1133)	0.9700*** (0.0057)
m	-4.2852*** (0.2669)	0.8359 (0.9561)	-4.0418*** (0.3285)	-4.3765*** (0.2392)	0.2498 (0.7196)	-1.9379** (0.9631)
θ_1	1.2956*** (0.2538)	-3.3849*** (0.6119)	1.2697*** (0.2087)	1.3494*** (0.2367)	0.3623 (0.2257)	-1.8193*** (0.4721)
θ_2	—	0.7413*** (0.0990)	0.4943*** (0.1491)	0.00120** (0.0051)	-6.3791*** (0.9772)	-0.4165*** (0.0778)
ω_{11}	12.6425*** (3.8402)	2.6163*** (0.3011)	10.8223** (4.7408)	9.5250*** (2.6194)	148.193* (76.2874)	3.2083*** (0.7523)
ω_{12}	34.4155** (13.3790)	14.6516*** (2.7390)	31.7184* (18.4464)	26.1183*** (9.9222)	9.8304* (5.7870)	21.5598*** (6.2334)
ω_{21}	—	2.9204*** (0.5687)	1.0000*** (0.2202)	21.4990*** (2.9237)	6.1818*** (1.4812)	4.6167 (2.9096)
ω_{22}	—	3.5287*** (0.7608)	1.7194*** (0.2534)	309.705*** (40.0025)	9.6129*** (1.3592)	20.1215 (13.6856)
LLF	642.377	692.269	727.011	675.389	708.295	659.719
AIC	-1270.754	-1364.538	-1434.022	-1330.779	-1396.59	-1299.438
BIC	-1231.958	-1309.115	-1378.599	-1275.357	-1341.168	-1244.016

注：*RV* 表示只包含已实现波动率的基准 GARCH - MIDAS 模型；*RV* + *X* 为加入货币政策不确定性等宏观经济变量的 GARCH - MIDAS - X 模型；LLF 为极大似然函数值，AIC 和 BIC 为信息准则；括号内为系数的梯度向量估计标准误；***、**、*分别表示在1%、5%、10%的显著性水平上显著。

最后，关注模型的参数 ω_{ij} 的估计结果。除 *RV* + *EPI* 模型的参数 ω_{2j} 外，其他模型的参数 ω_{ij} 较为显著，所有模型的参数 ω_1 和 ω_2 的估计值均大于1，表明已实现波动率与外生变量的滞后项权重系数会随滞后时间的增加而呈逐渐下降的趋势。以模型 *RV* + *EPU* 为例，$\omega_{21}=1.0000$，$\omega_{22}=1.7194$，$\theta_2=0.4943$，根据 Beta 型权重函数计算式（7.6）可以计算出滞后 1 期 *EPU* 的权重为 6.92%，滞后 2 期的权重为 6.71%，权重且呈逐渐衰减趋势。变量的影响强度可由 $\theta \times \varphi(\omega)$ 计算出，则滞后 1 期 *EPU* 对当期的影响为 3.42%，这意味着当中国经济政策不确定性上升 1%，下一期汇率波动率的长期成分就会提高 3.42%。

根据 LLF、AIC 和 BIC 信息准则，加入不确定性或宏观经济变量的模型要优于基准模型 *RV*，特别是中国经济政策不确定性和中国货币政策不确定性对人民币汇率波动率模型有较大程度的优化。[①]

2. 样本外预测

样本外预测用以考察加入外生变量是否对模型预测精度有所改进。参考郑挺国和尚玉皇（2014）的研究方法，根据样本内估计结果预测样本外（比如 1 个月）日波动率值，然后根据式（7.8）、式（7.9）计算预测的评价指标预测方根误差（*RMSE*）和预测绝对误差（*MAE*）。

$$RMSE = \frac{1}{T}\sum_{i=1}^{T}(\hat{\sigma}_t^2 - E_t(\sigma_t^2))^2 \quad (7.8)$$

$$MAE = \frac{1}{T}\sum_{i=1}^{T}|\hat{\sigma}_t^2 - E_t(\sigma_t^2)| \quad (7.9)$$

其中，$\hat{\sigma}_t^2$ 为 GARCH－MIDAS 模型估计出的条件方差，E_t（σ_t^2）为人民币汇率月度已实现波动率，*RMES* 和 *MAE* 越小，表明预测值和实际值的差异越小，模型的预测效果越好。表 7－4 列出了不同模型下，人民币汇率的 *RMES* 和 *MAE*。在给定的外生变量滞后期 $K=24$ 和预测期 $T=22$ 的前提下，相对于基准模型 *RV*，加入 *MPU* 和 *EPI* 的模型提高了预测精度，而加入其他外生变量的模型对预测结果没有多少改善。

表 7－4　人民币汇率的样本外预测结果（$K=24$，$T=22$）

误差	*RV*	*RV+MPU*	*RV+EPU*	*RV+MPU-us*	*RV+y*	*RV+EPI*
RMSE	0.0065	0.0001	0.0147	0.022	0.0186	0.0002
MAE	0.0801	0.0103	0.1200	0.1475	0.1345	0.0158

① 虽然 *RV+y* 模型的 LLF、AIC、BIC 要优于 *RV+MPU* 模型，但模型参数估计的显著性较差，故在模型拟合效果上将 *RV+MPU* 模型排在 *RV+y* 之前。

7.1.4 稳健性分析

首先，采用改变外生变量滞后期的方法进行稳健性分析。将外生变量的滞后期分别设定为 12 和 36，构建 GARCH - MIDAS 模型，结果如表 7 - 5 和表 7 - 6 所示。然后进行样本外预测，预测结果如表 7 - 7 和表 7 - 8 所示。

表 7 - 5　　GARCH - MIDAS 估计结果（$K=36$）

指标	*RV*	*RV* + *MPU*	*RV* + *EPU*	*RV* + *MPU-us*	*RV* + *y*	*RV* + *EPI*
μ	0.0055 (0.0158)	-0.0011 (0.0082)	0.0031 (0.0075)	0.0054 (0.0046)	0.0001 (0.0096)	-0.0036 (0.0085)
α	0.2805** (0.1184)	0.3272*** (0.0753)	0.3242*** (0.0628)	0.2664*** (0.0744)	0.0000 (0.0011)	0.1011*** (0.0162)
β	0.3350* (0.1887)	0.5241*** (0.0859)	0.5709*** (0.0674)	0.3999*** (0.1428)	0.9952*** (0.0043)	0.8947*** (0.0164)
m	-4.0259*** (0.2680)	-3.9600*** (0.3437)	-3.6916*** (0.3564)	-4.1463*** (0.2665)	-1.8542*** (0.6417)	-4.8446*** (1.2333)
θ_1	1.1051*** (0.2316)	2.4249*** (0.4511)	1.2995*** (0.2125)	1.1754*** (0.2695)	1.0675*** (0.2652)	2.2082*** (0.4420)
θ_2	—	1.0824*** (0.1772)	0.7966*** (0.1839)	0.0013*** (0.0045)	-3.1809** (1.1518)	-0.8306*** (0.1395)
ω_{11}	14.8294* (8.4062)	13.9084* (8.0586)	11.3616*** (4.2879)	10.7895*** (3.4542)	62.9680 (45.8327)	48.2703*** (11.4135)
ω_{12}	66.4833* (37.6982)	3.3917** (1.6907)	53.4766** (20.7723)	48.9046** (21.6647)	16.5766 (11.6310)	57.4634*** (14.1752)
ω_{21}	—	1.5465*** (0.1652)	1.0000*** (0.1090)	15.9108*** (2.4462)	19.5467** (8.1736)	1.0000*** (0.3542)
ω_{22}	—	1.7209*** (0.2179)	1.5208*** (0.3565)	325.9316*** (47.4297)	42.5270** (18.4324)	2.5265** (1.1540)
LLF	417.633	470.185	486.582	453.702	430.446	434.160
AIC	-821.266	-920.370	-953.165	-887.404	-840.892	-848.321
BIC	-783.419	-866.303	-899.097	-833.337	-786.825	-794.254

注：*RV* 表示只包含已实现波动率的基准 GARCH - MIDAS 模型；*RV* + *X* 为加入货币政策不确定性等宏观经济变量的 GARCH - MIDAS - X 模型；LLF 为极大似然函数值，AIC 和 BIC 为信息准则；括号内为系数的梯度向量估计标准误；***、**、* 分别表示在 1%、5%、10% 的显著性水平上显著。

表7-6　　GARCH-MIDAS估计结果（$K=12$）

指标	RV	$RV+MPU$	$RV+EPU$	$RV+MPU\text{-}us$	$RV+y$	$RV+EPI$
μ	0.0007 (0.0035)	-0.0055 (0.0066)	-0.0046 (0.0075)	-0.0041 (0.0100)	-0.0061* (0.0033)	-0.0019 (0.0104)
α	0.2384*** (0.0772)	0.0543*** (0.0088)	0.0647*** (0.0093)	0.0251*** (0.0047)	0.2750*** (0.0805)	0.2412*** (0.0669)
β	0.4009* (0.2421)	0.9434*** (0.0079)	0.9330*** (0.0083)	0.9747*** (0.0048)	0.5101*** (0.1133)	0.5876*** (0.0901)
m	-4.3261*** (0.2242)	-1.9211* (1.0625)	-1.5194 (1.3569)	-0.6368 (0.8460)	0.2498 (0.7196)	-4.4480*** (0.2550)
θ_1	1.2945*** (0.2054)	-2.3230*** (0.4884)	-1.9263*** (0.4539)	-1.8370*** (0.4655)	0.3623 (0.2257)	1.4768*** (0.2547)
θ_2	—	0.3822*** (0.0497)	0.3620*** (0.0663)	0.1330*** (0.0333)	-6.3791*** (0.9772)	-0.1076*** (0.0289)
ω_{11}	8.8016*** (3.1805)	2.6076*** (0.4167)	2.2811*** (0.5940)	2.8373*** (0.7469)	148.193* (76.2874)	8.3276** (3.9765)
ω_{12}	8.8943** (4.2207)	8.3853*** (2.0066)	9.2712*** (3.3467)	10.0956*** (3.3921)	9.8304* (5.7870)	8.2878** (3.8729)
ω_{21}	—	1.7193*** (0.5546)	1.3317*** (0.1611)	1.5310*** (0.1791)	6.1818*** (1.4812)	5.4598 (23.0489)
ω_{22}	—	1.0000*** (0.2419)	1.8977*** (0.3114)	1.6581*** (0.2161)	9.6129*** (1.3592)	10.2207 (44.1719)
LLF	815.188	844.169	831.042	812.410	708.295	832.426
AIC	-1616.376	-1668.337	-1642.083	-1604.82	-1396.59	-1644.852
BIC	-1576.739	-1611.712	-1585.459	-1548.196	-1341.168	-1588.228

注：$K=12$ 时，模型 $RV+y$ 的估计无法满足Hessian矩阵的稳定性，为保证模型 $RV+y$ 估计结果的稳定性，K 至少需设定为24；RV 表示只包含已实现波动率的基准GARCH-MIDAS模型；$RV+X$ 为加入货币政策不确定性等宏观经济变量的GARCH-MIDAS-X模型；LLF为极大似然函数值，AIC和BIC为信息准则；括号内为系数的梯度向量估计标准误；***、**、*分别表示在1%、5%、10%的显著性水平上显著。

表 7－7　稳健性检验的预测结果（$K=12$）

误差	*RV*	*RV*+*MPU*	*RV*+*EPU*	*RV*+*MPU-us*	*RV*+*y*	*RV*+*EPI*
RMSE	0.0070	2.61E－05	0.0002	6.40E－05	—	0.0288
MAE	0.0832	0.0051	0.0135	0.0080	—	0.1668

表 7－8　稳健性检验的预测结果（$K=36$）

误差	*RV*	*RV*+*MPU*	*RV*+*EPU*	*RV*+*MPU-us*	*RV*+*y*	*RV*+*EPI*
RMSE	0.0057	0.0413	0.0285	0.0212	0.0016	1.9625
MAE	0.0750	0.1970	0.1638	0.1446	0.0247	1.3809

表 7－5 和表 7－6 显示，加入外生变量的 GARCH－MIDAS 模型能够提高模型的拟合效果，无论 $K=36$ 还是 $K=12$，纳入不确定性指标的模型中参数 θ_2 的取值均为正，*MPU* 最大，*EPU* 次之，*MPU-us* 最小，纳入宏观基本面指标的模型中参数 θ_2 的取值均为负，*y* 影响程度最大，*EPI* 次之，这与 $K=24$ 时的实证结果相一致，表明前文实证结果是稳健的。

表 7－7 和表 7－8 显示，当 $K=12$ 时，纳入 *MPU*、*EPU* 和 *MPU-us* 指标的 GARCH－MIDAS 模型均提高了人民币汇率波动率的预测精度，当 $K=36$ 时，只有纳入 *y* 指标的 GARCH－MIDAS 模型较基准模型提高了人民币汇率的预测精度。从预测角度看，不确定性指标的滞后期设定为 12 更佳。不同外生变量对人民币汇率的影响程度存在较大差异，遵循恩格尔等（2013）的研究思路将 *K* 设定为 36 过于机械，应该根据模型拟合效果和预测精度灵活设置外生变量的滞后期。

其次，采用替换关键变量的方式进行稳健性检验。分别以第 3 章基于主成分分析构建的中国货币政策不确定性指数（*MPU*1）、黄和陆（2020）构建的中国货币政策不确定性指数（*MPU*2）替换前文 *MPU*，以贝克等（2016）构建的中国经济政策不确定性指数（*EPU*1）替换前文 *EPU*，以宏观经济景气先行指数（*EPI*1）替换前文 *EPI*，构建 GARCH－MIDAS 模型并进行预测，结果如表 7－9 和表 7－10 所示。

表 7-9　　GARCH-MIDAS 估计结果（替换变量，$K=12$）

指标	*RV*	*RV*+*MPU*1	*RV*+*MPU*2	*RV*+*EPU*1	*RV*+*EPI*1
μ	0.0007 (0.0035)	-0.0014 (0.0082)	-0.0057 (0.0082)	-0.0011 (0.0088)	-0.0060 (0.0096)
α	0.2384 *** (0.0772)	0.2381 *** (0.0610)	0.0582 *** (0.0085)	0.2225 *** (0.0580)	0.0611 *** (0.0092)
β	0.4009 * (0.2421)	0.5344 *** (0.0879)	0.9393 *** (0.0078)	0.5913 *** (0.0932)	0.9387 *** (0.0093)
m	-4.3261 *** (0.2242)	-4.3920 *** (0.1812)	-1.6014 (1.2903)	-4.3574 *** (0.2220)	0.6212 (1.4842)
θ_1	1.2945 *** (0.2054)	1.4268 *** (0.1831)	-1.6770 *** (0.5297)	1.3342 *** (0.2032)	-2.0802 *** (0.6959)
θ_2	—	0.0762 *** (0.0100)	0.2017 *** (0.0439)	0.0117 *** (0.0039)	-1.1808 *** (0.1732)
ω_{11}	8.8016 *** (3.1805)	6.7648 *** (2.4123)	2.2737 *** (0.8435)	16.0301 *** (5.0884)	2.6823 *** (0.6266)
ω_{12}	8.8943 ** (4.2207)	6.0842 *** (1.9987)	9.5969 ** (4.8344)	17.8215 *** (5.6789)	8.8815 *** (2.9716)
ω_{21}	—	41.0740 (49.5836)	1.2229 *** (0.1876)	6.3840 *** (1.6726)	2.9153 *** (1.0171)
ω_{22}	—	12.3109 (13.0629)	1.3677 *** (0.2096)	32.8681 *** (10.4801)	4.3033 ** (1.7350)
LLF	815.188	860.730	810.071	858.582	790.199
AIC	-1616.376	-1701.459	-1600.142	-1697.165	-1560.398
BIC	-1576.739	-1644.835	-1543.517	-1640.540	-1503.774

注：*RV* 表示只包含已实现波动率的基准 GARCH-MIDAS 模型；*RV*+*X* 为加入货币政策不确定性等宏观经济变量的 GARCH-MIDAS-X 模型；LLF 为极大似然函数值，AIC 和 BIC 为信息准则；括号内为系数的梯度向量估计标准误；***、**、* 分别表示在 1%、5%、10% 的显著性水平上显著。

表 7-10　　稳健性检验的预测结果（替换变量）

误差	*RV*	*RV*+*MPU*1	*RV*+*MPU*2	*RV*+*EPU*1	*RV*+*EPI*1
RMSE	0.0070	0.0043	0.0011	0.0006	5.42E-05
MAE	0.0832	0.0645	0.0336	0.0246	0.0074

表7－9显示，替换变量后构建的GARCH－MIDAS模型与基准模型*RV*相比，主要参数较为显著。纳入*MPU*1和*EPU*1的模型拟合效果优于基准模型。纳入不确定性指标的GARCH－MIDAS模型的参数θ_2的取值均为正，其中，*MPU*2对应的θ_2最大，*MPU*1次之，*EPU*1最小。与表7－6的模型*RV*＋*MPU*相比，在相同滞后期下，*MPU*对应的θ_2最大。表7－10给出了替换变量后模型的预测结果，在给定的滞后期下，替换变量后的模型较基准模型预测精度均有提高，表明纳入不确定性变量的GARCH－MIDAS模型有助于改善人民币汇率波动率的预测。此外，本章构造的中国货币政策不确定性指标（*MPU*和*MPU*1）无论在模型拟合还是波动预测方面，均具有良好的表现，表明本书构造的中国货币政策不确定性在研究人民币汇率波动方面具有较好的适用性。

7.1.5 实证研究结论

鉴于人民币汇率时间序列与宏观变量时间序列的不同频，传统计量模型由于数据变频处理导致信息失真、模型估计偏误等问题这一客观事实，本节以人民币对美元汇率日数据为被解释变量，选取*MPU*、*EPU*、*MPU-us*、*y*和*EPI*等宏观经济变量的月度数据为解释变量，运用GARCH－MIDAS模型，研究了不确定性指标和宏观基本面指标对人民币汇率波动率的影响。

（1）纳入不确定性指标和宏观基本面指标的GARCH－MIDAS模型能够改善人民币汇率波动率的拟合效果。不确定性指标上升会导致汇率波动率增加，其中，中国货币政策不确定性的影响最大，中国经济政策不确定性的影响次之，美国货币政策不确定性的影响最小。宏观基本面指标的改善会导致汇率波动率降低，反映实体经济状况的指标影响最大，宏观经济景气指数影响次之。

（2）纳入不确定性指标和宏观基本面指标的GARCH－MIDAS模型能够提高人民币汇率波动率的预测精度。与基准模型*RV*相比，当外生变量滞后期设定为12时，*MPU*、*EPU*、*MPU-us*的纳入提高了预测精度，当$K=24$时，*MPU*、*EPI*的纳入提高了预测精度，当$K=36$时，*y*的纳入提高了预测精度。

(3) 虽然恩格尔等（2013）指出，选取3年的宏观信息来拟合模型效果最好，但本节研究表明，外生变量滞后期 K 的设置应根据数据特征、模型拟合效果和改善预测能力灵活设定。此外，纳入 *MPU* 指标的 GARCH - MIDAS 模型在人民币汇率波动率的拟合和预测中均具有较好的表现，稳健性分析也印证了上述结论。这表明本书构造的中国货币政策不确定性指数在人民币汇率分析中具有较好的适用性。

7.2 货币政策不确定性对人民币汇率风险预警的影响研究

在国际环境不稳定性不确定性上升的背景下，随着人民币汇率市场化程度的不断深化，人民币汇率的波动存在进一步加剧的可能。货币的剧烈贬值或升值不仅对本国经济发展产生不利冲击，还会给本国金融系统带来较大冲击，甚至有可能导致货币危机和系统性金融风险（梁琪等，2019）。因此，对外汇市场风险实施有效监控显得极为重要。本节首先构建反映外汇市场系统性风险的人民币外汇市场压力指数，量化我国外汇市场运行状况，进而借助时变概率马尔可夫区制转换（MS - TVTP）模型，探讨货币政策不确定性对人民币汇率风险预警的影响。

7.2.1 人民币外汇市场压力指数

外汇市场压力指数为一国货币名义汇率溢价与其在外汇干预中使用的外汇储备的总和（Girton & Roper，1977），用来衡量对该国货币的超额需求水平。沿着这一界定，学者们不断拓展，研究了货币危机、外汇市场风险跨国溢出、外汇干预和风险预警等问题。外汇压力指数被视为衡量外汇风险的重要指标（Akram & Byrne，2015）。

可以采用模型依赖法（Girton & Roper，1977）和非模型依赖法（Eichengreen et al.，1995）进行外汇市场压力指数的测度。模型依赖法从特定的货币模型出发，以名义汇率变动和外汇储备变动之和作为衡量外汇压力的尺度。但特定的货币模型往往有较多条件限制，非模型依赖法主要对利差变动、汇率变动和外汇储备变动进行权重计算得到外汇压力指数。由于新兴市场经济体利率市场化水平较低，利率变化空间较小，较少采用利率工具作为外汇调节的手段，包含利率的外汇压力指数在衡量新兴经济体外汇压力往往时表现不足（Feldkircher et al.，2014；Aizenman & Binici，2016）。

本节基于阿波斯托拉基斯和帕佐普罗夫（Apostolakis & Papadopoulos，2015）、刘晓星和方磊（2012）的研究，选取以下指标构建人民币外汇市场压力指数。

（1）外汇市场波动。基于人民币对美元汇率对数收益率的 GARCH（1，1）模型得到时变方差进行测度。

（2）人民币实际有效汇率波动。基于国际清算银行公布的人民币实际有效汇率指数，求对数收益率后进行 GARCH（1，1）测度时变方差。

（3）外汇储备波动。基于外汇储备变化率的 GARCH（1，1）模型得到时变方差进行测度。

人民币外汇市场压力指数（*EMP*）计算如下：

$$EMP_t = \omega_{exc}\sigma_{exc} + \omega_{reer}\sigma_{reer} + \omega_{res}\sigma_{res} \tag{7.10}$$

其中，σ_{exc}、σ_{reer}和σ_{res}分别表示外汇市场波动、人民币实际有效汇率波动和外汇储备波动。ω_{exc}、ω_{reer}和ω_{res}分别表示对应的权重。权重的确定借鉴邓创和赵珂（2018）的研究，基于每个指标标准差倒数的比重确定其权重。EMP_t表示人民币外汇市场压力指数，EMP_t越大，表明该时期外汇市场风险越高。本章选取 2005 年 8 月至 2021 年 3 月的相关数据构建人民币外汇市场压力指数。

我国外汇市场发展历史较短，加之经济体制特殊，目前为止尚未发生过金融危机，本节基于式（7.10）测算人民币外汇市场压力指数（见图 7－3）以衡量我国外汇市场的系统性风险，并以此识别外汇市场金融高风险时期。参考卡明斯基等（Kaminsky et al.，1998）的做法，并考虑到我国金融市场的特殊性，设定以下临界值。

临界值 1： $$EMP_1 = \overline{EMP} + 1 \times \sigma \quad (7.11)$$

临界值 2： $$EMP_2 = \overline{EMP} + 1.5 \times \sigma \quad (7.12)$$

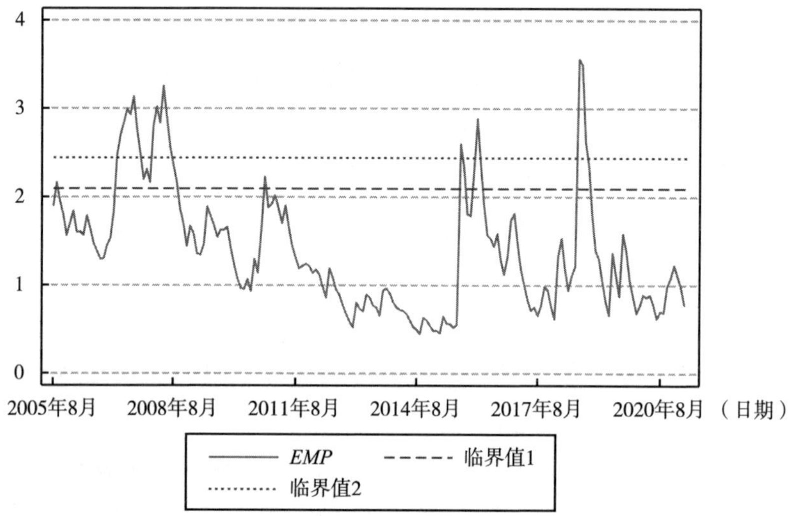

图 7-3　人民币外汇市场压力指数

当 EMP_t 小于临界值时，表明我国外汇市场爆发系统性金融风险的可能性较低，外汇市场处于相对安全的范围，反之则表明我国外汇市场处于风险较高的时期。以临界值 1 和临界值 2 为标准，在考察期内共识别出 6 次超过 EMP_1 的时点，具体如表 7-11 所示。

表 7-11　外汇市场高风险时期分布

序号	时期	压力类型	原因
1	2005 年 9 月	升值	“7·21” 汇改后人民币升值明显
2	2007 年 3 月至 2008 年 9 月	升值	前期经济过热，资本流入引发人民币升值，之后次贷危机引发全球金融动荡
3	2010 年 11 月至 2011 年 1 月	升值	2010 年 6 月重启有管理的浮动汇率制度后，人民币重回升值路径
4	2015 年 9 月至 10 月	贬值	“股灾” + “8·11” 汇改冲击
5	2016 年 1 月至 3 月	贬值	外汇储备下降 + 汇率贬值 + 资本外流
6	2018 年 8 月至 11 月	贬值	美元升值 + 人民币汇率悲观情绪上升 + 中美经贸摩擦

7.2.2　模型设定与变量说明

1. 模型设定

传统的时间序列线性模型难以有效反映经济变量的非线性特征，汉密尔顿（Hamilton，1989）提出了参数随状态变化而相应变化的马尔可夫区制转换模型。单变量马尔可夫区制转换模型为：

$$y_t = \sum_{i=1}^{N_{nS}} \alpha_i x_{i,t}^{nS} + \sum_{j=1}^{N_S} \beta_{i,S_t} x_{j,t}^{S} + \varepsilon_t \tag{7.13}$$

其中，α_i 为非转换系数，β_{i,S_t}为转换系数，$x_{i,t}^{nS}$、$x_{j,t}^{S}$为$x_{i,t}$子集，分别表示不含转换效应的解释变量和包含转换效应的解释变量，$\varepsilon_t \sim P(\Phi_{S_t})$，$P(\Phi_{S_t})$为估计概率的密度函数。假定模型中的自变量存在两个状态，由状态 1 转换为状态 2 的概率为 P_{12}，保持状态 1 的概率为 P_{11}，则两区制的概率转移矩阵为：

$$\boldsymbol{P} = \begin{bmatrix} P_{11} & P_{12} \\ P_{21} & P_{22} \end{bmatrix} \tag{7.14}$$

上述即为不变概率的马尔可夫区制转换（MS－FTP）模型，但变量发生状态转换的时间和影响转换的因素无法通过该模型进行分析。费拉多（Filardo，1994）对 MS－FTP 模型进行了拓展，构建了时变转换概率的马尔可夫区制转换（MS－TVTP）模型。在该模型中，变量在不同区制的转换概率随时间而变化，两区制的转换概率矩阵可以表示为：

$$\boldsymbol{P} = \begin{bmatrix} P_{11}(t) & P_{12}(t) \\ P_{21}(t) & P_{22}(t) \end{bmatrix} \tag{7.15}$$

转换概率形式为：

$$p_{ij,t} = \Phi(G_{ij,t}, b_{ij}) = \frac{1}{\sqrt{2\pi}} \int_{-\infty}^{b_{ij}G_{ij,t}} \exp\left(-\frac{z^2}{2}\right) \mathrm{d}z_t, t = 1,2,\cdots,T \tag{7.16}$$

其中，$\Phi(\cdot)$为标准正态分布函数，b_{ij}为待估参数，$G_{ij,t}$为影响转换概率的因素，通过分析 $G_{ij,t}$对 $p_{ij,t}$的影响，可以研究不同时期状态转换的驱动机制。

MS - TVTP 模型通过估计状态变量的时变转换概率，不仅能够准确捕捉复杂、短暂的状态变化，还可以探究状态转换背后的形成机制。本节将运用该模型研究人民币汇率风险的状态转换特征及其驱动机制。

2. 变量说明

被解释变量：人民币汇率市场压力指数。选取前文构造的人民币汇率市场压力指数作为外汇市场风险预警的被解释变量。

解释变量：基于前文分析，选取宏观经济发展、货币政策不确定性、金融市场、外部冲击等变量作为预警指标体系的备选变量，具体如表 7 - 12 所示。宏观经济变量运用 X12 季节性调整，为保证数据的平稳性，所有变量取对数差分或标准化处理。样本区间为 2005 年 7 月至 2021 年 3 月，原始数据来源于 Wind 数据库。

表 7 - 12　　人民币汇率风险预警指标体系

序号	变量名称	指标说明
1	工业增加值增长率（*y*）	规模以上工业企业增加值定基指数，取对数差分
2	通货膨胀变化率（*cpi*）	居民消费者价格指数定基指数，取对数差分
3	宏观经济景气指数（*EPI*）	宏观经济景气先行指数减去 100
4	短期资本流动（*SCF*）	根据张明等（2011）研究方法计算
5	利率变化率（*r*）	7 日银行间质押式回购利率，取对数差分
6	上证指数收益率（*stock*）	上证综合指数，取对数差分
7	中国货币政策不确定性指数（*MPU*）	第 3 章构建的中国货币政策不确定性指数
8	美国货币政策不确定性指数（*MPU-us*）	贝克等（2016）构造的美国货币政策不确定性指数，除以 100
9	汇率预期（*EP*）	根据张明等（2013）研究方法构建汇率预期
10	美元指数变化率（*dol*）	美元指数，取对数差分

注：部分变量的具体说明见第 6 章 6. 1. 1 节。

7. 2. 3　实证过程与结果分析

1. 单位根检验及单变量回归

对上述变量进行单位根检验，以保证数据的平稳性，结果如表 7 - 13

所示。ADF 检验和 PP 检验结果显示，各变量在 5% 显著性水平为平稳序列。

表 7-13　　单位根检验结果

变量	ADF 统计量	1% 临界值	P 值	PP 统计量	1% 临界值	P 值
EMP	-3.3310	-3.4654	0.0149	-3.3669	-3.4654	0.0134
EPI	-2.0029	-2.5774	0.0436	-2.1507	-2.5774	0.0306
EP	-3.7467	-4.0079	0.0217	-3.8503	-4.0079	0.0161
MPU	-4.6176	-3.4656	0.0002	-3.4698	-3.4654	0.0099
dol	-8.8630	-3.4654	0.0000	-8.7431	-3.4654	0.0000

注：本节只列出新增变量和关键变量的单位根检验结果，其他变量单位根检验结果见 6.2.2 节。*jck* 单位根检验类型为（1，1，0），EP 检验类型为（0，0，0），其他变量检验类型为（1，0，0）。

参考杨丹丹和沈悦（2021）的做法，将预警指标备选变量与人民币外汇市场压力指数逐一回归，选取其中回归系数显著性高、对人民币外汇市场压力指数解释力强的变量纳入最终的预警模型，以避免多重共线性和过度识别的问题。检验结果如表 7-14 所示。由回归结果可知，满足上述条件的指标包括通货膨胀、宏观经济景气指数、短期资本流动、中国货币政策不确定性指数和汇率预期。

表 7-14　　单变量回归结果

变量	*y*	*cpi*	*EPI*	*SCF*	*r*
常数项	1.3978*** (0.0515)	1.3277*** (0.0577)	1.2996*** (0.0595)	1.4345*** (0.0504)	1.4015*** (0.0506)
系数	0.0055 (0.0116)	0.3524** (0.1374)	0.0693*** (0.0223)	45.345*** (14.191)	0.0022 (0.0027)
可决系数	0.0012	0.0342	0.0494	0.0520	0.0036
变量	*stock*	*MPU*	*MPU-us*	*EP*	*dol*
常数项	1.4063*** (0.0507)	0.2703 (0.2457)	1.4705*** (0.1115)	1.4269*** (0.0457)	1.4044*** (0.0505)
系数	-0.0065 (0.0064)	1.3948*** (0.2969)	-0.0477 (0.0693)	0.3323*** (0.0495)	-0.0555 (0.0389)
可决系数	0.0055	0.1061	0.0025	0.1954	0.0108

注：括号内为系数的估计标准误；***、** 分别表示在 1%、5% 的显著性水平上显著。

2. 先行指标的确定

本节进一步采用时差相关分析法从上述满足条件的备选变量中选取先行指标，计算人民币外汇市场压力指数和各风险预警指标 12 个延迟期的时差相关系数，选取其中最大的相关系数，结果如表 7 – 15 所示。

表 7 – 15　　时差相关分析结果

预警指标	*cpi*	*EPI*	*SCF*	*MPU*	*EP*
滞后期	–3	–12	–1	–7	–3
相关系数	0. 2484	0. 2815	0. 2881	0. 4824	0. 4476

表 7 – 15 显示，当滞后期为负数时，各变量与 *EMP* 的时差相关系数取得最大值，其中，*MPU* 和 *EP* 与 *EMP* 的相关系数较大，因此选取中国货币政策不确定性指数和汇率预期作为先行指标，纳入 MS – TVTP 模型作为转换概率的影响因素，进行后续模型估计。

3. 马尔可夫区制转换模型结果分析

将符合条件的 *MPU* 和 *EP* 两个预警指标纳入马尔可夫区制转换模型，分别采用 MS – FTP 模型和 MS – TVTP 模型进行检验，模型估计结果如表 7 – 16 所示，其中区制 1 为人民币外汇市场的低风险状态，区制 2 为人民币外汇市场的高风险状态。

表 7 – 16　　MS – TVTP 模型估计结果

变量	MS – FTP 模型		MS – TVTP 模型	
	区制 1	区制 2	区制 1	区制 2
截距项	0. 1281 (0. 1687)	0. 0823 (0. 3434)	–0. 0086 (0. 1601)	0. 9159*** (0. 1572)
转换系数	1. 2515*** (0. 1984)	2. 5867*** (0. 4241)	0. 3478*** (0. 0339)	0. 2152*** (0. 0628)
非转换系数	0. 2562*** (0. 0364)		1. 4190*** (0. 1872)	

续表

变量	MS－FTP 模型		MS－TVTP 模型	
	区制 1	区制 2	区制 1	区制 2
转换概率参数	—	—	2.9302 * (1.7668)	－1.4132 (1.9555)
	—	—	－2.4094 (1.6981)	1.4494 (2.0208)
LLF	－106.8050		－93.2896	
AIC	229.6101		210.5793	
区制维持概率	0.9611	0.8815	0.9585	0.8850

注：包含转换效应的解释变量为汇率预期，不包含转换效应的解释变量为货币政策不确定性。区制维持概率为保持当期区制状态不变的平均概率。括号内为系数的估计标准误；*** 、* 分别表示在 1% 、10% 的显著性水平上显著。

表 7－16 结果显示，在不变概率马尔可夫区制转换模型中，截距项不显著，汇率预期和中国货币政策不确定性的系数较为显著，在时变概率马尔可夫区制转换模型中，除区制 1 的截距项外，其他变量的系数较为显著。非转换系数显著为正，表明中国货币政策不确定性的上升会导致人民币外汇市场风险增加。模型估计的 LLF 和 AIC 准则值表明，MS－TVTP 模型拟合效果优于 MS－FTP 模型。在 MS－TVTP 模型中，截距项在不同风险状态下发生显著改变，在高风险状态下，*EMP* 每个月平均上升 0.9159，而在低风险状态下，每个月平均下降 0.0086。转换系数的差异表明在不同风险状态下汇率预期对 *EMP* 的影响具有非对称性特征，汇率预期对区制 1 的影响更大，人民币汇率市场维持在低风险区域运行的概率更大（95.85%）。区制 1→区制 1 的转换概率参数在 10% 显著性水平上显著，其他转换概率参数不显著，这也表明了人民币汇率在低风险区域运行的稳健性。

虽然人民币汇率在低风险区域运行的概率更大，但在样本期内仍然存在高风险运行区域。进一步通过马尔可夫区制模型的平滑概率分析人民币外汇市场风险状态在各时点的转换特征，如图 7－4 和图 7－5 所示。其中，图 7－4 为 MS－FTP 模型风险转换的平滑概率图，图 7－5 为 MS－TVTP 模型风险转换的平滑概率图，阴影部分为人民币汇率高风险区域。

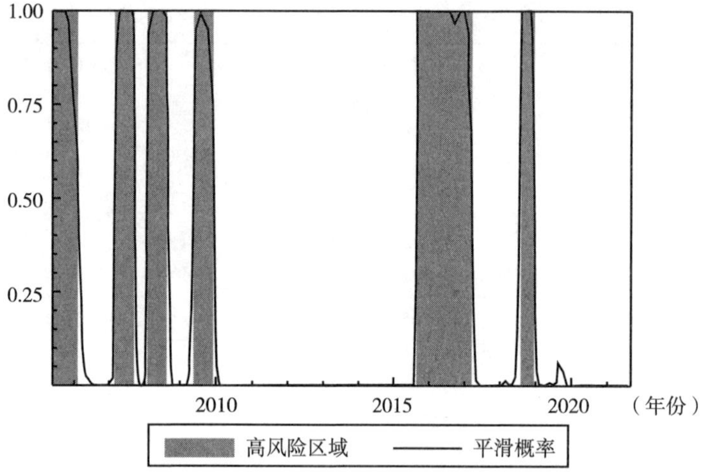

图 7－4　MS－FTP 模型的风险转换平滑概率

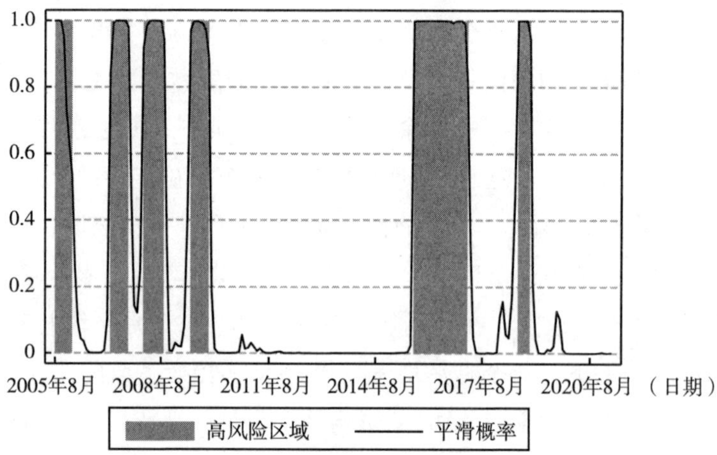

图 7－5　MS－TVTP 模型的风险转换平滑概率

图 7－4 和图 7－5 显示，MS－FTP 模型与 MS－TVTP 模型测度的人民币外汇市场压力指数高波动区域较为接近，测度的高风险区域主要集中在 2005 年 8 月至 2006 年 2 月、2007 年 3 月至 9 月、2008 年 2 月至 9 月、2009 年 6 月至 12 月、2015 年 9 月至 2017 年 3 月和 2018 年 8 月至 12 月六个区间，与实际情况基本一致。其中，2005 年 8 月至 2006 年 2 月的人民币汇率风险主要来源于“7·21”汇改后人民币升值压力。2007 年 3 月至 9 月的人民币汇率风险主要是人民币升值压力，经济过热和非常规货币政

策的实施，市场流动性充裕，大量国际资本的流入引发人民币快速升值。2008 年 2 月至 9 月的人民币汇率风险主要源于金融危机的冲击，人民币汇率重新盯住美元虽然减缓了市场汇率的波动，但外汇储备快速上升和升值预期导致人民币外汇市场面临更大的升值压力。2009 年 6 月至 12 月的人民币汇率风险主要源于量化宽松政策导致美元持续贬值，“4 万亿”刺激计划的实施导致通货膨胀压力上升，通货膨胀与升值彼此强化加剧了人民币升值压力。2015 年 9 月至 2017 年 3 月的人民币汇率风险主要是人民币贬值压力，“8 · 11” 汇改本身的冲击、人民币汇率中间价形成机制的变化、人民币加入 SDR 货币篮子、美联储加息和央行公布 CFETS 人民币汇率指数等，这些冲击改变了投资者对人民币汇率预期方向，引发外汇市场剧烈波动。2018 年 8 月至 12 月的人民币汇率风险主要是人民币贬值压力，2018 年全年人民币汇率贬值幅度达到 5.4%，中美经贸摩擦和中美货币政策分化是导致彼时人民币汇率剧烈波动的主要原因。

在 MS – TVTP 模型中，人民币外汇市场压力指数由低风险转移至高风险的转换时点分别是 2007 年 3 月、2008 年 2 月、2009 年 6 月、2015 年 9 月和 2018 年 8 月，对应的风险转换概率分别为 0.1000→0.8417、0.2499→0.9170、0.4031→0.9720、0.0252→0.9986 和 0.4758→0.9994。进一步观察这些时点前后汇率预期和中国货币政策不确定性指数的变化特征（见图 7 – 6），以验证 *EP* 和 *MPU* 对人民币外汇市场风险的预警能力。

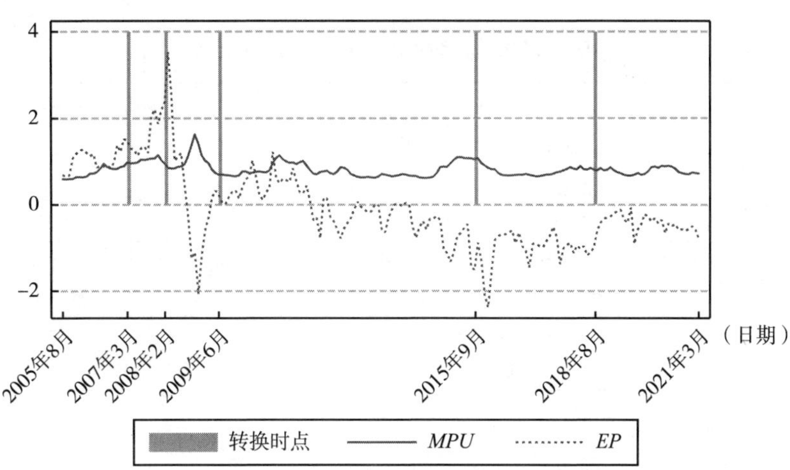

图 7 – 6　转换时点前后 *MPU*、*EP* 走势

图 7 - 6 结果显示，对于转换时点 1（2007 年 3 月），转换前 5 期内货币政策不确定性指数上升 18.2%[①]，汇率预期上升 78.64%；对于转换时点 2（2008 年 2 月），转换前 7 期内货币政策不确定性指数维持在高位运行，上升幅度达 17.24%，汇率预期升幅高达 110.59%；对于转换时点 3（2009 年 6 月），转换前货币政策不确定性指数剧烈波动，在金融危机冲击下人民币汇率贬值预期急剧增加，之后在宏观调控政策刺激下贬值预期开始回落；对于转换时点 4（2015 年 9 月），转换前 7 期货币政策不确定性指数升幅达 25.99%，汇率贬值预期升幅高达 400%；对于转换时点 5（2018 年 8 月），转换前 10 期货币政策不确定性指数上升 10.9%，汇率贬值预期偏高位运行。上述分析发现，人民币汇率由低风险转移至高风险前，货币政策不确定性指数往往存在较大升幅，汇率预期波动剧烈，因此，货币政策不确定性和汇率预期是人民币外汇市场风险预警的重要先行指标。

7.2.4 稳健性分析

运用变量替换法进行稳健性分析。运用滞后 1 期货币政策不确定性指数（*MPU*（-1））、基于主成分分析法构建的中国货币政策不确定性指数（*MPU*1）替换前文采用的 *MPU*，分别构建 MS - TVTP 模型，结果如表 7 - 17 所示。MS - TVTP 模型对应的风险转换概率走势图如图 7 - 7 所示。

表 7 - 17　　MS - TVTP 模型估计结果（稳健性分析）

变量	*MPU*（-1）		*MPU*1	
	区制 1	区制 2	区制 1	区制 2
截距项	-0.1050 (0.1442)	0.7790*** (0.1397)	0.4348*** (0.1264)	1.2561*** (0.1297)
转换系数	0.3618*** (0.0328)	0.2500*** (0.0374)	0.4393*** (0.0472)	0.3179*** (0.0345)
非转换系数	1.5332*** (0.1701)		0.8006*** (0.1396)	

① 货币政策不确定性指数和汇率预期变化的数值为笔者根据图 7 - 6 和货币政策不确定性指数、汇率预期指标测算得到。

续表

变量	MPU（-1）		MPU1	
	区制 1	区制 2	区制 1	区制 2
转换概率参数	2.8820 [*] （1.6749）	-1.3502 （1.8577）	3.7156 [*] （1.8644）	-2.0582 （1.9755）
	-2.1643 （1.3632）	1.1738 （1.5315）	1.9087 （3.0260）	-4.6487 （4.1139）
LLF	-95.3319		-99.5233	
AIC	212.6638		221.0467	
区制维持概率	0.9592	0.8831	0.9730	0.9410

注：括号内为系数的估计标准误；***、*分别表示在1%、10%的显著性水平上显著。

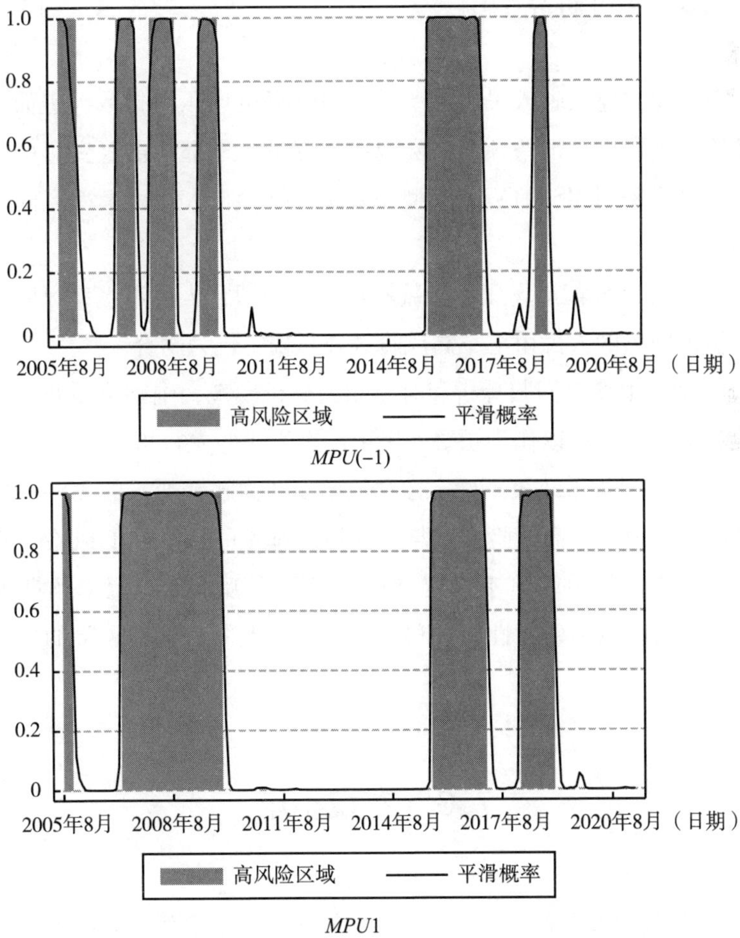

图7-7　MS-TVTP模型的风险转换平滑概率（稳健性分析）

表 7-17 显示，主要变量的显著性和符号方向与前文保持一致。替换变量后货币政策不确定性对人民币外汇市场压力指数的影响仍然显著，说明实证结果具有稳健性。此外，用滞后 1 期 *MPU* 替换后的模型估计参数与前文中 *MPU* 模型估计参数较为接近，其风险转换平滑概率走势与图 7-5 吻合度较高，进一步说明 *MPU* 作为预警指标的可行性。用 *MPU*1 替换后的模型平滑概率走势虽与图 7-5 存在些许差异，仍可测度出人民币汇率高风险的主要区域，表明本书构造的中国货币政策不确定性指数是重要的人民币汇率风险预警指标。

7.2.5 实证研究结论

本节首先构建反映人民币汇率风险的外汇市场压力指数，进而从中国货币政策不确定性、汇率预期、宏观经济变量、外部冲击等变量中筛选预警指标，最后采用 MS-TVTP 模型探究先行指标在人民币汇率风险预警中的作用。

（1）人民币外汇市场压力指数能够较好地拟合人民币汇率风险，基于阈值分析识别出的人民币汇率高风险区域与现实较为吻合。

（2）基于单变量回归分析和时差相关分析发现，中国货币政策不确定性指数和汇率预期可以作为预警人民币汇率风险的先行指标。

（3）以中国货币政策不确定性和汇率预期为解释变量的 MS-TVTP 模型测度的人民币汇率高风险区域与实际情况基本一致。在低风险→高风险的转换时点前，货币政策不确定性往往存在大幅上升，汇率预期大幅波动。中国货币政策不确定性指数和汇率预期是人民币汇率风险的重要预警指标。

7.3 本章小结

基于货币政策不确定性对人民币汇率波动存在显著影响的事实，本章研究了货币政策不确定性对人民币汇率风险防范的影响，分析了纳入不确定性指标和经济基本面指标的 GARCH - MIDAS 模型在人民币汇率波动拟合和波动预测中的效果，基于 MS - TVTP 模型探究了货币政策不确定性和汇率预期在人民币汇率风险预警中的作用。

（1）纳入不确定性指标和宏观基本面指标的 GARCH - MIDAS 模型能够改善人民币汇率波动率的拟合效果，不确定性指标的上升会导致人民币汇率波动率的增加，宏观基本面指标的改善会导致人民币汇率波动率的降低。纳入不确定性指标和宏观基本面指标的 GARCH - MIDAS 模型能够提高人民币汇率波动率的预测精度，与基准模型 *RV* 相比，当外生变量滞后期 *K* 设定为 12 时，*MPU*、*EPU*、*MPU-us* 的纳入提高了预测精度，当 $K=24$ 时，*MPU*、*EPI* 的纳入提高了预测精度，当 $K=36$ 时，y 的纳入提高了预测精度。

（2）MS - TVTP 模型估计结果表明，货币政策不确定性的上升、汇率预期的波动会导致人民币汇率风险上升。基于 MS - TVTP 模型测度的人民币汇率高风险区域与现实情况基本吻合，在模型测度的低风险→高风险的转换时点前，往往存在货币政策不确定性大幅上升，汇率预期大幅波动的现象。正是由于货币政策不确定性和汇率预期的先行波动引起转换概率的变化，预示着人民币汇率风险的转换。因此，中国货币政策不确定性指数和汇率预期是人民币汇率风险预警的重要先行指标。

（3）本章实证研究和稳健性分析结果表明，本书构建的中国货币政策不确定性指数在人民币汇率波动预测、风险预警方面具有良好的适用性。

第8章

研究结论与政策建议

8.1 研究结论

本书从货币政策不确定性视角出发，聚焦于人民币汇率。通过构建中国货币政策不确定性指数，分析中国货币政策不确定性指数与人民币汇率的典型事实特征和关联特征；从理论分析和实证检验两个角度研究货币政策不确定性对人民币汇率的影响机制，运用相关计量模型探讨了货币政策不确定性对人民币汇率波动率的动态影响特征；从波动预测和风险预警两方面分析了货币政策不确定性对人民币汇率风险的影响，并提出针对性的政策建议，为防范外汇市场风险，维护国家的金融安全和稳定提供了新的视角。

（1）通过梳理不确定性经济理论和汇率决定理论，探寻从货币政策不确定性到人民币汇率的桥梁。在不确定性经济理论下，随着货币政策不确定性水平的上升，投资者的预期会发生改变，进而影响投资者的投资、消费等行为；而汇率决定理论则分别从物价水平、利率、货币供给、资产价格变化以及汇率预期的角度探讨了汇率的决定。因此，产出、通货膨胀水平、利率、国际资本流动以及预期等是探讨货币政策不确定性对人民币汇率影响机制的重要传导变量。

（2）基于尤拉多（Jurado，2015）的研究方法，从数量型货币政策、价格型货币政策、货币政策目标和宏观经济发展等方面选取40个指标提取其不确定性成分构建中国货币政策不确定性指数，分析了中国货币政策不确定性的典型事实特征及其产生的原因；基于DCC－GARCH模型和分位数格兰杰因果检验探讨中国货币政策不确定性与人民币汇率的联动特征。中国货币政策不确定性指数测度结果显示，在样本期内，中国货币政策不确定性的最大峰值出现于2008～2009年全球金融危机期间，其余几次峰值分别出现在2006～2008年、2010～2011年、2015～2016年、2018～2019年和2020年上半年。峰值的出现与其间货币政策的频繁调控、“黑天鹅”事件的冲击等息息相关。MS－AR模型结果显示，中国货币政策不确定性处于低波动、高波动两种状态的持续概率分别是0.8620和0.9057，对应的持续期分别为7.25个月和10.60个月，从低波动状态转移到高波动状态的概率为0.1380，从高波动状态转移到低波动状态的概率为0.0943，表明中国货币政策不确定性难以从高波动状态转移到低波动状态，但由低波动状态转换到高波动状态则相对比较容易，处于高波动状态的持续期是低波动状态持续期的146.2%，表明中国货币政策不确定性具有高持续性的特点。此外，在2008年金融危机、2011年欧债危机、2015年“股灾”、2018年中美经贸摩擦以及2020年新冠疫情大暴发等时间段，中国货币政策不确定性的高波动状态持续时间较长，面对“黑天鹅”事件冲击以及国内经济过热、经济增速放缓、经济结构转型矛盾等一系列问题，宏观调控政策的转向以及货币政策的频繁操作等是导致中国货币政策不确定性水平上升的主要原因。DCC－GARCH模型结果显示，中国货币政策不确定性与人民币实际有效汇率之间的波动相关性具有明显的时变特征，大多数阶段二者间存在较为稳定的正相关关系，当货币政策不确定性波动较大时，人民币汇率波动也会增加。特别是在货币政策不确定性高波动的次贷危机、“股灾”、中美经贸摩擦以及新冠疫情暴发等阶段，中国货币政策不确定性与人民币实际有效汇率的波动相关系数显著上升，次贷危机期间，二者的动态相关系数甚至高达0.4936。分位数格兰杰因果检验表明，中国货币政策不确定性与人民币汇率之间存在非线性格兰杰因果关系。在整个分布［0.05；0.95］上，中国货币政策不确定性与人民币对美元汇率之间存在显著的双向格兰杰因果关系；在中低分位数和中高分位数上，二者之间也存在显著的双向格兰杰因果关系，在 $\tau = \{0.15, 0.20, 0.80\}$ 的分位数分布上人民币实际有效汇率是中国货币政策不确定性的格兰杰原因。在大多数分位数上，中国货币政策不确定性是人民币对美元汇率变动的格兰杰原因。时变格兰杰因果检验表明，在样本期内的某些时点，中国货币政策不确定性与人民币汇率之间存在显著的时变格兰杰因果关系。

（3）从理论分析和实证检验两个角度分析了货币政策不确定性影响人民币汇率的传导机制，发现汇率预期渠道、资本流动渠道和不确定性经济效应渠道是货币政策不确定性影响人民币汇率的主要传导机制，货币政策不确定性通过投资者预期、短期资本流动以及不确定经济效应下产出和利率的变化等对人民币汇率产生冲击。基于拓展的泰勒规则汇率模型分析发现，纳入货币政策不确定性、资本流动和宏观经济变量的泰勒规则汇率模型有助于从动态的角度分析人民币汇率，阐释了人民币汇率的动态变化。基于传统的 VAR 模型脉冲响应函数实证分析显示，货币政策不确定性的上升会导致人民币汇率贬值预期增加，短期资本流出上升，产出下降，引发人民币贬值。这表明汇率预期渠道、资本流动渠道和不确定性经济效应渠道在货币政策不确定性影响人民币汇率过程中发挥了重要作用。

（4）货币政策不确定性对人民币汇率收益率的影响分析表明，货币政策不确定性对人民币汇率收益率的影响具有显著的时变特征。当货币政策不确定性水平较低时，宏观基本面因素是汇率变动的主要驱动因素。随着货币政策不确定性的上升，不确定性的冲击开始显现。基于人民币对主要国际货币汇率的样本分析发现，货币政策不确定性是人民币汇率收益率变动的重要影响因素，是人民币汇率的格兰杰原因。货币政策不确定性的上升会导致人民币贬值，中国货币政策不确定性对人民币汇率的影响显著大于外国（地区）货币不确定性。

（5）TVP－SV－VAR 模型脉冲响应函数从影响方向和趋势的角度分析了货币政策不确定性对人民币汇率波动率的影响。第一，从直接影响看，货币政策不确定性上升会导致人民币汇率波动增加，中国货币政策不确定性对人民币汇率波动的影响大于美国货币政策不确定性的影响，但美国货币政策不确定性的外溢效应会导致中国货币政策不确定性在短期内上升。

第二，从不同渠道的传导机制看，汇率预期渠道下货币政策不确定性上升会引发贬值预期，进而导致人民币汇率波动增加；资本流动渠道下货币政策不确定性上升会导致短期资本流出增加，进而冲击人民币汇率波动；不确定性经济效应渠道下货币政策不确定性的上升导致短期产出下降、利率水平下降，进而导致汇率波动上升。此外，货币政策不确定性上升在短期内会导致通货膨胀水平下降，进而导致人民币汇率波动上升。第三，不同渠道下货币政策不确定性对人民币汇率的影响机制具有显著的动态时变特征，随着人民币汇率市场化改革的深化，人民币汇率对不同传导渠道下各变量冲击的响应更敏感，市场化功能的深化在一定程度上可以对冲不确定性的冲击。因此，持续推进人民币汇率市场化形成机制改革，实现人民币汇率市场化的目标是决策者关注的重要问题。

（6）滚动 VAR 波动溢出指数则量化了不同渠道下货币政策不确定性对人民币汇率波动的溢出效应。平均波动溢出指数分析表明，汇率预期渠道的溢出最显著，资本流动渠道次之，利率渠道再次之，产出渠道则不显著，此外，*EP*、*SCF* 和 *RV* 三者之间的交互影响较为显著，进一步加剧了汇率波动。定向动态波动溢出分析显示，不同渠道下货币政策不确定性对人民币汇率波动的溢出效应具有显著的动态时变特征。从定向溢出强度看，*MPU* 对汇率预期的溢出强度最大，对资本流动的溢出强度次之，对产出和利率的溢出强度最小。从各渠道对 *RV* 的定向溢出看，y 对 *RV* 的定向溢出强度最大（新冠疫情期间），其次是 *EP*，r 和 *SCF* 的溢出强度最小。关联网络分析进一步验证了不同渠道下波动溢出效应的时变特征。在货币政策不确定性水平较高的时点，货币政策不确定性主要通过汇率预期渠道对人民币汇率波动产生冲击；在“8・11”汇改后人民币贬值阶段，货币政策不确定性主要通过资本流动渠道对人民币汇率波动产生冲击；在中美经贸摩擦升级时点，货币政策不确定性主要通过汇率预期渠道和资本流动渠道对人民币汇率波动产生冲击；在宏观经济出现断崖式下跌时，宏观经济的变化不仅直接加剧人民币汇率贬值的波动，还会导致货币政策不确定性上升，货币政策不确定性通过资本流动渠道对人民币汇率波动产生冲击。

（7）从人民币汇率波动拟合和预测看，纳入不确定性和宏观基本面指标的 GARCH－MIDAS 模型能够改善人民币汇率波动率的拟合效果，不确定性的上升会导致人民币汇率波动率的增加，中国货币政策不确定性的影响最大，中国经济政策不确定性的影响次之，美国货币政策不确定性的影响最小。宏观基本面指标的改善会导致人民币汇率波动率的降低，反映实体经济状况的指标影响最大，宏观经济景气指数影响次之。纳入不确定性和宏观基本面指标的 GARCH－MIDAS 模型能够提高人民币汇率波动率的预测精度，与基准模型 *RV* 相比，当外生变量滞后期设定为 12 时，*MPU*、*EPU*、*MPU-us* 的纳入提高了预测精度，当 $K=24$ 时，*MPU*、*EPI* 的纳入提高了预测精度，当 $K=36$ 时，y 的纳入提高了预测精度。从人民币汇率风险预警来看，人民币外汇市场压力指数能够较好地拟合人民币汇率风险，基于阈值分析识别出的人民币汇率高风险区域与现实较为吻合。通过单变量回归分析和时差相关分析发现，中国货币政策不确定性指数和汇率预期可以作为预警人民币汇率风险的先行指标。以中国货币政策不确定性和汇率预期为解释变量的 MS－TVTP 模型测度的人民币汇率高风险区域与实际情况基本一致。在低风险→高风险的转换时点前，往往存在货币政策不确定性大幅上升，汇率预期大幅波动的变化特征。中国货币政策不确定性指数和汇率预期是人民币汇率风险的重要预警指标。

8.2 政策建议

针对货币政策不确定性对人民币汇率存在显著影响的事实特征，政策制定和监管部门应积极重视货币政策不确定性，并采取针对性的举措，以降低货币政策不确定性及其产生的负面冲击。基于上述研究结论，本书提出以下政策建议。

（1）强化结构性货币政策，精准施策，降低货币政策不确定性水平。不同于全局性的总量货币政策，结构性货币政策对国家宏观经济运行的影响是局部性的。囿于我国不同区域、不同行业的发展不均衡，央行在实施货币政策时不能一视同仁，应针对不同行业、不同区域、不同时期的发展需求制定相应的货币政策。通过货币政策工具创新，差别存款准备金率、贷款优惠、利率优惠、信用管制等引导信贷流向，提升对经济发展中的重点行业和地区、薄弱环节等的金融支持，有助于金融更好地支持实体经济，促进不同区域经济协调稳定发展，降低货币政策不确定性对宏观经济和金融市场的负面影响。2008 年金融危机期间，全局性货币政策的频繁使用，导致货币政策不确定性飙升，给宏观经济和金融市场产生了巨大的冲击。而 2020 年 3 月新冠疫情暴发期间，通过定向降准、中期借贷便利、专项贷款、普惠性再贷款等结构性货币政策的实施，不仅有效对冲了疫情对中国经济增长下行压力的影响，而且并未引起货币政策不确定性的大幅波动。原因在于结构性货币政策的实施和推出非常灵活，可以根据市场形势主动调整，针对性更强的结构性货币政策便于市场理解央行的货币政策意图，在引导资金流向的同时降低了市场预期的剧烈波动。在以国内大循环为主体，国内国际双循环相互促进的新发展格局下，更需要发挥结构性货币政策对实体经济精准滴灌的作用。

（2）提高与市场的有效信息沟通，加强预期管理，降低货币政策不确定性的负向冲击。2001 年第一季度央行开始发布货币政策报告，已具有前瞻性指引的特征。2009 年“预期管理”正式写入政府工作报告，随着 2015 年利率走廊逐步搭建完成，央行创设多种货币政策工具，及时释放利率信息。2018 年起，央行与市场沟通的频率大幅提高，通过多种渠道传递央行政策意图。除此之外，央行要加强自身的研究能力，通过完善和改进现有宏观经济模型，提高对宏观经济发展前景预测的精准度，增强央行研究预判能力，促进央行更加有效地引导预期。与市场的有效信息沟通应该常态化，可通过设立定期发言人机制及时准确地进行信息披露和政策解读，不断提高政策透明度，以优化公众理性预期程度。通过语言沟通向调控对象发出信号，让调控对象明确并适应央行意图，趋于调控目标，促成央行政策与公众对策和市场行为的良性互动。面对 2015 年“8・11”汇改后市场存在的贬值预期，央行经常释放人民币不存在贬值基础的信号，并通过预期管理等多种方式保持人民币汇率中间价的稳定。时任央行行长易刚（2019）指出，货币政策的有效性很大程度取决于对预期的引导和把控，预期管理已经成为央行最重要的货币政策手段之一。有效的预期管理可以使政府与各微观主体有效形成政策合力，降低货币政策不确定性。

（3）加强对经济政策不确定性的监测、跟踪和分析，提高政府处理不确定性的能力和效率。不仅要将本国经济不确定性和政策不确定性（包括货币政策、财政政策、贸易政策等政策不确定性）纳入风险监测指标体系，还需关注主要经济体的经济和政策不确定性的外溢效应。一方面要加强对经济政策不确定性宏微观经济影响的研究，提高经济政策不确定性测度的准确度，厘清不同类型的经济政策不确定性对本国经济的冲击效应，准确分析导致经济政策不确定性的原因，这样在应对不确定性冲击时才更有针对性；另一方面通过对不确定性指标的实时监测、跟踪和分析，建立针对国内外经济政策不确定性影响的长效预警机制和应对机制，及时发布预警信息，根据冲击效应的影响特征制定风险应对策略，不断提升政府应对不确定性的能力和效率，以降低本国不确定性对宏微观经济和金融市场的冲击，减少其他国家经济政策不确定性的外溢冲击。

（4）稳步深化汇率市场化改革，不断增强人民币汇率弹性，保持人民币汇率在合理均衡水平上基本稳定。继续推进人民币汇率市场化改革，完善以市场供求为基础、参考一篮子货币进行调节、有管理的浮动汇率制度。增强人民币汇率弹性，充分发挥市场供求在汇率形成中的决定性作用。汇率弹性增强，可以及时释放市场压力，既有助于形成市场汇率调节和交易行为之间的良性循环，又有助于发挥市场吸收外部冲击的功能，抑制单边的升值和贬值积累。弹性的人民币汇率有助于更好地发挥调节宏观经济和国际收支自动“稳定器”的作用，有助于外汇市场自主调节和平衡。随着中国经济的崛起和金融市场开放的不断加深，人民币汇率的短期波动性将会增加，因此需要提高容忍度和适应性。应该进一步加强市场决定汇率的力度，让汇率主要由市场决定，参考一篮子货币进行调节应该逐步退出历史舞台，实现真正的有管理浮动，是未来一段时间深化汇率市场化改革的方向（丁志杰等，2018）。在改革方式上应采取渐进式改革和积极管理，以避免汇率贬值惯性。对于监管机构而言，要不断丰富跨境资本流动和汇率管理的政策“工具箱”，把握好汇率避险与汇率投机之间的界限，保留极端情境下的汇率管理手段，以减少汇率超调和顺周期行为的发生。

（5）丰富外汇市场交易产品，不断完善外汇市场建设。人民币外汇市场的建设应该以市场为导向，逐步放松交易管制，丰富外汇市场交易产品，增加交易主体，扩大外汇市场开放。当前我国外汇市场的场外交易产品已较为丰富，包括外汇即期、远期、掉期和期权交易，但场内产品相对缺乏，在岸人民币外汇期货、场内期权等产品尚未推出，而境外已有几十家交易所推出了人民币外汇期货和期权产品，且交易较为活跃。随着我国金融开放的不断扩大，应该适时推出人民币外汇期货和场内期权交易，支持银行推出契合市场需求、低成本、高效率的外汇避险新品种，比如增设不同外汇交易品种、不同期限交易品种等（王雪和封思贤，2015），以满足企业、家庭等多元化、低成本抵御汇率风险的需求。应逐步放松实需交易原则，放宽个人和企业参与外汇期货、外汇期权等的交易限制，以满足他们运用相关工具管理外汇风险和进行汇率投资。不断增加外汇市场交易主体，扩大外汇市场的开放程度，让更多的金融机构和企业有机会参与境内外汇市场交易，不断完善外汇市场交易机制，努力将我国银行间外汇市场建设成为全球性人民币产品交易和定价中心。外汇衍生品市场的发展与不断完善，也会推动汇率市场化和人民币国际化的进程。

8.3 研究展望

本书通过构建中国货币政策不确定性指数，从理论和实证的角度分析了货币政策不确定性对人民币汇率的影响机制，从动态时变的角度研究了货币政策不确定性对人民币汇率的影响特征，从波动预测和风险预警两个方面探讨了货币政策不确定性对人民币汇率风险防范的影响，虽然得到了一些有用的结论，但由于作者水平、文献进展等因素，本书仍然存在一些研究不足，不足之处也体现了未来研究的拓展方向。

（1）货币政策不确定性指数构建的不足与优化。虽然本书构造的中国货币政策不确定性指数在拟合货币政策不确定性运行状态、研究人民币汇率波动特征、预测人民币汇率波动、预警人民币汇率风险方面具有较好的适用性，但本书构建的只是一个总的货币政策不确定性指数，缺乏对数量型货币政策、价格型货币政策、前瞻性货币政策等不同类型的货币政策引致的不确定性的研究。此外，基于月度数据构建的货币政策不确定性指数存在滞后性，基于日度大数据构建实时的货币政策不确定性指数是未来研究的重要方向。

（2）导致货币政策不确定性的原因值得深入探究。虽然本书指出货币政策的频繁变动、“黑天鹅”事件的冲击等是导致货币政策不确定性上升的主要原因，但是，货币政策的频繁变动、宏观经济变量突变、外部不确定性的冲击、货币政策传导的有效性等因素在引致货币政策不确定性方面占据了多大的权重？哪类因素影响更大？不同影响因素之间存在怎样的动态时变特征？对于导致货币政策不确定性的原因值得深入挖掘，这有助于采取更具针对性的措施降低货币政策不确定性。

（3）货币政策不确定性对人民币汇率的传导机制有待进一步优化。虽然本书从不确定性经济效应和汇率决定理论出发，从汇率预期渠道、资本流动渠道和不确定性经济效应渠道理论分析了货币政策不确定性对人民币汇率的影响机制，并基于 TVP – SV – VAR 模型和波动溢出指数从实证的角度对影响机制进行了验证，但关于影响机制的理论分析稍显不足，从动态一般均衡的视角研究货币政策不确定性对人民币汇率的影响机制或许可以补足理论方面的欠缺。

经济政策不确定性的研究方兴未艾，货币政策与金融市场、金融机构等联系密切，那么货币政策不确定性的研究自然可以拓展到金融市场、金融机构、金融风险管理等领域。基于本书的研究方法，亦可以研究金融市场不确定性和区域经济不确定性等问题。此外，货币政策不确定性在微观层面的影响也值得进一步深入挖掘。

参考文献

［1］白玥明．人民币汇率变动与国际货币政策信号冲击——来自美、欧、日、英量化宽松政策的证据［J］．经济科学，2015（6）：51－64.

［2］卜永祥．人民币升值压力与货币政策：基于货币模型的实证分析［J］．经济研究，2008，43（9）：58－69.

［3］操玮，崔陈，朱卫东．多来源经济不确定性对人民币汇率波动的影响研究——基于多因子 GARCH－MIDAS 模型的分析［J］．金融理论与实践，2021（7）：59－69.

［4］陈创练．人民币汇率波动成因分解研究——基于 BQ－SVAR 模型的估计［J］．中国经济问题，2011（6）：65－75.

［5］陈创练，杨子晖．"泰勒规则"、资本流动与汇率波动研究［J］．金融研究，2012（11）：60－73.

［6］程小勇．运用芝商所美元/离岸人民币期货合约对冲汇率风险［N］．期货日报，2021－07－29（003）.

［7］邓创，曹子雯．中国货币政策不确定性测度及其宏观经济效应分析［J］．吉林大学社会科学学报，2020，60（1）：50－59，220.

［8］邓创，赵珂．中国的金融压力及其对宏观经济景气的影响动态［J］．财经研究，2018，44（7）：86－98，113.

［9］丁剑平，刘璐．中国货币政策不确定性和宏观经济新闻的人民币汇率效应［J］．财贸经济，2020，41（5）：19－34.

［10］丁志杰，严灏，丁玥．人民币汇率市场化改革四十年：进程、经验与展望［J］．管理世界，2018，34（10）：24－32，231.

［11］窦菲菲，田素华．美国量化宽松货币政策退出与人民币汇率波动——基于市场套利行为和央行货币政策因素的实证研究［J］．上海经济

研究，2016（5）：30－38.

[12] 富兰克·H. 奈特．风险、不确定性和利润 [M]．王宇，王文玉译．北京：中国人民大学出版社，2005.

[13] 盖静．货币政策冲击、外汇干预与汇率波动动态关系——基于SVAR模型的实证检验 [J]．上海金融，2018（11）：43－49，71.

[14] 高铁梅，杨程，谷宇．央行干预视角下人民币汇率波动的影响因素研究——基于中美两国经济的实证分析 [J]．财经问题研究，2013（2）：45－53.

[15] 官晓莉，刘建民，熊熊，张维．经济政策不确定性与国际金融网络间的尾部风险传染研究 [J/OL]．中国管理科学，2021：1－12.

[16] 龚玉婷，陈强，郑旭．谁真正影响了股票和债券市场的相关性？——基于混频Copula模型的视角 [J]．经济学（季刊），2016，15（3）：1205－1224.

[17] 古斯塔夫·卡塞尔．1914年以后的货币与外汇 [M]．姜井勇译．北京：商务印书馆，2020.

[18] 管涛．慎言人民币汇率新周期 [J]．新金融，2020（12）：4－7.

[19] 郝大鹏，王博，李力．美联储政策变化、国际资本流动与宏观经济波动 [J]．金融研究，2020（7）：38－56.

[20] 何德旭，张雪兰，王朝阳，包慧娜．货币政策不确定性、银行信贷与企业资本结构动态调整 [J]．经济管理，2020，42（7）：5－22.

[21] 何文海，张永姣．环境规制、产业结构调整与经济高质量发展——基于长江经济带11省市PVAR模型的分析 [J]．统计与信息论坛，2021，36（4）：21－29.

[22] 贺昌政，任佩瑜，俞海．人民币汇率影响因素研究 [J]．管理世界，2004（5）：45－49.

[23] 贺力平．新中国成立七十年来外汇政策的改革调整和成就 [J]．国际金融，2019（11）：43－49.

[24] 黄乃静，汪寿阳．中欧货币汇率的极端风险传播研究 [J]．管理科学学报，2018，21（12）：1－17.

[25] 惠晓峰，柳鸿生，胡伟，何丹青．基于时间序列GARCH模型的

人民币汇率预测［J］. 金融研究，2003（5）：99－105.

［26］江春，杨宏略，李小林. 基于泰勒规则的人民币汇率预测研究：兼论多种汇率决定模型预测比较［J］. 世界经济研究，2018（a）（4）：3－15，135.

［27］江春，司登奎，李小林. 基于拓展泰勒规则汇率模型的人民币汇率动态决定：理论分析与经验研究［J］. 金融研究，2018（b）（2）：82－99.

［28］蒋涛. 美国经济政策不确定性溢出效应研究：来自新兴经济体银团贷款的证据［J］. 财贸研究，2020，31（2）：18－29.

［29］金中夏，洪浩. 国际货币环境下利率政策与汇率政策的协调［J］. 经济研究，2015，50（5）：35－47.

［30］靳晓婷，张晓峒，栾惠德. 汇改后人民币汇率波动的非线性特征研究——基于门限自回归TAR模型［J］. 财经研究，2008，34（9）：48－57.

［31］克里斯蒂安·施密特. 经济学思想中的不确定性［M］. 刘尚希，陈曦译. 北京：人民出版社，2020.

［32］邝雄，胡南贤，徐艳. 货币政策不确定性与银行信贷决策——基于新闻报道文本分析的实证研究［J］. 金融经济学研究，2019，34（5）：68－79.

［33］李成，于海东，李一帆. 货币政策不确定性对宏观经济的非对称影响效应——基于经济周期视角［J］. 北京理工大学学报（社会科学版），2020，22（5）：49－58.

［34］李成刚，李峰，赵光辉. 货币政策规则对国际资本流动与人民币汇率的时变影响——基于TVP－SV－VAR模型的实证检验［J］. 中国管理科学，2021，29（10）：35－46.

［35］李力，黄新飞. 货币政策不确定性与商业银行风险承担研究［J］. 系统工程理论与实践，2022，42（4）：847－864.

［36］李敏波，梁爽. 监测系统性金融风险——中国金融市场压力指数构建和状态识别［J］. 金融研究，2021（6）：21－38.

［37］李文乐，王彬，王继晖. 人民币汇率波动与货币政策调控——

基于新凯恩斯垄断竞争模型框架的理论分析与实证［J］. 当代经济科学，2011，33（4）：54－65，126.

［38］李晓燕，林海潮. 人民币汇率市场动态 ES 风险测度研究［J］. 求索，2015（5）：42－46.

［39］李艳丽，曹文龙，魏心欣，孙冰菁. 人民币汇率、汇率预期与短期跨境资本流动：基于 MS－VAR 模型的实证分析［J］. 世界经济研究，2022（1）：62－74，135.

［40］李自磊，张云. 美国量化宽松政策是否影响了中国的通货膨胀？——基于 SVAR 模型的实证研究［J］. 国际金融研究，2013（8）：13－21.

［41］梁丰. 经济政策不确定性与我国货币政策有效性——基于门槛向量自回归模型的实证研究［J］. 华东经济管理，2019，33（6）：84－90.

［42］梁琪，李政，郝项超. 中国股票市场国际化研究：基于信息溢出的视角［J］. 经济研究，2015，50（4）：150－164.

［43］梁琪，刘精山，王睿. 人民币外汇市场压力及其时变溢出效应研究［J］. 东岳论丛，2019，40（4）：34－45，191.

［44］林娟，吴春晓，张明. 上海黄金是人民币汇率风险的对冲工具和安全港吗？——基于常量和动态 Copula 模型［J/OL］. 中国管理科学，2020：1－11.

［45］刘飞，杜建华. 货币政策不确定性与企业脱实向虚——基于非金融企业金融化的证据［J］. 经济体制改革，2022（4）：144－150.

［46］刘凤根，吴军传，杨希特，欧阳资生. 基于混频数据模型的宏观经济对股票市场波动的长期动态影响研究［J］. 中国管理科学，2020，28（10）：65－76.

［47］刘慧，张勇. 货币政策不确定性的定义、测度及成因分析［J］. 经济学动态，2022（6）：61－79.

［48］刘强，陶士贵. 经济政策不确定性对人民币汇率的波动溢出效应［J］. 统计与决策，2022，38（14）：143－147.

［49］刘强，陶士贵. 经济政策不确定性对人民币汇率的影响研究——基于面板分位数模型的实证分析［J］. 华东经济管理，2021（a），35

(2): 87 - 96.

[50] 刘强，陶士贵．经济政策不确定性对实际有效汇率的影响——基于21个经济体的实证研究 [J]．经济问题探索，2021 (b) (3): 1 - 13.

[51] 刘强，陶士贵．外部经济政策不确定性与人民币汇率稳定 [J]．金融论坛，2022 (3): 63 - 72.

[52] 刘锐．美国量化宽松货币政策对中国经济的影响及对策 [J]．财经问题研究，2013 (S1): 3 - 7.

[53] 刘卫平，马永健．后金融危机时代美国货币政策调整对中国经济的影响 [J]．武汉大学学报 (哲学社会科学版)，2020，73 (5): 123 - 136.

[54] 刘晓星，方磊．金融压力指数构建及其有效性检验——基于中国数据的实证分析 [J]．管理工程学报，2012，26 (3): 1 - 6.

[55] 刘玚，蔡松婕，王学龙．外部不确定性对中国系统性金融风险的影响研究——基于跨境资本流动视角与渠道 [J]．西南民族大学学报 (人文社科版)，2019，40 (11): 136 - 143.

[56] 刘志蛟，刘力臻．黄金能对冲人民币汇率和股市风险吗? [J]．金融论坛，2018，23 (4): 43 - 55.

[57] 龙威．美联储货币政策模式转换对中国金融市场的溢出效应研究 [J/OL]．当代经济研究，2021: 1 - 10.

[58] 鲁春义，王东明．中国经济政策不确定性对短期资本流动的双向冲击：基于区制转移模型的实证研究 [J]．世界经济研究，2021 (8): 17 - 31，135.

[59] 路妍，吴琼．量化宽松货币政策调整对人民币汇率变动的影响分析 [J]．宏观经济研究，2016 (2): 137 - 149.

[60] 路妍，张寒漪．短期国际资本流动对人民币汇率波动的影响——基于 Markov Switching - VAR 方法的分析 [J]．商业研究，2020 (8): 45 - 52.

[61] 罗大庆，傅步奔．中国货币政策不确定性对宏观经济的影响——基于混合货币政策规则的分析 [J]．世界经济文汇，2020 (4): 13 - 30.

[62] 骆珣，吴建红．基于 GARCH 模型的人民币汇率波动规律研究 [J]．数理统计与管理，2009，28 (2): 295 - 300.

[63] 马国轩，于润. 人民币均衡汇率波动的影响因素分析 [J]. 经济科学，2013 (5)：76－87.

[64] 欧阳志刚，张圣. 后金融危机时代美国货币政策对人民币汇率的传导效应 [J]. 国际经贸探索，2016，32 (4)：63－76.

[65] 裴斌，乔广宇，王汀汀. 中国经济政策不确定与人民币汇率溢出效应的实证研究 [J]. 工业技术经济，2021，40 (4)：82－92.

[66] 彭红枫，祝小全. 短期资本流动的多重动机和冲击：基于TVP－VAR模型的动态分析 [J]. 经济研究，2019，54 (8)：36－52.

[67] 齐晓楠，成思危，汪寿阳，李自然. 美联储量化宽松政策对中国经济和人民币汇率的影响 [J]. 管理评论，2013，25 (5)：3－10.

[68] 钱荣堃，等. 国际金融 [M]. 成都：四川人民出版社，1994.

[69] 清华大学国家金融研究院金融与发展研究中心课题组. 中国系统性金融压力的监测 [J]. 国际金融研究，2019 (12)：3－12.

[70] 冉茂盛，廖应高，莫高琪. 并轨后中美外汇市场波动性的比较研究 [J]. 中国软科学，2004 (6)：37－41.

[71] 沈国兵. 国际金融(第三版) [M]. 北京：北京大学出版社，2018.

[72] 石建勋，赵张霞. 美联储货币政策调整对离岸人民币汇率波动的影响研究——基于三重传导效应的实证分析 [J]. 国际商务（对外经济贸易大学学报)，2020 (4)：110－128.

[73] 司登奎，李小林，葛新宇，刘镇宁. 泰勒规则、国际资本流动与人民币汇率动态决定 [J]. 财经研究，2019，45 (9)：30－43.

[74] 司登奎，李小林，江春. 央行外汇干预、投资者情绪与汇率变动 [J]. 统计研究，2018，35 (11)：58－70.

[75] 孙健，钟凯，卢闯，刘向强. 货币政策不确定性对会计信息质量的影响研究 [J]. 经济理论与经济管理，2017 (8)：34－45.

[76] 孙少岩，孙文轩. 加入SDR后人民币汇率波动规律研究——基于ARIMA－GARCH模型的实证分析 [J]. 经济问题，2019 (2)：42－47.

[77] 孙欣欣，卢新生. 美联储货币政策中性化背景下人民币外汇市场间均衡关系调整和溢出效应研究 [J]. 世界经济研究，2017 (1)：41－59，136.

[78] 谭小芬，曹倩倩，赵茜．全球风险偏好、美国经济政策不确定性与跨境资本流动——基于新兴经济体基金数据的证据［J］．南开经济研究，2021（5）：80－99.

[79] 谭小芬，邵涵．美国货币政策对新兴市场国家的溢出效应：资本流动视角［J］．经济社会体制比较，2020（6）：26－37.

[80] 谭小芬，张凯，耿亚莹．全球经济政策不确定性对新兴经济体资本流动的影响［J］．财贸经济，2018，39（3）：35－49.

[81] 田涛，商文斌，陈鹏．美国量化宽松货币政策对人民币汇率的影响——基于ARIMAX模型的实证分析［J］．贵州财经大学学报，2015（2）：1－11.

[82] 田拓，马勇．中国的短期跨境资金流动——波动性测度及影响因素分析［J］．金融研究，2013（12）：87－99.

[83] 王爱俭，林楠．人民币名义汇率与利率的互动关系研究［J］．经济研究，2007，42（10）：56－67.

[84] 王爱俭，刘浩杰，王璟怡．人民币汇率预期不确定性的影响因素研究——基于时变脉冲响应和时变信息溢出的视角［J］．金融论坛，2021，26（8）：18－27.

[85] 王博，李力，郝大鹏．货币政策不确定性、违约风险与宏观经济波动［J］．经济研究，2019，54（3）：119－134.

[86] 王国刚，林楠．中国外汇市场70年：发展历程与主要经验［J］．经济学动态，2019（10）：3－10.

[87] 王君斌，郭新强．经常账户失衡、人民币汇率波动与货币政策冲击［J］．世界经济，2014，37（8）：42－69.

[88] 王立勇，王申令．货币政策不确定性研究进展［J］．经济学动态，2020（6）：109－122.

[89] 王盼盼．中美贸易摩擦、美国经济政策不确定性与人民币汇率波动［J］．世界经济研究，2021（7）：75－92，136－137.

[90] 王新，刘俊奇．中美贸易政策不确定性对我国金融市场的影响［J］．财会月刊，2020（4）：137－143.

[91] 王雪，封思贤．我国货币政策汇率传导机制的效率分析［J］．

国际商务（对外经济贸易大学学报），2016（6）：117－127.

［92］王宗润，周艳菊．基于GARCH－EVT模型的人民币汇率风险测度研究［J］．西南民族大学学报（人文社科版），2010，31（6）：193－196.

［93］吴安兵，金春雨．货币政策、产出冲击对人民币实际汇率波动的影响效应［J］．国际金融研究，2019（12）：23－32.

［94］吴兆春．货币政策、宏观审慎与汇率波动——基于时变效应的新视角［J］．金融论坛，2020，25（3）：18－28.

［95］夏婷，闻岳春．经济不确定性是股市波动的因子吗？——基于GARCH－MIDAS模型的分析［J］．中国管理科学，2018，26（12）：1－11.

［96］谢乔昕．货币政策不确定性对企业研发投资平滑行为的影响研究［J］．技术与创新管理，2020，41（4）：401－406.

［97］徐娟，杨亚慧．“811汇改”前后人民币汇率运行特征的研究［J］．世界经济研究，2019（8）：30－41，134－135.

［98］徐亚平，汪虹．货币政策不确定性、金融摩擦与企业投资［J］．安徽大学学报（哲学社会科学版），2020，44（3）：131－142.

［99］徐滢．美联储量化宽松货币政策正常化与人民币汇率变动——基于时变参数向量自相关模型的研究［J］．商业经济与管理，2020（5）：88－100.

［100］严佳佳，曾金明．跨境资本流动对货币政策有效性的影响研究——基于系统性风险视角的分析［J］．经济理论与经济管理，2019（8）：91－103.

［101］杨丹丹，沈悦．金融开放进程中的中国跨境资本流动风险预警研究——基于MS－TVTP模型的分析［J］．国际金融研究，2021（5）：76－85.

［102］杨迪川．利率走廊的国际经验与我国利率走廊构建研究［J］．金融监管研究，2016（11）：43－64.

［103］杨鸣京，程小可，钟凯．股权质押对企业创新的影响研究——基于货币政策不确定性调节效应的分析［J］．财经研究，2019，45（2）：139－152.

［104］杨铭．美国货币政策不确定性与我国城镇居民消费的关系分

析——基于资产财富效应渠道［J］. 商业经济研究，2019（2）：39－42.

［105］杨阳，干杏娣. 美国非常规货币政策对中国产出的溢出效应——基于 TVP－VAR 模型的实证研究［J］. 亚太经济，2018（3）：30－40，149.

［106］杨子晖，陈里璇，陈雨恬. 经济政策不确定性与系统性金融风险的跨市场传染——基于非线性网络关联的研究［J］. 经济研究，2020，55（1）：65－81.

［107］易纲，范敏. 人民币汇率的决定因素及走势分析［J］. 经济研究，1997（10）：26－35.

［108］易纲. 坚守币值稳定目标 实施稳健货币政策［J］. 中国金融家，2019（12）：25－28.

［109］殷红，张龙，叶祥松. 美联储货币政策对人民币外汇市场压力的冲击［J］. 管理科学学报，2020，23（11）：87－102.

［110］尹力博，李勍. 投资者关注对人民币汇率价差波动的影响研究——基于 GARCH－MIDAS 模型［J］. 管理科学，2017，30（5）：147－159.

［111］尹力博，吴优. 不确定冲击与人民币汇率动态演化——基于投资者关注的视角［J］. 金融经济学研究，2017，32（2）：3－19.

［112］游士兵，蔡远飞. 人口老龄化对经济增长影响的动态分析——基于面板 VAR 模型的实证分析［J］. 经济与管理，2017，31（1）：22－29.

［113］余朝晖. 供给侧改革下人民币汇率波动与经济政策不确定性研究［J］. 内蒙古社会科学（汉文版），2017，38（2）：141－147.

［114］袁辉，毛顺宇. 汇率决定与经济金融危机的后凯恩斯主义分析及其启示［J］. 经济纵横，2021（12）：33－42.

［115］约翰·梅纳德·凯恩斯. 货币改革论［M］. 方福前译. 北京：商务印书馆，2020.

［116］约翰·梅纳德·凯恩斯. 就业、利息和通论［M］. 高鸿业译. 北京：商务印书馆，1999.

［117］张碧琼，高慧清. 汇率之谜与汇率理论研究新进展［J］. 经济学动态，2011（6）：125－131.

[118] 张冲，胡昊，丁剑平．从人民币汇率形成机制看中国事实汇率制度［J］．国际金融研究，2021（5）：3－12．

[119] 张海波，陈红．人民币汇率风险度量研究——基于不同持有期的VaR分析［J］．宏观经济研究，2012（12）：25－31，67．

[120] 张娟，王世杰，苏国强．美国货币政策对人民币汇率的影响——基于VEC模型的实证分析［J］．南昌大学学报（人文社会科学版），2016，47（6）：61－68．

[121] 张曼，赵学靖，田人合．基于中位数GARCH模型的汇率波动率预测［J］．统计与决策，2017（11）：73－75．

[122] 张明，谭小芬．中国短期资本流动的主要驱动因素：2000～2012［J］．世界经济，2013（11）：93－116．

[123] 张明，孔大鹏，潘松李江．中国金融开放的维度、次序与风险防范［J］．新金融，2021（4）：4－10．

[124] 赵文胜，张屹山．货币政策冲击与人民币汇率动态［J］．金融研究，2012（8）：1－15．

[125] 赵艳平，秦力宸，黄友星．全球外汇市场压力的风险溢出效应研究：基于溢出指数和网络拓扑分析［J］．世界经济研究，2020（8）：3－16，135．

[126] 郑挺国，尚玉皇．基于宏观基本面的股市波动度量与预测［J］．世界经济，2014，37（12）：118－139．

[127] 郑挺国，王霞．中国经济周期的混频数据测度及实时分析［J］．经济研究，2013，48（6）：58－70．

[128] 钟凯，程小可，王化成．货币政策不确定性损害了资金配置效率吗？——来自企业资本结构视角的经验证据［J］．中国会计评论，2017，15（3）：307－334．

[129] 周建，郑玉琪，崔畅．人民币汇率贬值的机制研究——基于2014年以后走势的理论和实证分析［J］．财经论丛，2018（5）：47－57．

[130] 周小川．把握好多目标货币政策：转型的中国经济的视角［N］．金融时报，2016－06－25．

[131] 周阳，李雪蓉．中央银行的前瞻性指引有效吗——基于人民币

汇率市场的实证检验 [J]. 经济学家, 2020 (12): 98-106.

[132] 周远游, 刘莉亚, 盛世杰. 基于汇改视角的人民币汇率异常波动研究 [J]. 国际金融研究, 2017 (5): 86-96.

[133] 朱军, 蔡恬恬. 中国财政、货币政策的不确定性与通货膨胀预期——基于中国财政—货币政策不确定性指数的实证分析 [J]. 财政研究, 2018 (1): 53-64.

[134] 朱孟楠, 闫帅. 经济政策不确定性与人民币汇率的动态溢出效应 [J]. 国际贸易问题, 2015 (10): 111-119.

[135] 朱荃, 刘心睿, 甘小军. 美国货币政策不确定性对中国经济的溢出效应 [J]. 统计与决策, 2022, 38 (10): 131-135.

[136] Abel A. Optimal Investment Under Uncertainty [J]. The American Economic Review, 1983, 73 (1): 228-233.

[137] Abid A. Economic Policy Uncertainty and Exchange Rates in Emerging Markets: Short and Long Run Evidence [J]. Finance Research Letters, 2020, 37, 101378.

[138] Adolfson M. Incomplete Exchange Rate Pass-through and Simple Monetary Policy Rules [J]. Journal of International Money and Finance, 2007, 26 (3): 468-494.

[139] Aizenman J, Binici M. Exchange Market Pressure in OECD and Emerging Economies: Domestic vs. External Factors and Capital Flows in the Old and New Normal [J]. Journal of International Money and Finance, 2016, 66: 65-87.

[140] Akram G M, Byrne J P. Foreign Exchange Market Pressure and Capital Controls [J]. Journal of International Financial Markets, Institutions and Money, 2015, 37: 42-53.

[141] Albulescu C, Ionescu A. TheLong-run Impact of Monetary Policy Uncertainty and Banking Stability on Inward FDI in EU Countries [J]. Research in International Business and Finance, 2018, 45 (C): 72-81.

[142] Alfaro I, Bloom N, Lin X. The Finance Uncertainty Multiplier [R]. NBER Working Papers, 2018, 24571.

[143] Al-Yahyaee K, Shahzad J, Mensi W. Tail Dependence Structures between Economic Policy Uncertainty and Foreign Exchange Markets: Nonparametric Quantiles Methods [J]. International Economics, 2020, 161 (C): 66 - 82.

[144] Andersen T G, Bollerslev T, Diebold F X, et al. Real - time Price Discovery in Global Stock, Bond and Foreign Exchange Markets [J]. Journal of international Economics, 2007, 73 (2): 251 - 277.

[145] Andersen T G, Bollerslev T, Diebold F X, et al. The Distribution of Realized Stock Return Volatility [J]. Journal of Financial Economics, 2001, 61 (1): 43 - 76.

[146] Antonakakis N, Gabauer D, Gupta R. Greek Economic Policy Uncertainty: Does it Matter for Europe? Evidence from a Dynamic Connectedness Decomposition Approach [J]. Physica A: Statistical Mechanics and Its Applications, 2019 (a), 535: 1 - 13.

[147] Antonakakis N, Gabauer D, Gupta R. International Monetary Policy Spillovers: Evidence from a Time - varying Parameter Vector Autoregression [J]. International Review Financial Analysis, 2019 (b), 65, 101382.

[148] Apostolakis G, Papadopoulos A P. Financial Stress Spillovers Across the Banking, Securities and Foreign Exchange Markets [J]. Journal of Financial Stability, 2015, 19: 1 - 21.

[149] Apostolou A, Beirne J. Volatility Spillovers of Unconventional Monetary Policy to Emerging Market Economies [J]. Economic Modelling, 2019, 79 (C): 118 - 129.

[150] Arbatli E, Davis S, Ito A, et al. Policy Uncertainty in Japan [R]. IMF Working Papers, 2017, 17 (128).

[151] Bai Y, et al. Financial Markets and Fluctuation in Uncertainty [C]. Meeting Papers, Society for Economic Dynamics, 2011, 896.

[152] Baker S R, Bloom N, Davis S J. Measuring Economic Policy Uncertainty [J]. The Quarterly Journal of Economics, 2016, 131 (4): 1593 - 1636.

[153] Balcilar M, Gupta R, Kyei C, et al. Does Economic Policy Uncertainty Predict Exchange Rate Returns and Volatility? Evidence from a Nonparametric Causality – in – Quantiles Test [J]. Open Economies Review, 2016, 27 (2): 229 – 250.

[154] Balcilar M, Gupta R, Jooste C. South Africa's Economic Response to Monetary Policy Uncertainty [J]. Journal of Economic Studies, 2017, 44 (2): 282 – 293.

[155] Bansal R, Yaron A. Risks for the Long Run: A Potential Resolution of Asset Pricing Puzzles [J]. The Journal of Finance, 2004, 59 (4): 1481 – 1509.

[156] Barndorff – Nielsen O E, Kinnebrock S, Shephard N. Measuring Downside Risk – realised Semivariance [M] //Bollerslev T, Russell J, Watson M. Volatility and Time Series Econometric: Essays in Honor of Robert Engle. Oxford: Oxford University Press, 2010.

[157] Barndorff – Nielsen O E, Shephard N. Econometric Analysis of Realized Volatility and Its Use in Estimating Stochastic Volatility Models [J]. Journal of the Royal Statistical Society: Series B, 2002, 64 (2): 253 – 280.

[158] Bartsch Z. Economic Policy Uncertainty and Dollar – pound Exchange Rate Return Volatility [J]. Journal of International Money and Finance, 2019, 98 (C): 1 – 17.

[159] Basu S, Bundick B. Uncertainty Shocks in a Model of Effective Demand [J]. Econometrica, 2017, 85 (3): 937 – 958.

[160] Baum C F, Hurn S, Otero J. The Dynamics of U. S. Industrial Production: A Time – varying Granger Causality Perspective [J]. Econometrics and Statistics, 2021.

[161] Beckmann J, Czudaj R. Exchange Rate Expectations and Economic Policy Uncertainty [J]. European Journal of Political Economy, 2017, 47: 148 – 162.

[162] Beckmann J, Schussler R. Forecasting Exchange Rates under Parameter and Model Uncertainty [J]. Journal of International Money and Fi-

nance, 2016, 60: 267 - 288.

[163] Benigno G, Benigno P, Nisticò S. Risk, Monetary Policy, and the Exchange Rate [J]. NBER Macroeconomics Annual, 2012, 26 (1): 247 - 309.

[164] Bernanke B S. Irreversibility, Uncertainty, and Cyclical Investment [J]. The Quarterly Journal of Economics, 1983, 98 (1): 85 - 106

[165] Berument H, Pasaogullari M. Effects of the Exchange Rate on Output and Inflation: Evidence from Turkey [J]. Developing Economies, 2010, 41 (4): 401 - 435.

[166] Besancenot D, Vranceanu R. Credibility Costs in the Monetary Integration Game [J]. Economics of Transition, 2003, 11 (4): 727 - 741.

[167] Betts C M, Kehoe T J. Real Exchange Rate Movements and the Relative Price of Non - traded Goods [R]. NBER Working Papers, 2008, 14437.

[168] Bloom N. The Impact of Uncertainty Shocks [J]. Econometrica, 2009, 77 (3): 623 - 685.

[169] Bloom N. The Real Options Effects of Uncertainty on Investment and Labor Demand [R]. IFS Working Paper, 2001, W00/15.

[170] Bloom N. Fluctuations in Uncertainty [J]. Journal of Economic Perspectives, 2014, 28 (2): 153 - 175.

[171] Bloom N. Observation on Uncertainty [J]. Australian Economic Review, 2017, 50 (1): 79 - 84.

[172] Bonciani D, Roye B. Uncertainty Shocks, Banking Frictions and Economic Activity [J]. Journal of Economic Dynamics and Control, 2016, 73 (12): 200 - 219.

[173] Born B, Pfeifer J. Policy Risk and the Business Cycle [J]. Journal of Monetary Economics, 2014, 68: 68 - 85.

[174] Boug P, Fagereng A. Exchange Rate Volatility and Export Performance: A Cointegrated VAR Approach [J]. Applied Economics, 2010, 42 (7): 851 - 864.

[175] Branson W H, Henderson D W. The Specification and Influence of Asset Markets [R] //Jones R W and Kenen P B, eds, Handbook of International Economics, Vol (Ⅱ), North Holland Amsterdam, 1985.

[176] Caballero R J, Krishnamurthy A. Bubbles and Capital Flow Volatility: Causes and Risk Management [J]. Journal of Monetary Economics, 2006, 53 (1): 35 – 53.

[177] Calvo G A. Staggered Prices in a Utility – Maximizing Framework [J]. Journal of Monetary Economics, 1983, 12 (3): 383 – 398.

[178] Chadwick M G. Dependence of the "Fragile Five" and "Troubled Ten" Emerging Market Financial Systems on US Monetary Policy and Monetary Policy Uncertainty [J]. Research in International Business and Finance, 2019, 49 (C): 251 – 268.

[179] Chang B, Feunou B. Measuring Uncertainty in Monetary Policy Using Implied Volatility and Realized Volatility [J]. Bank of Canada Review, 2014 (1): 32 – 41.

[180] Chen H, Tillmann P. Monetary Policy Uncertainty in China [J]. Journal of International Money and Finance, 2021, 110 (C) . 102309.

[181] Chen L, Du Z, Hu ZH. Impact of Economic Policy Uncertainty on Exchange Rate Volatility of China [J]. Finance Research Letters, 2020, 101266.

[182] Cheung Y W, Chinn M D. Currency Traders and Exchange Rate Dynamics: A Survey of The US Market [J]. Journal of International Money and Finance, 2001, 20 (4): 439 – 471.

[183] Creal D D, Wu J C. Monetary Policy Uncertainty and Economic Fluctuations [J]. International Economic Review, 2017, 58 (4): 1317 – 1354.

[184] Dahlhaus T, Sekhposyan T. Monetary Policy Uncertainty: A Tale of Two Tails [R]. Bank of Canada Staff Working Papers, 2018: 18 – 50.

[185] Devereux M B, Engel C. Expenditure Switching vs. Real Exchange Rate Stabilization: Competing Objectives for Exchange – Rate Policy [J]. Jour-

nal of Monetary Economics, 2007, 54 (8): 2346 –2374.

[186] Diebold F X, Yilmaz K. Better to Give Than to Receive: Predictive Directional Measurement of Volatility Spillovers [J]. International Journal of Forecasting, 2012, 28: 57 –66.

[187] Diebold F X, Yilmaz K. On the Network Topology of Variance Decompositions: Measuring the Connectedness of Financial Firms [J]. Journal of Econometrics, 2014, 182: 119 –134.

[188] Ding Z, Granger C W J. Modeling Volatility Persistence of Speculative Returns: A New Approach [J]. Journal of Econometrics, 1996, 73: 185 – 215.

[189] Dixit A K, Pindyck R S. Investment under Uncertainty [M]. Princeton: Princeton University Press, 1994.

[190] Dornbusch R, Fisher S. Exchange Rates and the Current Account [J]. The American Economic Review, 1980, 70 (5): 960 –971.

[191] Dornbusch R. Expectations and Exchange Rate Dynamics [J]. Journal of Political Economy, 1976, 84 (6): 1161 –1176.

[192] Doshi H, Kumar P, Yerramilli V. Uncertainty, Capital Investment and Risk Management [J]. Management Science, 2018, 64: 5769 –5786.

[193] Eichenbaum M, Evans C L. Some Empirical Evidence on the Effects of Shocks to Monetary Policy on Exchange Rates [J]. The Quarterly Journal of Economics, 1995, 110 (4): 975 –1009.

[194] Eichengreen B, Rose A K, Wyplosz C. Exchange Market Mayhem: The Antecedents and Aftermath of Speculative Attacks [J]. Economic Policy, 1995, 10 (21): 249 –312.

[195] Engel C, Devereux M B. Expenditure Switching vs Real Exchange Rate Stabilization: Competing Objectives for Exchange Rate Policy [J]. Journal of Monetary Economics, 2007, 54 (8): 2346 –2374.

[196] Engel C, West K D. Exchange Rates and Fundamentals [J]. Journal of Political Economy, 2005, 113 (3): 485 –517.

[197] Engle R F, Ghysels E, Sohn B. Stock Market Volatility and Macro-

economic Fundamentals [J]. Review of Economics and Statistics, 2013, 95 (3): 776 - 797.

[198] Engle R F. Dynamic Conditional Correlation: A Simple Class of Multivariate GARCH Models [J]. Journal of Business and Economic Statistics, 2002, 20: 339 - 350.

[199] Fajgelbaum P, Schaal E, Taschereau - Dumouchel M. Uncertainty Traps [J]. The Quarterly Journal of Economics, 2017, 132 (4): 1641 - 1692.

[200] Fasolo A M. Monetary Policy Volatility Shocks in Brazil [J]. Economic Modelling, 2019, 81 (C): 348 - 360.

[201] Favero C A, Mosca F. Uncertainty on Monetary Policy and the Expectations Model of the Term Structure of Interest Rates [J]. Economics Letters, 2001, 71 (3): 369 - 375.

[202] Feldkircher M, Horvath R, Rusnak M. Exchange Market Pressures during the Financial Crisis: A Bayesian Model Averaging Evidence [J]. Journal of International Money and Finance, 2014, 40: 21 - 41.

[203] Fernandez - Villaverde J, et al. Risk Matters: The Real Effects of Volatility Shocks [J]. American Economic Review, 2011, 101 (6): 2530 - 2561.

[204] Filardo. Business - Cycle Phases and Their Transitional Dynamics [J]. Journal of Business and Economic Statistics, 1994, 12 (3): 299 - 308.

[205] Filer II L H. Large Capital Inflows to Korea: The Traditional Developing Economy Story? [J]. Journal of Asian Economics, 2004, 15 (1): 99 - 110.

[206] Frankel J A. No Single Currency Regime is Right for All Countries or At All Times [R]. NBER Working Papers, 1999, 7338.

[207] Frankel J A. Monetary and Portfolio - Balance Models of Exchange Rate Determination [M] //Jagdeep S Bhandari, Bluford Putnam, Jay H Levin. Economic Interdependence and Flexible Exchange Rates. Cambridge: MIT Press, 1983.

[208] Fratzscher M, Lo Duca M, Straub R. On the International Spillovers of US Quantitative Easing [R]. European Central Bank Working Paper, 2013, 1557.

[209] Fratzscher M, Rime D, Sarno L, et al. The Scapegoat Theory of Exchange Rates: The First Tests [J]. Journal of Monetary Economics, 2015, 70: 1 – 21.

[210] Gabauer D, Gupta R. On the Transmission Mechanism of Country – specific and International Economic Uncertainty Spillovers: Evidence from a TVP – VAR Connectedness Decomposition Approach [J]. Economics Letters, 2018, 171 (C): 63 – 71.

[211] Ghysels E, Sinko A, Valkanov R. MIDAS Regressions: Further Results and New Directions [J]. Econometric Reviews, 2007, 26 (1): 53 – 90.

[212] Gilchrist S, Sim, J W, Zakrajsek E. Uncertainty, Financial Frictions, and Investment Dynamics [R]. NBER Working Paper, 2014, 20038.

[213] Girton L, Roper D. A Monetary Model of Exchange Market Pressure Applied to the Postwar Canadian Experience [J]. American Economic Review, 1977, 67 (4): 537 – 548.

[214] Granger C W J. Investigating Causal Relations by Econometric Models and Cross – Spectral Methods [J]. Econometrica, 1969, 37 (3): 424 – 438.

[215] Gulen H, M Ion. Policy Uncertainty and Corporate Investment [J]. Review of Financial Studies, 2016, 29 (3): 523 – 564.

[216] Gupta R, Lau C K M, Nel J A. et al. Monetary Policy Uncertainty Spillovers in Time and Frequency Domains [J]. Journal of Economic Structures, 2020, 9 (1): 1 – 30.

[217] Goschen G L. The Theory of Foreign Exchanges [M]. London: Effingham Wilson, 1861.

[218] Hamilton J D. A New Approach to the Economic Analysis of Nonstationary Time Series and the Business Cycle [J]. Econometrica, 1989, 57 (2): 357 – 384.

[219] Han S, Pennings E, Bekkum S. Real Options and Institutions [J]. Journal of International Business Studies, 2017, 48 (5): 620 – 644.

[220] Hartman R. The Effects of Price and Cost Uncertainty on Investment [J]. Journal of Economic Theory, 1972, 5 (2): 258 – 266.

[221] Herro N, Murray J. Dynamics of Monetary Policy Uncertainty and the Impact on the Macroeconomy [J]. Economics Bulletin, 2013, 33 (1): 257 – 270.

[222] Ho S W, Zhang J, Zhou H. Hot Money and Quantitative Easing: The Spillover Effects of U. S. Monetary Policy on the Chinese Economy [J]. Journal of Money Credit and Banking, 2018, 50 (7): 1543 – 1569.

[223] Holtz – Eakin D, Newey W, Rosen H S. Estimating Vector Auto Regressions with Panel Data [J]. Econometrica: Journal of the Econometric Society, 1988: 1371 – 1395.

[224] Huang Y, Luk P, Fleisher B M, et al. Measuring Economic Policy Uncertainty in China [J]. China Economic Review, 2020, 59 (C): 1 – 18.

[225] Husted L, Rogers J, Sun B. Monetary Policy Uncertainty [J]. Journal of Monetary Economics, 2020, 115: 20 – 36.

[226] IMF. World Economic Outlook: Hopes, Realities, Risks [M]. Washington: IMF Press, 2012.

[227] IMF. World Economic Outlook: Hopes, Realities, Risks [M]. Washington: IMF Press, 2013.

[228] Istrefi K, Mouabbi S. Subjective Interest Rate Uncertainty and the Macroeconomy: A Cross – country Analysis [J]. Journal of International Money and Finance, 2018, 88 (C): 296 – 313.

[229] Jiang Y, et al. Determinants of Within and Cross – country Economic Policy Uncertainty Spillovers: Evidence from US and China [J]. Finance Research Letters, 2019, 31: 195 – 206.

[230] Jorda O, Salyer K. The Response of Term Rates to Monetary Policy Uncertainty [J]. Review of Economic Dynamics, 2003, 6 (4): 941 – 962.

[231] Julio B, Yook Y. Political Uncertainty and Corporate Investment

Cycles [J]. The Journal of Finance, 2012, 67 (1): 45-83.

[232] Jurado K, Ludvigson S C, Ng S. Measuring Uncertainty [J]. American Economic Review, 2015, 105 (3): 1177-1216.

[233] Kaminska I, Roberts-Sklar M. Volatility in Equity Markets and Monetary Policy Rate Uncertainty [J]. Journal of Empirical Finance, 2018, 45: 68-83.

[234] Kaminsky G, Lizondo S, Reinhart C M. Leading Indicators of Currency Crises [J]. Staff Papers, 1998, 45 (1): 1-48.

[235] Kato R, Hisata Y. Monetary Policy Uncertainty and Market Interest Rates [R]. Bank of Japan Working Paper, 2005, 05-E-7.

[236] Kido Y. On the Link between the US Economic Policy Uncertainty and Exchange Rates [J]. Economics Letters, 2016, 144: 49-52.

[237] Kido Y. The Transmission of US Economic Policy Uncertainty Shocks to Asian and Global Financial Markets [J]. The North American Journal of Economics and Finance, 2018, 46: 222-231.

[238] Kim C J, Nelson C R, Startz R. Testing for Mean Reversion in Heteroskedastic Data Based on Gibbs-sampling-augmented Randomization [R]. Discussion Papers in Economics at the University of Washington, 1996, 5 (4): 385-396.

[239] Kim C J, Nelson C R. State-Space Models with Regime Switching: Classical and Gibbs-Sampling Approaches with Applications [M]. Cambridge: MIT Press, 1999.

[240] King R, Levine R. Finance and Growth: Schumpeter Might Be Right [J]. The Quarterly Journal of Economics, 1993, 108 (3): 717-737.

[241] Kouri P. The Exchange Rates and the Balance of Payments in the Short Run and in the Long Run: A Monetary Approach [J]. The Scandinavian Journal of Economics, 1976, 78 (2): 280-304.

[242] Krol R. Economic Policy Uncertainty and Exchange Rate Volatility [J]. International Finance, 2014, 17 (2): 241-256.

[243] Krugman P. A Model of Balance-of-Payments Crises [J]. Jour-

nal of Money, Credit and Banking, 1979, 11 (3): 311 –325.

[244] Kulatilaka N, Perotti E C. Strategic Growth Options [J]. Management Science, 1998, 44 (8): 1021 –1031.

[245] Kumo W L. Inflation Targeting Monetary Policy, Inflation Volatility and Economic Growth in South Africa [R]. African Development Bank Working Paper, 2015, 216.

[246] Kurov A, Stan R. Monetary Policy Uncertainty and The Market Reaction to Macroeconomic News [J]. Journal of Banking & Finance, 2018, 86 (C): 127 –142.

[247] Lakdawala A, Moreland T, Matthew S, 2020. The International Spillover Effects of US Monetary Policy Uncertainty [J]. Journal of International Economics, 2021, 133, 103525.

[248] Lansing K J, Ma J. Explaining Exchange Rate Anomalies in a Model with Taylor – rule Fundamentals and Consistent Expectations [J]. Journal of International Money and Finance, 2017, 70 (2): 62 –87.

[249] Lee J. Does an Aggregate Increase in Idiosyncratic Volatility Cause a Recession? [R]. Emory Economics 1312, Department of Economics, Emory University (Atlanta), 2013.

[250] Leland H E. Savings and Uncertainty: The Precautionary Demand for Saving [J]. The Quarterly Journal of Economics, 1968, 82: 465 –473.

[251] Li X, Li X, Si D. Investigating Asymmetric Determinants of the CNY – CNH Exchange Rate Spreads: The Role of Economic Policy Uncertainty [J]. Economics Letters, 2020: 108827.

[252] Luk P, Cheng M, Ng P, et al. Economic Policy Uncertainty Spillovers in Small Open Economies: The Case of Hong Kong [J]. Pacific Economic Review, 2018: 1 –26.

[253] Lutkepohl H. New Introduction to Multiple Time Series Analysis [M]. Berlin Heidelberg: Springer, 2005.

[254] Marc D H, Malliaris A G. Transparent US Monetary Policy: Theory and Tests [J]. Applied Economics, 2012, 44 (7): 813 –824.

[255] Mark N C. Changing Monetary Policy Rules, Learning, and Real Exchange Rate Dynamics [J]. Journal of Money, Credit and Banking, 2009, 41 (6): 1047 – 1070.

[256] Meese R A, Rogoff K. Empirical Exchange Rate Models of The Seventies: Do They Fit Out of Sample? [J]. Journal of International Economics, 1983, 14 (2): 3 – 24.

[257] Meinen P, Roehe O. On Measuring Uncertainty and Its Impact on Invest: Cross – country Evidence from the Euro Area [J]. European Economic Review, 2017, 92: 161 – 179.

[258] Molodtsova T, Papell D H. Out – of – sample Exchange Rate Predictability with Taylor Rule Fundamentals [J]. Journal of International Economics, 2009, 77 (2): 167 – 180.

[259] Moore M J, Roche M J. Solving Exchange Rate Puzzles with Neither Sticky Prices nor Trade Costs [J]. Journal of International Money and Finance, 2010, 29 (6): 1151 – 1170.

[260] Mueller P, Tahbaz – Salehi A, Vedolin A. Exchange Rates and Monetary Policy Uncertainty [J]. Journal of Finance, 2017, 72 (3): 1213 – 1252.

[261] Mumtaz H, Surico P. Policy Uncertainty and Aggregate Fluctuations [J]. Journal of Applied Econometrics, 2018, 33 (3): 319 – 331.

[262] Mumtaz H, Zanetti F. The Impact of the Volatility Monetary Policy Shocks [J]. Journal of Money, Credit and Banking, 2013, 45 (4): 535 – 558.

[263] Nakajima J, Kasuya M, Watanabe T. Bayesian Analysis of Time – varying Parameter Vector Autoregressive Model for The Japanese Economy and Monetary Policy [J]. Journal of the Japanese and International Economies, 2011, 25 (3): 225 – 245.

[264] Nguyen N H, Phan H V. Policy Uncertainty and Mergers and Acquisitions [J]. Journal of Financial and Quantitative Analysis, 2017, 52 (2): 613 – 644.

[265] Obstfeld M, Rogoff K. Exchange Rate Dynamics Redux [J]. Journal of Political Economy, 1995, 103 (3): 624 - 660.

[266] Oi W. The Desirability of Price Instability Under Perfect Competition [J]. Econometrica, 1961, 29 (1): 58 - 64.

[267] Park D, Qureshi I, Tian S, et al. Impact of US Monetary Policy Uncertainty on Asian Exchange Rates [J]. Economic Change and Restructuring, 2022, 55: 73 - 82.

[268] Pastor L, Veronesi P. Political Uncertainty and Risk Premia [J]. Journal of Financial Economics, 2013, 110 (3): 520 - 545.

[269] Paul Einzig. The History of Foreign Exchange [M]. London: Macmillan, 1937.

[270] Paul Einzig. The Theory of Forward Exchange [M]. London: Macmillan, 1931.

[271] Pindyck R S. Adjustment Costs, Uncertainty, and the Behavior of the Firm [J]. The American Economic Review, 1982, 72 (3): 415 - 427.

[272] Pozzi L, Sadaba B. Detecting Scapegoat Effects in the Relationship between Exchange Rates and Macroeconomic Fundamentals: A News Approach [J]. Macroeconomic Dynamics, 2018: 1 - 44.

[273] Primiceri G E. Time Varying Structural Vector Autoregressions and Monetary Policy [J]. The Review of Economic Studies, 2005, 72 (3): 821 - 852.

[274] Reinhart C M, Rogoff K S. This Time is Different: Eight Centuries of Financial Folly [M]. New Jersey: Princeton University Press, 2011.

[275] Robert E Lucas Jr. Expectations and the Neutrality of Money [J]. Journal of Economic Theory, 1972 (4): 103 - 124.

[276] Rogoff K S, Obstefeld M. The Six Major Puzzles in International Macroeconomics: Is There A Common Cause? [R]. NBER Macroeconomics Annual, 2000, 15: 339 - 412.

[277] Scholl A, Uhlig H. New Evidence on The Puzzles: Results from Agnostic Identification on Monetary Policy and Exchange Rates [J]. Journal of In-

ternational Economics, 2008, 76 (1): 1 - 13.

[278] Segal G, Shaliastovich I, Yaron A. Good and Bad Uncertainty: Macroeconomic and Financial Market Implications [J]. Journal of Financial Economics, 2015, 117 (2): 369 - 397.

[279] Shi S, Hurn S, Phillips P C B. Causal Change Detection in Possibly Integrated Systems: Revisiting the Money - income Relationship [J]. Journal of Financial Econometrics, 2020, 18 (1): 158 - 180.

[280] Sinha A. Monetary Policy Uncertainty and Investor Expectations [J]. Journal of Macroeconomics, 2016, 47: 188 - 199.

[281] Stokey N L. Wait - and - See: Investment Options under Policy Uncertainty [J]. Review of Economic Dynamics, 2016, 21: 246 - 265.

[282] Stulz R M. Interest Rates and Monetary Policy Uncertainty [J]. Journal of Monetary Economics, 1986, 17 (3): 331 - 347.

[283] Tillman P. Monetary Policy Uncertainty and the Response of the Yield Curve to Policy Shocks [J]. Journal of Money, Credit and Banking, 2019, 52 (4): 803 - 833.

[284] Troster V, Shahbaz M, Uddin G S. Renewable Energy, Oil Prices, and Economic Activity: A Granger - causality in Quantiles Analysis [J]. Energy Economics, 2018, 70: 440 - 452.

[285] Troster V. Testing for Granger - Causality in Quantiles [J]. Econometric Reviews, 2018, 37 (8): 850 - 866.

[286] Trung N B. The Spillover Effect of the US Uncertainty on Emerging Economies: A Panel VAR Approach [J]. Applied Economics Letters, 2019 (a), 26 (3): 210 - 216.

[287] Trung N B. The Spillover Effects of US Economic Policy Uncertainty on the Global Economy: A Global VAR Approach [J]. North American Journal of Economics and Finance, 2019 (b) (48): 90 - 110.

[288] Wang J, Wu J. The Taylor Rule and Forecast Intervals for Exchange Rates [J]. Journal of Money Credit and Banking, 2012, 44: 103 - 144.

[289] Wang J. Home Bias, Exchange Rate Disconnect, and Optimal

Exchange Rate Policy [J]. Journal of International Money and Finance, 2010, 29 (1): 55 -78.

[290] You Y, Liu X CH. Forecasting Short - run Exchange Rate Volatility with Monetary Fundamentals: A GARCH - MIDAS Approach [J]. Journal of Banking and Finance, 2020, 116 (3), 105849.

[291] Zhou ZH B, Fu ZH Y, Jiang Y, et al. Can Economic Policy Uncertainty Predict Exchange Rate Volatility? New Evidence from the GARCH - MIDAS Model [J]. Finance Research Letters, 2020, 34 (C), 101258.

图书在版编目（CIP）数据

货币政策不确定性对人民币汇率的影响研究 / 刘强，陶士贵著. --北京：经济科学出版社，2023.11

ISBN 978-7-5218-4862-5

Ⅰ.①货… Ⅱ.①刘… ②陶… Ⅲ.①货币政策-影响-人民币汇率-研究 Ⅳ.①F832.63

中国国家版本馆 CIP 数据核字（2023）第 111244 号

责任编辑：赵　芳
责任校对：杨　海
责任印制：范　艳

货币政策不确定性对人民币汇率的影响研究
HUOBI ZHENGCE BUQUEDINGXING DUI RENMINBI
HUILÜ DE YINGXIANG YANJIU
刘　强　陶士贵　著
经济科学出版社出版、发行　新华书店经销
社址：北京市海淀区阜成路甲 28 号　邮编：100142
总编部电话：010-88191217　发行部电话：010-88191522
网址：www.esp.com.cn
电子邮箱：esp@esp.com.cn
天猫网店：经济科学出版社旗舰店
网址：http://jjkxcbs.tmall.com
北京季蜂印刷有限公司印装
710×1000　16 开　15.75 印张　242000 字
2023 年 11 月第 1 版　2023 年 11 月第 1 次印刷
ISBN 978-7-5218-4862-5　定价：65.00 元
（图书出现印装问题，本社负责调换。电话：010-88191545）
（版权所有　侵权必究　打击盗版　举报热线：010-88191661
QQ：2242791300　营销中心电话：010-88191537
电子邮箱：dbts@esp.com.cn）